AF455414

BIBLIOTHÈQUE D'HISTOIRE CONTEMPORAINE

PAUL GAFFAREL

Notre Expansion coloniale en Afrique de 1870 à nos jours

LIBRAIRIE FÉLIX ALCAN

NOTRE

EXPANSION COLONIALE

EN AFRIQUE

DE 1870 A NOS JOURS

DU MÊME AUTEUR

A LA MÊME LIBRAIRIE

BIBLIOTHÈQUE D'HISTOIRE CONTEMPORAINE

Les colonies françaises. 6e édition, revue et augmentée. 1900. 1 vol. in-8. . . . . 5 »

Bonaparte et les Républiques italiennes (1796-1799). 1895. 1 vol. in-8. . . . . 5 »

La politique coloniale de la France de 1789 à 1830. 1908. 1 vol. in-8. . . . . 7 »

Les frontières françaises et leur défense. 2e édition 1 vol. in-32 (*de la Bibliothèque utile*). 0 60

AUTRES OUVRAGES

Étude sur les rapports de l'Amérique et de l'ancien continent, avant Christophe Colomb. 1 vol. in-8, Paris, Thorin, 1869 (*épuisé*).

Histoire de la Floride Française. 1 vol. in-8, Paris, Didot, 1875. 8 »

Histoire du Brésil Français au XVe siècle. 1 vol. in-8, Paris, Maisonneuve, 1878 . . . . 7 50

Thevet. Les singularitez de la France Antarctique. Édition nouvelle, avec introduction, commentaires et notes. 1 vol. in-8, Paris, Maisonneuve, 1878. . . . . 13 »

Les explorations françaises de 1870 à 1882 (Bibliothèque de vulgarisation). 1 vol. in-12, Paris, Degorce-Cadot, 1882. . . . . 2 50

L'Algérie (Conquête et colonisation), 1 vol. grand in-8, Paris, Didot, 1883. . . . . 30 »

Les campagnes de la première République. 1 vol. in-8, Paris, Hachette, 8e édition, 1907. . . . . 2 50

Les campagnes du Consulat et du Premier Empire. 3 vol. in-8, Paris, Hachette, 1888-1890. . . . . 2 50

Histoire de la découverte de l'Amérique depuis l'origine jusqu'à la mort de Christophe Colomb. 2 vol. in-8, Paris, Rousseau, 1892, prix. . . . . 18 »

Dijon en 1814 et 1815. 1 vol. in-8, Dijon, Darantière, 1897.

La conquête de l'Afrique. 1 vol. in-8, Paris, Hachette, 4e édition, 1904, prix. . . . . 4 »

L'expansion coloniale française de 1870 à 1906. 1 vol. in-8, Marseille, Barlatier, 1906. . . . . 12 »

Pierre Martyr. De orbe novo. Traduction avec commentaire, 1 vol. gr. in-8, Paris, Leroux, 1907. . . . . 40 »

La peste de 1720 à Marseille et en France. 1 volume in-8, Paris, Perrin. 7 50

NOTRE
EXPANSION COLONIALE
EN AFRIQUE
DE 1870 A NOS JOURS

PAR

PAUL GAFFAREL
Doyen honoraire de Faculté.

PARIS
LIBRAIRIE FÉLIX ALCAN
108, BOULEVARD SAINT-GERMAIN, 108

1918

PRÉFACE

En 1870 le domaine colonial de la France était fort restreint. Nous ne possédions en Afrique que l'Algérie, et encore sans limites bien précises, quelques territoires épars dans la vallée du Sénégal, quelques comptoirs sur la côte de Guinée, la Réunion et Obock. Sur Madagascar nous n'avions encore que des droits. De notre ancien empire colonial en Asie nous n'avions conservé que cinq villes dans l'Hindoustan, et nous avions pris pied dans la vallée du Mékong. En Amérique nous étions encore les maîtres de la Guyane et de quelques Antilles. En Océanie le drapeau tricolore n'avait été déployé qu'à la Nouvelle-Calédonie et dans quelques archipels; mais, après les désastres de l'année terrible, acculés à la nécessité ou d'être réduits à l'état de puissance secondaire, ou de renouveler notre énergie nationale, nous avons cherché des débouchés extérieurs à notre féconde activité, et l'idée de la colonisation s'imposa à nos hommes d'État comme l'évangile des temps nouveaux. Aussi que de progrès accomplis en moins d'un demi-siècle, surtout en Afrique! Explorateurs, officiers, savants, négociants, missionnaires ont marché à l'assaut de la citadelle noire. Ils l'ont entamée au nord par la Tunisie, le Sahara et le Maroc; à l'ouest par le Sénégal, la Mauritanie, la Guinée, la Côte d'Ivoire, le Dahomey et le

Congo; à l'est par Madagascar et la côte des Somalis; au centre ils se sont enfoncés dans le Soudan, et bien au delà du lac Tchad. Si donc la France ne manque pas à ses destinées, si elle sait se servir du merveilleux instrument que sa bonne fortune met entre ses mains, c'est en Afrique et au XXe siècle que se livrera la partie suprême qui décidera de son avenir.

Puisque des Frances nouvelles surgissent de toutes parts en Afrique, n'est-il pas juste de remettre en lumière les travaux et les exploits des ouvriers de la première heure? Ils ont été à la peine, qu'ils soient à l'honneur! On voudra bien remarquer que, laissant de côté tout ce qui a trait aux descriptions géographiques, aux ressources du sol ou à l'organisation administrative, nous n'avons cherché qu'à suivre, dans toutes les directions, les traces de ces fondateurs de la puissance française. Ce n'est donc pas une étude complète de la France africaine que nous présentons à nos lecteurs, mais simplement l'histoire de la prise de possession de nos nouveaux territoires.

Paul GAFFAREL.

NOTRE EXPANSION COLONIALE

EN AFRIQUE

CHAPITRE PREMIER

ALGÉRIE ET SAHARA

Depuis la prise d'Alger en 1830 la France a été la puissance prépondérante dans l'Afrique du nord, ou du moins dans cette partie du littoral africain baigné par la Méditerranée et par l'Atlantique, que l'on commence à désigner sous le nom d'Afrique Mineure, c'est-à-dire en Algérie, en Tunisie et au Maroc. Elle a légitimé par de nombreux bienfaits sa prise de possession et d'importants progrès ont été accomplis. A partir de 1870 son domaine s'est singulièrement accru. Ce sont ces progrès et cette extension de notre territoire que nous voudrions exposer.

I. — Insurrections algériennes

La conquête de l'Algérie n'était pas achevée en 1870. Les Turcs, les Arabes et les Kabyles, disséminés dans l'ancienne Régence, avaient bien été vaincus les uns après les autres, mais ils gardaient l'amer ressentiment de leurs défaites. En outre tout le Sud était encore insoumis, et les indigènes y gardaient jalousement leur indépendance. Il importait donc tout d'abord de consolider notre domination et en second lieu de soumettre les derniers récalcitrants. De là une double série d'opérations : répression des insurrections dans l'Algérie proprement dite, et occupation du Sahara. Cette œuvre grandiose ne pouvait s'improviser. Nous eûmes à subir des retards, des tâtonnements, des insuccès même; néanmoins de grands résultats ont été rapidement obtenus, puisque à l'heure actuelle (1918) non seulement l'Algérie est soumise, mais encore notre domination dans la direction du Sud s'étend déjà jusqu'au point où se prépare la jonction définitive de nos domaines algériens, sahariens et soudanais. De cette prise de possession, féconde en péripéties, nous chercherons à résumer les principaux épisodes.

A ne considérer que les apparences, l'Algérie, en 1870, paraissait tranquille. Pourtant quelques actes isolés, des assassinats, des incendies, des pillages trahissaient un sourd mécontentement. Vers le Maroc l'agitation prenait même un caractère nettement hostile et déjà des bandes armées tenaient la campagne. Sur ces entrefaites éclata la guerre contre l'Allemagne. Nos garnisons disponibles d'Algérie partirent aussitôt pour la France, ne laissant en Afrique que leurs dépôts, leurs malades et quelques conscrits. L'occasion parut favorable aux mécontents, surtout aux Kabyles, récemment conquis, et qui avaient conservé très vif le sentiment de leur autonomie locale. D'autres causes déterminèrent cette prise d'armes. Le gouvernement avait eu le tort de faire disparaître les bureaux arabes, dont les procédés, parfois sommaires, étaient pourtant acceptés par les indigènes. Il avait de plus naturalisé tous les Israélites, qui étaient méprisés et détestés par la population, et étendu à l'Algérie l'institution du jury, ce qui amenait les Juifs à juger des Musulmans. En outre sept gouverneurs s'étaient succédé à Alger en quelques mois et l'anarchie amenait la désorganisation. Les révoltés trouvèrent un chef dans la personne du Bach Aga Mokrani, jadis comblé de faveurs par Napoléon III, et qui se vantait de descendre d'un Montmorency. On aurait dû le ménager, mais le nouveau personnel administratif, dans son ignorance, le rendit responsable des désordres. Aussitôt il se mit en état de révolte, renvoya ses décorations et son traitement, et y joignit une véritable déclaration de guerre. Près de 25 000 combattants, mais très disséminés, répondirent à son appel. Bientôt le chef des Khouans, le cheick el Haddad, lui apporta le concours de 250 tribus, surtout celui des Rahmanyas de la Kabylie, et de 120 000 combattants. Un autre mouvement se produisit dans la province d'Oran, mais il ne coïncida pas avec la guerre de Kabylie, et fut d'ailleurs promptement réprimé. L'insurrection eut aussi une répercussion jusque dans le Sahara, mais ce furent surtout des actes de brigandage. Le véritable danger était au nord dans la Medjana et aux environs de Bougie.

Le mouvement avait été bien combiné. Sur tous les points à la fois parurent les insurgés qui, le feu et la flamme en main, se ruèrent sur nos établissements, et, partout où ils se trouvèrent en force, massacrèrent nos colons, surtout à l'Alma et à Palestro. Quand on apprit cette formidable insurrection, dont le contre-coup pouvait se propager au loin, il y eut comme un moment de stupeur, d'autant plus que nous n'avions plus en Algérie que quelques conscrits et des mobilisés, mais qui se conduisirent bravement, et se montrèrent partout où il y avait un danger à courir. Le plus pressé était de débloquer nos soldats et nos colons assiégés à Tizi-Ouzou, Dellys et Fort National. Tizi-Ouzou, qui commande le cours moyen de l'oued Sebaou, occupe une importante position stratégique. C'est là que, pendant vingt-cinq jours (17 avril-11 mars) quelques soldats français et les colons qui avaient réussi à s'échapper soutinrent les attaques de plusieurs milliers de Kabyles. On était toujours sur le qui-vive, car les murs de la place n'avaient été qu'ébauchés. Toutefois il n'y eut pas de tentative d'assaut, car les assiégeants savaient que la garnison n'avait que des ressources bornées, et ils attendaient patiemment que la famine leur livrât les défenseurs de la citadelle. Par bonheur il y avait quelques provisions et de l'eau. La garnison, bien que rationnée, n'eut à souffrir ni de la faim, ni de la soif, mais il était grand temps que la colonne arrivât à son secours.

Dellys était plus sérieusement menacé. Les colons établis autour de la place avaient été massacrés par les insurgés. Rien que dans le village de Reybeval on trouva quatorze squelettes à demi consumés. Le blocus dura un mois, mais l'investissement ne fut jamais bien complet et les communications avec la mer ne furent pas coupées. La petite garnison repoussa tous les assauts dont un seul, celui du 28 avril, fut vraiment sérieux. D'ailleurs le blocus devint moins étroit dès que la colonne de secours eut pénétré dans le bassin du Sebaou. La garnison put même opérer quelques sorties, et nos soldats n'eurent pour ainsi dire qu'à se présenter pour s'ouvrir le chemin de Dellys.

Maîtres de Tizi-Ouzou et de Dellys, c'est-à-dire du passage et du port qui conduisent en Kabylie, nous pouvions tenter la grande opération, le dégagement de Fort National, et de là porter la guerre et la vengeance dans toutes les directions. Fort National avait été bâti en 1857, sur un emplacement heureusement choisi pour une forteresse centrale. Aussi les insurgés avaient-ils concentré leurs efforts contre cette place, comprenant d'instinct que, tant que la citadelle française se maintiendrait au milieu de leur pays, la France en serait toujours la maîtresse. L'effectif total de la garnison ne dépassait pas sept cents hommes, et elle n'était armée que de neuf pièces de canon. Ces forces minimes avaient à garder dix-sept bastions et une enceinte de 2 300 mètres de circuit. Aussi, du 16 avril au 16 juin nos soldats furent-ils obligés de rester nuit et jour au pied des murs, n'ayant que la tente pour abri, et pour lit que le sol nu avec un peu de paille et une couverture. La plus grande vigilance était nécessaire, car non seulement près de 20 000 ennemis nous entouraient, mais encore le tracé de la place était défectueux. Elle était dominée par des mamelons du haut desquels les Kabyles dirigeaient des feux plongeants jusque dans l'intérieur du fort. Du 18 au 29 avril on ne fit que tirailler de part et d'autre. Il y eut une alerte dans la nuit du 29 au 30, puis, dès le 1er mai, les Kabyles recommencèrent le blocus. Leur calcul n'était pas mauvais, car la place était mal approvisionnée. En outre le mauvais temps commença, qui rendit la défense plus difficile. Les assiégeants avaient creusé des tranchées. Ils étaient même parvenus si près des remparts qu'on entendait le bruit de leurs pas. Ils interpellaient ceux des assiégés qu'ils connaissaient pour avoir vécu dans leur intimité, et les menaçaient de leur couper bientôt la « cabèche ». Quant aux femmes ils se les partageaient par anticipation et le leur criaient. Il était grand temps de faire une sortie pour rabattre cette outrecuidance, et pour combler les tranchées qui pouvaient devenir dangereuses. Elle eut lieu le 12 mai, et fut habilement conduite par le capitaine Ravez. Nulle part les Kabyles ne tinrent devant lui. Pendant qu'il les chassait de leurs embuscades, le reste de la garnison sautait dans les tranchées, détruisait les ouvrages, et réparait les brèches. Le succès était aussi complet que possible.

Du 13 au 21 mai journées de calme, mais le temps était toujours à la pluie, et la garnison commençait à se décourager. Depuis plusieurs jours elle entendait au loin le canon, elle voyait même de temps à autre la flamme des incendies colorer l'horizon. C'étaient en effet nos colonnes de secours qui parcouraient le pays, débloquaient Tizi-Ouzou et Dellys, et brûlaient les villages rebelles ; mais les défenseurs de Fort National ne se rendaient pas compte du plan adopté, qui consistait à soumettre les abords avant d'arriver à la place centrale, et, quand ils entendaient le canon d'abord s'approcher, puis s'éloigner, ils passaient tour à tour de l'espoir au découragement. Les Kabyles résolurent de profiter de ces dispositions, et, dans la nuit du 21 au 22 mai, tentèrent un assaut général. Vers deux heures du matin, ils appliquèrent leurs échelles sur plusieurs points à la fois, mais ils furent partout repoussés avec des pertes énormes. Le lendemain 23 nouvel assaut, également malheureux. Ce furent leurs derniers efforts contre la citadelle. Ils la tinrent toujours étroitement investie, mais se bornèrent à lancer contre ses remparts des balles inutiles. Dorénavant les grands coups allaient se frapper en dehors de la place.

Les colonnes de secours, commandées par le général Lallemand, et en sous-ordre par les généraux Lapasset, Cérès et Saussier poursuivaient leur plan avec méthode. On les voyait manœuvrer du haut des terrasses de Fort National et la grande distraction de nos soldats était de suivre leurs mouvements dans la plaine. Le 25 mai ils les découvraient à Tamda. Le 26 ils apercevaient un vaste incendie allumé par eux à

Mekla, et, dans la nuit, entendaient des coups de canon qu'elles tiraient en réponse à un signal donné de la place. Le 27 la garnison recevait par un espion un ordre du jour du général Lallemand. Le 28 la colonne n'était plus en vue, mais le 31 on entendait de nouveau la canonnade. Dès le 1er juin les communications avec l'extérieur devenaient fréquentes. Le 11 nos soldats voyaient sauter la mosquée de Tagmount-Azzou. Le 15 au soir elle distinguait nos soldats sur la crête des Aït-Iraten. Le commandant Maréchal, dans son impatience, résolut alors de se porter au-devant de la colonne libératrice et de faire une sortie générale. Il espérait, en prenant les Kabyles entre deux feux, déterminer leur retraite. Mais il aurait fallu combiner ce mouvement avec celui de la colonne, et on partit trop tôt, au moment où les Kabyles étaient encore massés aux environs du fort. Trop peu nombreux pour essayer un mouvement tournant, et obligés d'attaquer de front, nos soldats firent des pertes cruelles. Ils réussirent néanmoins à déloger les assiégeants, et c'est à environ 1 200 mètres du fort qu'ils opérèrent leur jonction avec la colonne Lallemand.

Fort National était délivré et cette journée du 16 juin portait un coup décisif à l'insurrection. Le chef le plus important, Mokrani, avait été tué dès le 5 mai par les troupes du général Lallemand, au moment où il s'élançait bravement à cheval pour ramener ses troupes au combat. Dès lors nous n'eûmes plus qu'à parcourir les villages insurgés, désarmant les rebelles et imposant de lourdes contributions. C'est en effet le seul moyen pratique de tenir en respect ces remuants montagnards, qui estiment d'autant plus l'argent qu'ils ont de la peine à le gagner.

Ce fut la dernière grande insurrection de l'Algérie. Depuis 1871 et jusqu'à nos jours, il n'y eut que des mouvements partiels promptements réprimés. Ainsi en 1876 la révolte d'El-Amri n'eut que l'importance d'un fait local. En 1879 dans le massif de l'Aurès, à Ménah, deux tribus de montagnards, les Ouled-Abdi et les Ouled-Daoud, menés peut-être avec trop de rudesse, entrèrent en campagne, mais ils furent entourés par des forces supérieures et promptement réduits à l'obéissance. Il y eut aussi en 1907, dans le village nouvellement créé de Marguerite, une prise d'armes, ou plutôt une sorte de jacquerie, dont furent victimes d'assez nombreux colons, mais ce mouvement n'eut aucune répercussion, et la meilleure preuve que les rancunes s'oublient et que le calme semble définitif dans toute l'ancienne Régence, c'est que les indigènes, reconnaissants des services rendus, et se rendant compte des progrès accomplis, non seulement n'ont même pas tenté de se soulever lorsqu'éclata en 1914 la guerre contre l'Allemagne, mais encore qu'ils ont, en grand nombre, couru se ranger sous nos drapeaux, et que, vaillamment, et à côté de leurs frères d'armes d'adoption, ils versent leur sang sur les bords de la Marne et de l'Oise, ou sur les pentes des Vosges.

Ce n'est donc pas dans les trois provinces d'Alger, d'Oran et de Constantine, qu'il faut dorénavant suivre la trace de nos compatriotes, mais plus au sud, dans ce vaste Sahara que nous commençons à peine à pénétrer, et qui bientôt sans doute reconnaîtra notre suprématie.

II. — Sahara et Sahariens

A vrai dire, l'Algérie n'a jamais eu de limites fixes dans la direction du Sud. Les légions romaines se sont bien avancées au delà de l'Aurès, mais ne paraissent pas avoir fondé d'établissement stable dans le désert. Les Vandales, les Grecs, les Arabes, les Turcs eux-mêmes n'ont pas dépassé la barrière que leur opposaient les sables. En France nous nous sommes longtemps contentés de rapides reconnaissances et de pointes hardies, car le Sahara passait pour infranchissable, bien qu'il ne le soit pas, puisqu'il a plaines et montagnes, vallées et même rivières. Il est vrai que les Sahariens ont toujours défendu leur indépendance avec une rare énergie. A Biskra, à Zaatcha, à Laghouat, à Tuggurt, à Ouargla, ils se défendirent bravement contre nos soldats, et, bien que ces premières citadelles du désert fussent tombées entre nos mains, le Sahara n'était qu'entamé, mais nullement réduit. M'zabites, Chambaas, Touaregs non seulement n'avaient pas déposé les armes, mais encore, enhardis par une quasi impunité, poussaient parfois leurs incursions jusqu'en Algérie. Une de leurs importantes tribus, celle du Ouled Sidi Cheick, avait pris la direction de la résistance, et engagé avec nos soldats une série d'escarmouches où nous n'avions pas toujours le dessus. Il devenait urgent de châtier ces adversaires récalcitrants.

Le général de Lacroix les avait une première fois, en 1872, poursuivis dans l'extrême sud, mais les chaleurs de l'été l'empêchèrent de s'avancer jusqu'à El Goleah, le principal de leurs ksours et leur meilleure forteresse. El Goleah est bâti au sommet d'un cône de 70 mètres d'altitude, sur les pentes duquel s'étagent les maisons de la ville, pour la plupart creusées dans l'argile du monticule. Son isolement au point de rencontre des caravanes en faisait un poste stratégique de haute importance. Le général de Gallifet, qui commandait la subdivision de Batna, et avait la garde et la responsabilité de ces régions lointaines, reçut l'ordre d'occuper El Goleah. A force de précautions et de vigilance il réussit à rassembler, pour une escorte relativement nombreuse, les vivres et surtout les provisions d'eau nécessaires. Les tribus nouvellement soumises prêtèrent leurs chameaux, et, vers le 15 décembre, le corps expéditionnaire se trouva prêt.

Parti de Biskra le 20 décembre, Gallifet arrivait à Tuggurt le 30, et à Ouargla le 8 janvier 1873. Il fit aussitôt monter ses hommes à dos de chameaux, et le 14 janvier les 700 soldats de la colonne se mirent en marche avec quarante jours de vivres, mille tonnelets d'une contenance moyenne de 50 litres, et quatorze cents autres de 15 à 20 litres. Le général prit la route de l'ouest, plus longue et plus difficile, mais qui offre trois puits, Haci-el-Hadjer à 120 kilomètres d'Ouargla, Haci-el-Bergami à 160 kilomètres plus loin, et Haci-el-Ziara qui n'est plus qu'à 66 kilomètres d'El Goleah. On partait au point du jour et on ne s'arrêtait guère qu'à la nuit. Le 24 janvier l'oasis était en vue. Les habitants surpris ne songèrent même pas à résister.

Le général usa noblement de sa victoire. Il se contenta de faire compter les palmiers de l'oasis et de baser sur ce chiffre l'impôt qui fut payé sans contestation. La colonne revint ensuite à Ouargla par une route plus courte, mais sans puits, entre l'oasis et Haci-el-Hadjei. En sept jours les 307 kilomètres qui séparent El Goleah d'Ouargla étaient franchis. Les Chambaas furent confondus de l'extrême facilité avec laquelle nous nous passions d'eau, et surtout de la rapidité du retour. De leur propre aveu la colonne aurait pu en douze jours s'avancer bien plus au sud, jusqu'à Aïn Salah. Les précautions avaient été si bien prises que, dans cette longue marche, en plein pays de la soif, la colonne ne laissa sur sa route aucun de nos soldats. Nous avions vaincu la nature.

Cette apparition du drapeau français dans le sud produisit une grande impression sur les indigènes. La limite de notre influence sur les oasis du désert se trouva, du jour au lendemain, reportée à une centaine de lieues vers le sud, et des protestations d'amitié nous arrivèrent de tous côtés. Les Ouled Sidi Cheick et leurs adhérents auraient dû profiter de la leçon au lieu de persévérer dans leurs rancunes; mais un agitateur, Bou-Amama, réussit à exploiter leurs défiances et renouvela contre nous dans le désert le rôle qui avait failli réussir à Abd-el-Kader dans le Tell. En avril 1881 éclatait une insurrection générale. Bou-Amama pénétrait dans la province d'Oran et semait la terreur jusque dans les villes du littoral. Les généraux Delebecque et Saussier, chargés de diriger la répression, refoulèrent l'agitateur dans le Maroc, pendant qu'un de leurs lieutenants, Négrier, détruisait le sanctuaire d'Abiod, un des foyers de haines antifrançaises, et réduisait à demander l'aman tous les ksours fortifiés de la région. La révolte était comprimée.

III. — La période des explorations

Il était indispensable de prévenir de nouveaux soulèvements et surtout de créer des routes, car, si nous voulions utiliser nos nouveaux territoires, il fallait à tout prix nous ouvrir, à travers le Sahara, l'accès des bassins du Niger, du Sénégal et même du Tchad. Alors commence ou plutôt continue ce qu'on pourrait appeler la période des explorations. En effet, dès les premiers jours de l'occupation de l'Algérie, on s'était déjà préoccupé des voies et moyens de parvenir à ce qu'on commençait à nommer nos Indes africaines. En 1834 le comte de Noailles proposait au maréchal Soult, alors ministre de la guerre, la conquête de Tombouctou. Dix ans plus tard, en 1844, Carette démontrait par l'histoire la possibilité d'établir une communication avec le Soudan. En 1849 Bodichon projetait une exploration politique, commerciale et scientifique d'Alger à Tombouctou par le Sahara. Les propositions ne manquèrent pas, depuis celle de Madinier en 1856 jusqu'à celles de Pellegrini en 1857, de Cherbonneau en 1860, de Soleillet en 1870 Les explorateurs ne firent pas non plus défaut, Renaud en 1850, Bonnemain en 1858, l'interprète Bou-Derba en 1858, Henri Duveyrier qui le premier nous fit connaître les Touaregs (1859-1860), Mircher et de Polignac qui réussirent à conclure à Ghadamès, en 1862, une convention avec les maîtres du désert et rapportèrent de nombreux renseignements sur l'état social de la contrée, ainsi que des études sur le terrain, les eaux et le climat. Le Sahara restait néanmoins fermé, et les Sahariens, très fiers de leur indépendance et très attachés au mahométisme, nous détestaient et comme conquérants et comme chrétiens. Ils auraient pourtant dû nous être attachés par la reconnaissance, car nous avions déjà cherché à leur donner ce qui leur manquait, l'eau, et à réaliser ainsi la parole du Prophète : « Alors, dans le désert, il jaillira de l'eau et la terre desséchée aura ses fontaines. » La province de l'Oued-Rhir semblait condamnée à une ruine irrémédiable. L'art primitif des puisatiers ne suffisait plus à lui procurer l'eau nécessaire. Le colonel Desvaux et l'ingénieur Jus essayèrent en creusant des puits artésiens de rendre à la vie ces cantons déshérités. Le 7 juin 1856, à Tamerna, jaillit une source qui débitait 4 000 litres par minute. En un clin d'œil toutes les oasis qui se mouraient furent reconquises et presque toutes dotées de fontaines inépuisables. Bientôt d'autres nappes jaillissantes étaient découvertes dans le Hodna, dans le Mzab, et tout un chapelet de nouvelles oasis marchait pour ainsi dire à la conquête du désert. Certes rien ne pouvait frapper davantage l'esprit des indigènes, et mieux nous encourager dans cette œuvre féconde de la pénétration saharienne.

Ce n'était là qu'une promesse d'avenir. Pour nous faire accepter définitivement par les indigènes, il fallait encore leur donner le principal instrument de la civilisation, à savoir des voies de communication faciles et nombreuses. On savait déjà que d'importants débouchés avaient été ouverts au commerce par les États-Unis quand ils avaient jeté un chemin de fer à travers les solitudes de Far West; par l'Angleterre quand elle avait sillonné de voies nouvelles l'Hindoustan et l'Afrique du Sud; par la Russie quand elle avait construit le Transcaspien et le Transsibérien. La France pouvait-elle rester en dehors de ce mouvement économique? Arracherions-nous au néant cette partie du globe ou l'abandonnerions-nous aux forces destructives de la nature? A ces graves questions qui intéressent à la fois politiciens, savants et commerçants, la réponse était aisée : Oui, le Sahara est habitable. Oui, on peut augmenter et développer les oasis qui le parsèment. Oui, la France peut et doit en prendre possession.

Au moins est-il nécessaire de bien connaître la région dans laquelle nous devons concentrer nos efforts. De là des explorations, dont il importe de résumer les principaux épisodes. De 1870 à 1882 on en compte cinq importantes, celles de Soleillet, de Dourneaux-Duperré, de Largeau, de Say et de Flatters.

Paul Soleillet avait déjà, en 1872, visité les oasis du Sahara algérien et le pays des Chambaas. Il se préoccupa des moyens non seulement de rattacher le Soudan à notre influence, mais encore d'y faire pénétrer nos marchandises. Il aurait voulu reconnaître la route d'Alger à Aïn Salah par Laghouat et El Goleah, arriver à Tombouctou et de là gagner le Sénégal; mais il en est de l'Afrique Centrale comme du Pôle; il faut le conquérir étapes par étapes. Soleillet ne put que s'approcher d'Aïn Salah. Il arriva dans la banlieue de la ville le 6 mars 1873, mais on lui en interdit l'entrée. Ses hommes d'escorte, pris de terreur panique, l'abandonnèrent, et Soleillet dut se résigner à s'éloigner de cette terre promise qu'il n'avait fait qu'entrevoir. Au moins rapporta-t-il de ce voyage la conviction de la possibilité d'établir un chemin de fer à travers le Sahara dans la région qu'il avait visitée, et cette foi profonde il réussit à la communiquer autour de lui.

En 1874 Dourneaux-Duperré qui aurait voulu, en contournant les oasis du Tinât, gagner le Sénégal par Tombouctou et Ségou, fut attiré dans une embuscade et massacré par les Chambaas avec toute son escorte. Sans doute les assassins furent punis, mais, une fois de plus, le Sahara se défendait contre les envahisseurs européens.

Un troisième explorateur, Victor Largeau, visita l'oasis de Ghadamès en 1874 et signa avec les négociants indigènes un véritable traité de commerce qui devait ouvrir à nos colons algériens les routes du Soudan. Il fut moins heureux dans un second voyage en 1875 et comprit qu'il fallait renoncer à l'idée de se servir de Ghadamès comme point d'appui pour les caravanes allant d'Algérie au Soudan. En 1876, il reprenait le chemin du Sahara, mais cette fois avec Aïn Salah comme objectif. Il voulait aussi visiter le massif encore mystérieux de l'Ahaggar, en plein désert. Après avoir exploré le bassin de l'Oued-Rhir, où des fouilles archéologiques bien conduites lui révélèrent la présence d'ancêtres de l'âge de pierre, il se dirigea vers Aïn Salah, mais fut arrêté par une lettre de l'émir l'avertissant que le Sultan du Maroc avait défendu aux habitants de l'oasis de laisser pénétrer chez eux des chrétiens. Il le prévenait en même temps que des partis de Touaregs et de Chambaas l'attendaient un peu plus loin sur la route. Il était inutile d'aller au-devant d'un massacre. Largeau battit en retraite, il revint à Ouargla par un autre chemin. Cette fois encore l'expédition avait échoué.

Un nom nouveau à ajouter à ceux des Européens repoussés par le Sahara fut celui de l'enseigne de vaisseau Louis Say. Il ne put arriver qu'à l'oasis de Temassinin, après avoir passé en vue des Chambaas.

Moins heureux que Soleillet, que Largeau et que Say, le lieutenant-colonel Flatters tomba victime de sa vaillance. Etabli depuis 1876 à Laghouat et désireux de s'illustrer par une exploration scientifique, il demanda à organiser une mission chargée de traverser le Sahara de part en part. Il s'agissait d'arriver au pays des Touaregs, de visiter la sebka d'Amaghdor, de gagner l'Aïr et de pousser de là jusqu'au Niger. On lui adjoignit deux ingénieurs, Béringer et Roche, et une escorte de 500 hommes bien armés. La petite armée quittait Ouargla le 5 mars 1880, mais y rentrait deux mois plus tard le 17 mai. Le voyage n'avait pas réussi. La chaleur était accablante, les vivres s'épuisaient, la mauvaise volonté des guides s'accentuait. Il fallut revenir en arrière. Au moins avait-on reconnu près de 700 kilomètres de tracé.

Flatters organisa aussitôt une seconde expédition avec les mêmes éléments que la précédente, sauf que les hommes d'escorte furent choisis non plus parmi les volontaires Chambaas mais parmi nos turcos et nos spahis. D'abord tout marcha bien. Depuis le départ de Laghouat (24 novembre 1880) jusqu'à la sebka d'Amaghdor (2 janvier 1881) les nouvelles arrivèrent régulièrement. Tout à coup silence absolu. Bientôt circulent de sourdes rumeurs. On parle du massacre de la colonne par les Touaregs. Brusquement les bruits se confirment, la vérité se fait jour et elle est navrante!

Les Touaregs avaient en effet résolu l'extermination des Français. Le guide de Flatters était dans le complot. C'est lui qui persuada à l'infortuné d'établir son camp à Tarhadjit, près du puits d'Assiou, dans un endroit suspect où l'attendaient en embuscade plusieurs centaines d'ennemis. Voyant ces masses de Touaregs qui débouchaient de toutes parts, Flatters, encore sans défiance, alla à leur rencontre et les salua. Un traître, un certain Ighir ben Cheick, lui porta le premier coup. Le colonel se défendit à l'aide de son revolver, mais un deuxième coup de sabre l'atteignit à l'épaule, un troisième lui coupa le jarret, puis il fut traversé d'une infinité de coups de lance. A ses côtés tombèrent le capitaine Masson, les ingénieurs Roche et Béringer et dix-neuf soldats. Quatre seulement parvinrent à s'échapper et portèrent l'affreuse nouvelle au lieutenant Dianous, qui était resté en arrière. Le premier mouvement du nouveau chef de la mission fut de courir au secours de ses compagnons, mais il comprit que ce serait folie de s'attaquer à ces masses victorieuses et ordonna la retraite. Il avait encore soixante-trois personnes sous ses ordres. Jusqu'au 8 mars la retraite ne fut inquiétée que par le manque d'eau et de vivres, mais ce jour-là quelques Touaregs rejoignirent la colonne, jurant qu'ils n'avaient point pris part au massacre, et vendirent des dattes à nos malheureux soldats. Ces dattes étaient empoisonnées. Les effets du poison furent terribles. Il produisit de véritables accès de folie. Dianous tirait des coups de fusil au hasard ; on fut obligé de le désarmer. Le 10 les Touaregs profitèrent de l'affaiblissement de nos soldats pour les assaillir. Ce fut un second massacre dans lequel tombèrent criblés de blessures Dianous et ses derniers soldats. Quelques-uns d'entre eux pourtant, commandés par le maréchal des logis Pobéguin, réussirent à se frayer un passage et se barricadèrent dans une caverne qu'ils rencontrèrent. Lorsque enfin arriva d'Ouargla une colonne de secours, il était trop tard. Pobéguin et quinze de ses hommes étaient morts de faim après d'horribles souffrances. Seize soldats seulement, mais exténués et couverts de blessures, échappèrent à la catastrophe.

IV. — La période des velléités

Le prestige de la France était gravement atteint par ce désastre qui nous fermait pour longtemps les portes du Sahara. Les Touaregs se vantaient en effet d'avoir détruit une armée de chrétiens, et leurs pillards, qui se croyaient assurés de l'impunité, redoublaient d'insolence. Il n'y avait pas à se dissimuler qu'après ces tentatives avortées la France se heurterait sans succès à la résistance politique et au fanatisme religieux des

Sahariens. Or la puissance européenne au Sahara, comme d'ailleurs dans toutes les colonies, est avant tout une puissance d'opinion. On eut le tort de laisser les Sahariens se ressaisir ou se jeter dans les bras soit du Maroc, soit même des Turcs de la Tripolitaine. Il semblait que la France redoutât de s'exposer à une nouvelle défaite. Ces tristes heures d'effacement furent marquées par l'audace de nos adversaires, et de nouvelles victimes s'ajoutèrent à la liste déjà trop longue des explorateurs assassinés au Sahara : en 1881 le Père Richard, et deux de ses confrères, les Pères Moral et Pouplard, étaient massacrés à onze kilomètres seulement de Ghadamès. En 1885 le lieutenant Marcel Palat tombait à Hassi-Cheick près d'Aïn-Salah, avec son interprète Belkassem. Camille Douls était frappé par des Touaregs, qui avaient promis de l'accompagner jusqu'à Tombouctou. Aussi le gouvernement, découragé par ces catastrophes répétées, se désintéressait des explorations sahariennes. En 1883 Bourlier n'obtenait même pas l'autorisation de pousser une pointe sur Aïn-Salah. En 1885 Teisserenc de Bort et Deschellereins ne pouvaient pénétrer qu'à El Goleah et à Brézina. En 1886 on repoussait le projet du général Philibert qui consistait à conduire à Amaghdor une colonne suffisante pour n'avoir rien à craindre des Touaregs ; et en 1889 celui de Bonhoure qui proposait l'occupation du Touat et du Tidikelt. En 1890 enfin on répondait par un refus absolu aux demandes formées par Hœkenberger et Flault pour se rendre d'Algérie au Sénégal par Tombouctou. Pendant ces tristes années de renoncement, on était réduit à se contenter de progrès cartographiques ou scientifiques et de renseignements indirects.

Pourtant le domaine colonial de la France en Afrique Occidentale s'augmentait alors démesurément. Au Soudan, dans le Fouta Djalon, aux Rivières du Sud, à la Côte-d'Ivoire, dans les bassins du Niger et du Congo surgissaient des Frances nouvelles. Il n'était que temps de relier les unes aux autres ces possessions disséminées, et de les joindre à notre Afrique du nord en occupant le Sahara. Un important comité, celui de l'Afrique française, venait d'être fondé. La Convention du 5 août 1890 avait partagé entre la France et l'Angleterre les territoires soudaniens et sahariens. Si nous voulions tirer parti de cette convention, il était nécessaire, sans plus de délai, d'occuper la région qui nous avait été attribuée.

Quatre oasis se présentaient en première ligne à notre action, le Temassinin qui conduisait directement au lac Tchad, mais qui était occupé par les Touaregs, et que, provisoirement, on laissa de côté, car on ne voulait s'avancer qu'à coup sûr contre ces redoutables adversaires; le Tidikelt, dont la capitale était Aïn-Salah, le Gourara et le Touat, dont les palmeraies se succèdent comme les îles d'un archipel au milieu de la mer saharienne. Il eût été de bonne politique d'occuper immédiatement ces trois dernières oasis, mais la politique d'expansion coloniale ne comptait encore qu'un nombre restreint d'adhérents dans le Parlement. On crut habile de vivre au jour le jour et d'attendre les circonstances. Nous entrions dans ce qu'on a proposé d'appeler la période des velléités. Elle succédait à la période d'effacement. Nous désirions l'occupation, mais nous n'osions pas la décider. Nous entrions en campagne, mais tout à coup arrivait l'ordre de battre en retraite, et c'est ainsi que, faute d'avoir pris, quand il le fallait, une décision énergique, nous étions tenus en échec par une poignée d'indigènes mal armés et sans ressources. Malgré ces fluctuations nos officiers ne se découragèrent pas. Le général Philibert et l'ingénieur Rolland se mirent à la tête du mouvement, et par leurs publications, par leurs conférences, par leur enthousiasme communicatif, ranimèrent et soutinrent l'opinion. Une société d'études se forma pour la construction d'un chemin de fer de Biskra à Ouargla, ce qui était une nouvelle étape dans la direction du Sud. Gaston Méry fut chargé d'une mission géographique et commerciale au sud d'Ouargla, dans le pays des Touaregs-Adjer. Parti en novembre 1892, il arrivait à Temassinin, mais ne pouvait dépasser le lac Mengough, où il parvenait le 15 février 1893, car ses guides et ses porteurs l'avaient abandonné. Les Touaregs qu'il rencontra lui promirent pourtant de respecter les traités antérieurs. Sur la foi de ces promesses une seconde mission fut organisée en 1894 sous la direction de Bernard d'Attanoux. Partis d'El Oued le 13 janvier 1894, les Français traversèrent Temassinin, Aïn-Tebalbalet et arrivèrent au chott Mengough, où les chefs touaregs confirmèrent par écrit les traités antérieurs.

Ce n'étaient là que des reconnaissances préparatoires. Fernand Foureau fit une exploration plus complète. Il parcourut le Sahara dans tous les sens. Dès 1877 il avait accompagné Largeau et Say. En 1883 il étudia la région des Ghassis, c'est-à-dire des couloirs entre dunes qui s'étendent d'Ouargla à Aïn-Salah. En 1890 il s'avança jusqu'au pied du Tademayt à 230 kilomètres d'Aïn-Salah. Nous le retrouvons en 1893 reliant trois tronçons de routes nouvelles à travers le désert. Pendant l'hiver de 1893 à 1894 il arrivait aux portes de l'Aïr, qui se dressait encore comme la citadelle inviolée des Sahariens, mais il ne put s'entendre avec les chefs indigènes, et revint à son point de départ (4 mars 1894).

L'infatigable explorateur ne se tint pas pour battu. Dès le mois d'octobre de la même année il essayait encore une fois de pénétrer dans l'Aïr, mais arrivé près du lac Mengough il se heurta aux prétentions des chefs touaregs qui, avant toute négociation, exigeaient la restitution des méharis razziés sur eux par nos Algériens du sud. La mission fut obligée de rebrousser chemin, mais elle avait parcouru 2200 kilomètres, dont la moitié au moins par des routes nouvelles.

Foureau était de nouveau parti en décembre 1895, quand il reçut l'ordre de battre en retraite, car la région qu'il explorait était alors parcourue par des bandes insoumises. Au moins rapporta-t-il un levé nouveau de 879 kilomètres sur environ 1.600. Deux ans plus tard, en 1897, Foureau partait pour une autre expédition, toujours dans la direction de l'Aïr. Il atteignait le Tassili, et, au puits de Tassindja, avait une entrevue avec les chefs des Azdjer, qui se montrèrent bien disposés, mais mirent un tel prix à leurs offres de concours, qu'il fut obligé de se passer de leur aide. Il avait dans ce voyage effectué un parcours de 2.500 kilomètres, dont 440 en pays non encore relevé. Rendons hommage à ces efforts persévérants, qui, sans doute, n'ont pas été couronnés de succès, mais ont préparé l'avenir en indiquant les difficultés à surmonter.

Pendant ce temps l'autorité militaire, de son côté, ne restait pas inactive. Aux points extrêmes de nos possessions on construisait quelques caravansérails fortifiés ou bordjs, en 1893 à Berresof, à Hassi-el-Mey et à Hassi-Jinfel; en 1894 à Hassi-bel-Heïrane (fort Lallemand), à Hassi-Chebaba (fort Miribel), à Hassi-el-Homeur (fort Mac-Mahon). En 1895 on occupa El Abiod et Djenien-bou-Rezg, qui, installés sur le revers de l'Atlas saharien, allaient nous permettre la surveillance de la province d'Oran. En 1897 enfin, on transférait de Gardhaïa à El Goleah le chef-lieu du cercle de l'extrême Sud : mais, avec les nomades, Bugeaud l'avait déjà remarqué, quand on occupe un point, on n'occupe que ce point. Ce n'était pas par la création de postes perdus dans les immensités sahariennes que nous pouvions établir notre domination, mais par la prise des oasis, où se trouvent des populations sédentaires, et où nous « tenons par le ventre » les insoumis et les turbulents.

Dès le mois de mai 1896, le commandant Godron s'était enfoncé dans le Gourara, et y avait été bien accueilli par les habitants des Ksours. Le lieutenant de Jonchery et le professeur Flamand avaient aussitôt commencé l'exploration scientifique de la région. De décembre 1897 à mai 1898, les capitaines Germain et Lapérine exécutèrent jusqu'à quatre reconnaissances qui leur permirent d'établir le levé topographique de la région jusqu'aux portes d'Aïn-Salah. En 1896, le gouverneur de l'Algérie, Cambon, avait donné l'exemple et parcouru les provinces du Sud. C'étaient là des progrès sérieux, mais la puissance française ne serait définitivement assise que lorsque les oasis, et surtout Aïn-Salah, auraient fait leur soumission.

V. — La conquête des oasis

Le hasard précipita la solution et mit fin à des hésitations regrettables. En 1899 le professeur Flamand avait été chargé de l'exploration scientifique du Tademayt et du Tidikelt. En prévision d'une attaque des Sahariens, on lui avait adjoint une escorte commandée par des officiers énergiques, Pein et Germain. L'escorte fut assaillie en route par les gens d'Aïn-Salah (27 décembre 1899). Elle repoussa les Sahariens, et, poursuivant ses avantages, arriva sous les murs de la cité rebelle. Le 5 janvier 1900, nouveau combat à Deramcha et nouvelle victoire. Les indigènes, si longtemps irréductibles, comprirent que le moment était venu d'opérer leur soumission. Le 6 janvier, ils demandaient l'aman et la mission entrait paisiblement dans la capitale du désert. Ainsi s'évanouissait le fantôme de puissance qui, depuis si longtemps, arrêtait et bravait notre expansion. Il paraîtrait que le gouvernement fut embarrassé par cette victoire inattendue et qu'on parla sérieusement d'évacuation ; mais reculer était impossible, d'autant plus qu'après un premier moment de surprise les Sahariens restés indépendants commençaient à remuer. A la stupeur des premiers jours succédait une agitation inquiétante. Un officier marocain, qui s'intitulait pacha du Gourara, nous envoyait même une insolente sommation d'évacuer Aïn-Salah. Déjà ses éclaireurs nous refoulaient dans le Tidikelt. Il devenait nécessaire de se dégager ou nous allions être enfermés dans notre conquête. Le 19 mars 1900, après un violent combat à Aïn-Rhar, le colonel d'Eu occupait les oasis occidentales de la région. En même temps, d'autres colonnes descendaient du nord vers le Gourara. Le colonel Bertrand s'emparait d'Igli (5 avril), le colonel Menestrel et le commandant Letulle entraient à Timimoun (mai). Les unes après les autres toutes les oasis opéraient leur soumission, et nous pénétrions même dans le Timni, dont la ville principale, Adrar, acceptait notre protectorat.

L'opération avait été bien conduite, mais les dépenses avaient été considérables. Dix-neuf mille chameaux avaient péri et près de quatorze millions avaient été dépensés, mais trois provinces, Tidikelt, Touât et Gourara, étaient attachées à l'influence française. Non seulement nous avancions au sud dans la direction du Sénégal et du Soudan, mais encore nous débordions à l'ouest du côté du Maroc. Notre ancien adversaire Bou-Amama, longtemps réfugié à Deldoul dans le Touât, se soumettait aux autorités françaises (décembre 1900). Il semblait donc que la conquête était achevée et que toutes les complications étaient évitées. On n'avait pas tenu compte des protestations, d'ailleurs de pure forme, du gouvernement marocain, et aucune puissance européenne n'avait formulé de plainte. L'Angleterre elle-même déclarait que « notre prise de possession était un acte parfaitement naturel et légitime ». Mais les difficultés allaient bientôt renaître et de nouveaux acteurs entrer en scène.

La tribu des Doui-Menia est la principale de celles qui vivent sur les pentes méridionales de l'Atlas et le long des rivières qui en descendent. Ils avaient à diverses reprises demandé notre protection, mais on les avait maladroitement rebutés, et ils s'étaient rapprochés du Maroc. Une autre tribu plus importante encore, celle des Beraber, qui s'étendent jusqu'à Fez et Taza, n'avaient pu voir sans indignation les Français occuper les oasis du Touât et du Gourara, qu'ils s'étaient habitués à considérer comme un territoire réservé à leurs maraudes. Beraber et Doui-Menia unirent leurs ressentiments. Encouragés par la confrérie religieuse des Derkaouas et s'imaginant très à tort que le sultan marocain était disposé à entreprendre la guerre sainte contre les Chrétiens, ils prirent les armes et entrèrent subitement en campagne. A El Manigar (août 1900), à El Abiod (30 août), à Métaifa (5 septembre) ils surprenaient quelques-uns de nos postes isolés. Le 18 février 1901 ils manquaient s'emparer par surprise de Timimoun, et n'étaient repoussés qu'après nous avoir infligé de cruelles pertes. Les généraux Servière et Risbourg n'eurent plus qu'à se promener dans le Gourara pour en soumettre les oasis. La victoire nous restait donc, mais cette attaque des Doui-Menia et des Beraber démontrait que la difficulté n'était pas de conquérir mais bien de garder les provinces sahariennes. Il fallait donc, puisque l'alternative était posée, ou bien quitter les oasis, ou bien les organiser. L'honneur du drapeau étant engagé, il était impossible de battre en retraite. L'œuvre d'organisation fut donc entreprise et conduite avec méthode.

L'unité de direction fut assurée par un premier décret qui

subordonnait au gouverneur général de l'Algérie le commandant du 19e corps d'armée. Un second décret, celui du 24 décembre 1902, divisa le pays sous le nom de territoires du Sud, en quatre grandes circonscriptions : Aïn-Sefra, Laghouat, Ouargla, les Oasis. A chacun de ces territoires fut attachée une compagnie de tirailleurs sahariens montés sur méharis, et, autant que possible, recrutés dans le pays même, ce qui permettait de défendre le Sahara par des Sahariens, et diminuait d'autant les dépenses militaires. On commença à creuser des puits artésiens, à planter des palmiers en remplaçant les variétés médiocres par des meilleures, et surtout en prolongeant le chemin de fer qui s'enfonçait déjà dans le Sud et en créant des voies nouvelles.

VI. — Mission Foureau-Lamy

Pendant que nos soldats s'emparaient du Tidikelt, du Touât et du Gourara, facilitant ainsi la tâche de nos explorateurs, une mission avait été organisée. Il s'agissait de traverser le Sahara, d'arriver à l'oasis de Tagellhet dans le Damergou, c'est-à-dire dans le bassin du Tchad, et d'y rejoindre deux autres missions parties en même temps, l'une du Soudan français avec les capitaines Voulet et Chanoine, l'autre de l'Oubanghi et du Chari avec l'administrateur Gentil. Si les trois missions opéraient leur jonction, la France devenait maîtresse de dicter ses conditions. La direction de la mission algérienne fut confiée, et c'était justice, à Foureau. Le commandant Lamy avec le capitaine Reibell et cinq lieutenants était chargé de la conduite du convoi. Les autres collaborateurs étaient Dorian, Villate, Leroy, du Passage, en tout 310 hommes solides, bien encadrés, et déterminés à soutenir l'honneur du drapeau. Partis de Biskra le 24 septembre 1898, nos compatriotes arrivèrent à Ouargla le 23 octobre, et à Temassinin le 18 novembre. Ils s'engageaient alors dans le dangereux passage du Tassili et parvenaient, par 1.362 mètres d'altitude, dans le massif de l'Abhorrene, au point de partage des eaux de la Méditerranée et de l'Atlantique. Ils arrivaient à Tarhadjit, à l'endroit où avaient été massacrés Flatters et ses compagnons, le 17 janvier 1899, puis à Aïnazaoua, dans les montagnes du Tadgemout. Les Touaregs ne s'étaient pas encore montrés, mais la mission avait déjà perdu un grand nombre de chameaux, et les porteurs n'étaient pas assez nombreux pour les vivres et les marchandises. On se décida à construire un poste à Aïnazaoua, dont on confia la défense à une cinquantaine de tirailleurs, et la colonne reprit sa marche vers l'Aïr.

Au puits d'Iferouane, le premier village de l'Aïr, les Touaregs essayèrent de nous surprendre (24 février 1899). Ils furent battus, mais Lamy jugea prudent de ne pas s'avancer plus loin avant d'avoir rejoint les camarades laissés en arrière. Le 25 mai la mission de nouveau réunie brûlait tout ce qu'elle ne pouvait emporter et reprenait sa marche vers le Sud. Le 26 mai, à Aguellal, nouvelle attaque des Touaregs. Les Français sont vainqueurs, mais obligés de sacrifier encore une partie de leur matériel. Ils arrivèrent enfin à Agadès, l'ancienne capitale commerciale de l'Aïr. Les Touaregs nous y accueillirent sans malveillance, mais ne nous aidèrent en rien. Ils essayèrent même de nous tromper en nous fournissant pour guides des traîtres qu'il fallut fusiller. Comme ils refusaient de louer ou de vendre des animaux de bât, Lamy, pour triompher de leur résistance, fut obligé de faire occuper les puits. La caravane put enfin se mettre en route pour le Damergou, et arriva à Zinder le 2 novembre. Deux mois plus tard, le 9 janvier 1900, elle entrait dans le Kanem et, le 24 février, opérait sa jonction à Goulféi sur le Tchad avec la mission du Soudan. Le 11 avril, à Noudjafa, la mission du Chari, commandée par Gentil, rencontrait les deux autres missions. Les Français se fondaient aussitôt en une seule armée, et entraient en campagne contre le sultan Rabah, qu'ils battaient et tuaient à Koussouri.

Cette triple expédition avait été bien conçue et bien conduite. Lamy, qui avait été à la peine, ne fut pas à l'honneur, car il avait été enseveli dans son triomphe sur le champ de bataille de Koussouri. La conséquence immédiate de cette victoire fut d'inspirer une terreur salutaire à tous les Touaregs sahariens. Dès l'année 1902, le lieutenant Cottenest, parti d'Aïn-Salah à la tête d'un goum de 130 indigènes (23 mars), arrivait à Idelès dans le massif de l'Ahaggar (25 avril). Attaqué par les Touaregs à Arcan-Tit, il les refoulait dans leurs solitudes après un sanglant combat, puis parcourait paisiblement toute la région en rectifiant l'ancienne route de caravanes par le Centre saharien. Renouvelant l'exploit de Cottenest, le lieutenant Guillo-Lohan partait d'Aïn-Salah en octobre 1902, arrivait jusqu'au centre de l'Ahaggar et dispersait les pillards Touaregs. Il s'élevait jusqu'à 2.500 mètres sur le pic de la Koudia, et rapportait de son excursion de précieux renseignements géographiques. Ces deux explorateurs n'avaient recouru que malgré eux à la force brutale. L'un et l'autre n'avaient pas cessé de préconiser la pénétration pacifique. Telle est, d'ailleurs, la politique qui semble adoptée depuis quelques années. Les Touaregs du Sud, protégés et encouragés par les commandants des postes français, se sont rapprochés de nous. Les tribus que séparaient des haines séculaires, causées par la mort d'un chef, ou par la possession sans cesse disputée de quelques palmeraies, ont, sur nos conseils, renoncé à leurs griefs et se sont réconciliées. Le capitaine Theveniaut, commandant le cercle de Gao, a été le principal instrument de cette politique d'apaisement. Grâce à lui, les Aoullimiden effectuaient leur soumission effective le 1er juin 1903. Les Kounta de l'Est, les Igouadaren, les Idernan, les Ifoghar de l'Ahaggar eux-mêmes faisaient connaître les bons sentiments dont ils étaient animés à notre égard. Il ne restait plus chez eux qu'à vaincre les résistances de quelques irréductibles. Désormais les routes de l'Adrar étaient ouvertes, et la question de la jonction du Touât et du Sahara était à la veille d'être réglée.

Dans une autre direction, celle de la Tripolitaine, alors turque, dont les limites n'étaient pas encore fixées, les progrès de la France étaient également sensibles. Dès juillet 1906 l'oasis de Bilma, dont la possession nous était contestée par les Turcs, était occupée par le capitaine Crépin, et au mois de septembre de la même année le capitaine Gadel battait les Touaregs dissidents au puits d'Orida, près de Djada, à 270 kilomètres au nord de Bilma. Désormais nous n'avions plus rien à craindre des pillards du désert. Quant aux Turcs qui n'avaient pas renoncé à leurs prétentions, et ne cessaient d'encourager sous main les quelques indigènes qui ne voulaient pas se soumettre, le capitaine Charlet, en novembre 1912, grâce aux compagnies de méharistes venant du Tidikelt, occupa l'oasis de Djanet, chez les Touaregs Adzjer, où nos derniers adversaires avaient espéré trouver un refuge, et s'emparait même d'un de leurs chefs, Attici, l'instigateur du massacre de la mission Flatters. La question militaire semblait donc tranchée à notre avantage.

Ces progrès étaient si incontestables que, dès l'année 1901, le commandant supérieur des oasis sahariennes Lapérine et le lieutenant Pichon étudiaient la route qui, par Mabrouck, conduirait le plus directement à Tombouctou. Partis d'Adghar dans le Touât, ils s'enfonçaient à 400 kilomètres au Sud, jusqu'à Aïn-Zize, sans rencontrer la moindre résistance. En 1903 Lapérine renouvelait sa course, accompagné cette fois des lieutenants Bricoigne, Besset, Meyer, du professeur Villatte et de 75 méharistes. Son intention était de pousser jusqu'à Tombouctou, et de démontrer par ce raid pacifique la facilité relative des communications entre nos grandes colonies africaines. Parti le 10 mars, il ne se trouvait plus qu'à 300 kilomètres de Tombouctou, bien accueilli par les Touaregs et ayant déjà rassemblé une énorme quantité de renseignements lorsque, le 18 avril, au campement de Timiamoun, il se heurta au capitaine Théveniaut, arrivé de Tombouctou, qui lui intima l'ordre de ne pas aller plus loin, tout comme s'il y avait une limite entre l'Algérie et le Soudan. Lapérine eut le bon sens de se résigner, et, bien qu'à contre-cœur, reprit le chemin du Nord, mais par une autre voie, en remontant la vallée de l'Igharghar, et rentra à Aïn-Salah. Aucun incident à signaler dans cette longue traversée. Les Touaregs avaient montré partout des dispositions conciliantes. Le Sahara semblait dompté.

Depuis cette époque, les explorations ont continué. Grâce aux matériaux accumulés, la cartographie de ces régions, si longtemps mystérieuses, a été renouvelée presque entièrement. Des levés précis, exécutés par nos officiers (Arnaud, Cortier, Dinaux, Flye Sainte-Marie, Touchard, Besset, Pein, de Foucault, Nieger) et nos savants (Chudeau, Villatte, Tignol, Desplagnes) au cours de leurs nombreux raids à travers le désert, nous ont donné une idée d'ensemble assez satisfaisante de ces immenses étendues demeurées si longtemps redoutables. Dès maintenant nous possédons les éléments d'une carte nouvelle qui s'étendra de proche en proche et se reliera aux beaux travaux déjà exécutés en Algérie. En 1912, une mission commandée par les capitaines Nieger et Cortier avec les ingénieurs Monseran, Dubuc et Nemorin, et le géologue Chudeau comme principaux auxiliaires, fut chargée de reconnaître le tracé d'une voie ferrée entre Aïn-Salah et le Tchad, et celui d'un embranchement qui, partant de l'Ahaggar, aboutirait à Gao sur le Niger. Il s'agissait avant tout d'étudier les itinéraires les plus directs, c'est-à-dire qu'on sacrifierait la proximité des points d'eau à la simplicité du tracé. La mission remplit de point en point son programme. Elle s'organisa à Béchar dans le Sud oranais (janvier 1912), et suivit d'abord la vallée de la Saoura et les oasis du Touât. Le capitaine Cortier, avec deux hommes seulement, se chargea de la route entre El Alouef et Tombouctou. Il franchit le Tanesruf, et, après une randonnée de onze jours sans eau, rencontra enfin les puits de Tagnout et d'Achourat. Parvenu à Gao, et se trouvant en pays connu, il remonta au nord en suivant la bordure orientale de l'Adrar des Iforas, et rejoignit le gros de la mission à Inguezzam. Pendant ce temps Nieger, par les vallées du Djaret et du Zouf-Mellan, arrivait à Adou Kronz, puis à Silet dans le massif du Hoggar. De là il se dirigeait vers le Tchad par Gao, In Rerbo, Inguezzam, l'Aïr, Zinder et Rig-Rig. Dans cette rapide exploration, près de 15.000 kilomètres de voies nouvelles avaient été relevées, et elles s'appuyaient sur les coordonnées de 150 positions astronomiques et géodésiques. On sait aujourd'hui, de façon certaine, que rien ne s'oppose à l'exécution du Transsaharien. Aucun obstacle sérieux ne se présente, sauf au pied de l'Aïr. Presque partout il suffira de poser la voie sur une simple plate-forme, et on n'aura pas besoin de terrassements coûteux pour éviter les sables. On a même calculé que l'on pouvait construire deux kilomètres par jour, au prix moyen de 100.000 francs le kilomètre, et qu'en trois jours on irait d'Alger au Tchad. Le Sahara est donc aujourd'hui connu dans son ensemble, et, sur bien des points, dans ses détails.

Théoriquement, il est vaincu, il ne reste plus qu'à l'organiser. On y arrivera, lorsque enfin sera construite cette voie ferrée, depuis si longtemps promise et dont l'exécution s'impose.

VII. — Le Transsaharien

Il est vrai que la nécessité du Transsaharien n'est pas encore reconnue par tous les Français. Les uns sont effrayés par les difficultés qu'opposent à sa construction la malveillance spéciale de la nature, le relief du sol, les roches infranchissables, les sables, mais ni montagnes glacées, ni rivières énormes, pas de lagunes, pas de marais. D'autres sont arrêtés par la dépense, mais justement on n'aura besoin ni de ponts, ni de tunnels, ni de travaux d'art, et le terrain ne se vendra pas cher. Très peu de gares ; pas de traversées de villes, pas de passages à niveaux pas d'édifices luxueux. Quant aux ouvriers, ils ne manqueront pas On pourra les choisir parmi les Sahariens eux-mêmes. On pourra même transformer les Touaregs en paisibles convoyeurs ou en gendarmes du désert. Sans nous attarder davantage à ces objections, qu'il nous soit permis de faire remarquer qu'à un triple point de vue, politique, économique et social, le Transsaharien doit être considéré comme une œuvre nationale.

Sans doute le Sahara par lui-même est à peu près désert, mais il donne accès à des pays populeux, Maroc, Algérie et surtout Soudan. Quoiqu'il soit difficile d'évaluer avec précision la population de ces contrées, il est certain que, si le Transsaharien était exécuté, notre influence et notre puissance augmenteraient dans des proportions indéfinies. Ainsi que l'écrivait dès 1879 un des promoteurs de ce grand projet, l'ingénieur Duponchel, « c'est dans les larges vallées du Niger, du Tchad et de leurs affluents que notre commerce et notre industrie peuvent songer à s'ouvrir de larges et sérieux débouchés. C'est là que doivent être un jour les Indes Françaises ; le seul pays du globe sur lequel il nous soit permis de faire rayonner au large et en toute liberté notre expansion colonisatrice ». Ce programme politique n'est-il pas à moitié réalisé, puisque les Touaregs sont réduits à l'impuissance, que le Soudan est devenu province française et que le Maroc se laisse pénétrer par nos armes et notre civilisation ?

Au point de vue économique les avantages du Transsaharien seront également considérables, mais il faudra compter avec le temps. Avec son climat tropical et son sol fertile, le Soudan peut fournir la totalité des denrées spéciales que l'on recueille à grands frais dans l'Extrême-Orient, sucre, café, épices, etc. Il donne déjà des graisses et des fruits oléagineux, du coton, des plumes d'autruche, des peaux brutes, de l'indigo, du riz, de la gomme, des caoutchoucs, de l'ivoire et même de l'or. Nous pouvons y importer des objets manufacturés, tissus, quincaillerie, métaux cuivrés, et objets de luxe. Le sel, ce condiment indispensable de la vie animale, que l'on recueille à la pelle dans nos salines d'Algérie et qui manque en Afrique Centrale, pourra être livré par nos négociants en quantités immenses et à des prix plus que rémunérateurs. D'ores et déjà la future compagnie concessionnaire du Transsaharien a donc le droit de compter sur des dividendes sérieux.

Au point de vue social enfin nous resterons fidèles à notre mission civilisatrice. Au Soudan comme au Maroc c'est nous qui initierons à la liberté, au respect d'eux-mêmes et des autres, ces peuples qui longtemps n'ont connu que le despotisme et la servitude. N'obtiendrions-nous que ce résultat, nous estimerions n'avoir perdu ni notre temps, ni notre argent.

En résumé, pour étendre notre influence politique, pour ouvrir à notre industrie qui s'étiole, à nos capitaux inactifs, à notre jeunesse ardente de nouveaux éléments de prospérité, que risquons-nous ? Rien que l'établissement d'une voie ferrée, que les conditions locales nous permettront d'exécuter dans de bonnes conditions. Laisserions-nous, une fois encore, échapper l'occasion que nous offre notre bonne fortune coloniale ? Déjà de véritables routes sont amorcées qui traversent le désert de part en part. Ne venons-nous pas d'apprendre (1917) que Bonamy, administrateur des colonies et commandant le cercle de Tombouctou, avait rejoint son poste par Alger et Aïnsalah, franchissant sans encombre et presque sans escorte près de 2.000 kilomètres de désert, jalonnant ainsi pour demain la piste automobile qui réunira les deux frontières du Sahara ! Certes, ce voyage fut pénible, et il ne pouvait en être autrement, puisque l'explorateur eut à supporter des températures de 48°, et que les points d'eau brillèrent surtout par leur absence, mais il ne rencontra aucune tribu hostile, et la voie d'accès semble définitivement tracée. Ne l'est-elle pas déjà par la télégraphie optique, et ne parle-t-on pas d'établir une poste aérienne qui, en trente heures, mettrait en relations Alger et Tombouctou ! Aurons-nous enfin la joie patriotique de voir une locomotive traverser ces solitudes si longtemps inviolées ? Rappelons-nous le mot de l'un de nos adversaires dans l'œuvre de la colonisation africaine, Stanley : « Le continent noir appartiendra au premier qui saura y pousser le rail ! »

CHAPITRE II

LE PROTECTORAT FRANÇAIS EN TUNISIE

I. — Premières relations avec la Tunisie

Nos relations avec la Tunisie ne datent pas d'aujourd'hui. Charlemagne et l'Émir Aglabite de Kaïroan avaient déjà échangé des ambassades. Nos négociants de Languedoc et de Provence fréquentèrent de bonne heure le littoral tunisien, ainsi que le prouvent les Chapitres de Paix de Marseille, qui datent de 1228. Saint Louis essaya de convertir cette alliance en sujétion, mais il mourut à la croisade sous les murs même de Tunis en 1270.

Un siècle plus tard, en 1389, une nouvelle croisade fut encore dirigée contre Tunis, mais elle ne réussit pas. Malgré ces attaques et malgré les incursions des pirates, nos relations avec la Tunisie ne furent jamais rompues. A diverses reprises, notamment sous le règne de Louis XI, nos nationaux essayèrent d'y fonder des comptoirs, mais ils ne parvinrent ni à diminuer le nombre des captifs chrétiens, ni même à empêcher les descentes des pirates sur notre littoral méditerranéen.

Au xviie et au xviiie siècle furent signés de nombreux traités de commerce, interrompus par quelques démonstrations navales. Pendant toute la durée de l'Empire et sous la Restauration les bons rapports continuèrent, mais, à partir de 1830, étant devenus par la conquête de l'Algérie les voisins immédiats des beys de Tunis, la nécessité s'imposa ou bien de les traiter en ennemis, ou bien de leur imposer notre protectorat.

Tant que régnèrent les beys Ahmed (1837-1855) et Mohammed (1855-1859) les conseils de la France furent écoutés, mais avec

Mohammed-es-Sadok se dessina une réaction. Le nouveau bey n'éprouvait qu'une médiocre sympathie pour notre représentant Léon Roches, et le lui fit savoir en se refusant à tous ses désirs. Il eut de plus le tort d'accorder sa confiance à l'un de ses conseillers, Mustapha Khaznadar, qui le poussa à de tels gaspillages que la Tunisie se trouva bientôt acculée à une banqueroute, dont les premières victimes allaient être ceux de nos compatriotes qui avaient acheté des titres de rente tunisienne. Il devint nécessaire d'imposer au bey la création d'une commission financière internationale chargée d'administrer ses revenus et de veiller aux intérêts des créanciers de la Régence. C'était une première main mise de la France sur la Tunisie (5 juillet 1869).

Malheureusement survint la guerre de 1870, et l'ancienne prépondérance française tomba du jour au lendemain. Bien servies par leurs agents, l'Italie et l'Angleterre ne tardèrent pas à nous supplanter. L'Italie surtout, grâce à son consul le commandeur Pina, éleva des prétentions exagérées. Dès 1871, profitant de nos embarras et sous prétexte de prétendus passe-droits, elle menaça le bey d'une déclaration de guerre, et, sans le veto de l'Angleterre, elle aurait mis sa menace à exécution. N'ayant pas réussi à annexer la Régence, Pina chercha au moins à détacher le bey de la France en lui persuadant de replacer son pays sous la suzeraineté de la Turquie. Nous fûmes obligés d'intervenir et de parler haut et ferme. Le représentant de l'Italie ne se découragea pas pour autant. Il réussit à convaincre le bey que, depuis ses désastres, la France n'était plus à craindre. En effet de graves incidents se passèrent à la frontière algérienne. Nos protégés furent insultés et pillés. Des brigands avérés, tel le trop fameux Kablouti, recevaient à Tunis un accueil empressé, et à toutes nos réclamations on répondait par le dédain le plus absolu. De 1870 à 1881 le nombre des crimes et des délits commis par les tribus tunisiennes limitrophes s'éleva au chiffre fantastique de 2.379, et le gouvernement beylical ne donna de sanction pénale qu'à cinq affaires ! Notre influence était décidément compromise. On ne nous écoutait plus, et toutes les faveurs étaient réservées à l'Italie et à l'Angleterre.

Alors parurent en scène de nouveaux personnages, entre autres un méprisable favori, Mustapha ben Ismaël, qui, au lieu de les diminuer, augmenta les dépenses inutiles, et s'enrichit aux dépens de son maître. Il ne respecta même pas les propriétés religieuses et commença à faire main basse sur les biens de mainmorte. Aussi le mécontentement était-il général. Sur bien des points les indigènes s'étaient déjà soulevés. Des bandes de brigands tenaient la campagne, et les remuantes tribus de la frontière occidentale, les Khroumirs, profitaient de l'anarchie pour se cantonner dans leurs montagnes et y vivre aux dépens de leurs voisins algériens ou tunisiens. Il n'était que temps que la France intervînt, ou bien telle puissance européenne, depuis longtemps à l'affût, allait profiter de notre indifférence pour substituer son influence à la nôtre et faire respecter ses décisions au besoin par la force.

Le représentant de cette puissance, le successeur de Pina, l'actif et peu scrupuleux Maccio, venait d'arriver à Tunis avec la mission secrète de provoquer un conflit, ou tout au moins de faire naître une occasion. Accueilli en triomphateur, il entra tout de suite en lutte avec notre consul Roustan ; mais ce dernier avait fait sa carrière en Orient. Il connaissait à fond le terrain sur lequel il manœuvrait, et, comme il était aussi habile qu'énergique, c'était pour Maccio un redoutable adversaire. Il se trouvait pourtant dans une situation délicate, car il lui fallait, tout en combattant l'influence croissante de ses collègues d'Italie et d'Angleterre, solidariser ses intérêts avec ceux de la Tunisie, et surtout ne recourir à la force qu'à la dernière extrémité. Avec une constance qui l'honore et une dignité qu'on ne saurait méconnaître, méprisant les clameurs intéressées aussi bien que les menaces ou le danger, Roustan réussit néanmoins, sans rompre avec aucun de ses collègues, à rendre à la France sa place légitime dans les affaires de la Régence.

Maccio avait d'abord semblé tout emporter. Il avait multiplié les écoles italiennes, créé des hôpitaux italiens, et cherché à accroître le prestige de sa nation. Comme, sur ce terrain, nous l'avions laissé libre, son audace augmenta et il commença l'attaque directe contre la France. Il demanda l'autorisation de relier la Sicile à la Tunisie par un câble sous-marin, mais le monopole de l'exploitation des lignes télégraphiques nous avait été concédé en 1861, et en termes si formels que les prétentions du consul n'aboutirent qu'à une confirmation du précédent décret (26 juin 1880). Maccio prit sa revanche en obtenant pour la compagnie italienne Rubattino l'autorisation de racheter à une compagnie anglaise le petit chemin de fer de Tunis à la Goulette, et c'est à grand'peine qu'on nous concéda les voies ferrées de Tunis à Bizerte et à Sousse (14 avril 1880). La lutte était donc déjà engagée sur le terrain économique, et le bey, tiraillé entre les deux adversaires, commençait à ne plus savoir quelle politique adopter.

L'affaire dite de l'Enfida acheva de tout brouiller. Un des ministres du bey, Kaïr-Eddin, envoyé en exil à Constantinople, avait vendu à une compagnie marseillaise son magnifique domaine de l'Enfida, dans le Sahel, entre Tunis et Sousse (5 avril 1880). Lorsque les acheteurs voulurent entrer en possession, ils se heurtèrent contre le refus absolu du bey, excité sous main par les Italiens. La vente était pourtant régulière, mais la loi musulmane donne au voisin, limitrophe d'un immeuble, le droit de l'acquérir de préférence à tout autre acheteur. C'est le droit de préemption, la Cheffâa. On trouva un acheteur de bonne volonté, un israélite naturalisé anglais, Yousouf Lévi, qui opposa ses droits à ceux de la société marseillaise. De là procès : mais on découvrit bientôt que le voisinage, que la Cheffâa, que tout était faux. La fraude fut dénoncée et condamnée, mais l'opinion publique avait été surexcitée, et le consul d'Italie qui, dans la circonstance, avait compté sur le concours éventuel de l'Angleterre, fut, cette fois encore, déçu dans ses espérances.

Maccio ne se rebuta point. Un journal arabe, le *Mostakel*, avait été fondé à Cagliari. Subventionné et inspiré par l'Italie, répandu à profusion dans toute l'Afrique du Nord, ce journal excitait les indigènes contre la France. Il prêchait ouvertement le pillage et le massacre et promettait le concours de la Turquie.

Presque aussitôt se manifeste dans toute la Régence une véritable effervescence. Un soulèvement se prépare. Les tribus de la frontière y préludent en pillant et en assassinant nos compatriotes. Un marabout, Si-Abdel-Malek, prêche même la guerre sainte contre nous. Nos forêts algériennes de La Calle sont incendiées, et jusque dans l'extrême sud, près de Tebessa, des razzias sont opérées contre nos protégés. A toutes nos réclamations le bey oppose des faux-fuyants ou nous offre des réparations dérisoires. Un châtiment sévère s'imposait, mais notre ministre des Affaires étrangères, Barthélemy Saint-Hilaire, poussant la longanimité jusqu'à l'invraisemblance, déclarait qu'il fallait épuiser les voies diplomatiques avant d'entrer en Tunisie. Il aurait mieux fait de se rappeler le proverbe arabe, dont l'application eût été de circonstance : « Si tu es piquet, patiente ; si tu es maillet, frappe ! »

II. — Le Congrès de Berlin

Malgré les insinuations perfides de Maccio, nous possédions déjà la force : nous voulûmes aussi avoir le droit pour nous, et l'événement a prouvé que cette politique n'était pas la plus maladroite. Or, en 1878, au congrès de Berlin, la question tunisienne avait déjà été agitée. L'Angleterre avait reconnu que n'ayant dans l'Afrique du Nord aucun intérêt majeur et rendant toute justice à l'œuvre civilisatrice de la France, elle n'interviendrait pas. L'Allemagne, charmée de nous voir détourner les yeux de la frontière de l'Est, avait formellement déclaré « qu'elle ne s'opposait pas au développement de l'influence française dans la Régence et n'avait pas à mettre en avant des prétentions contraires ». L'Autriche heureuse de faciliter une expédition qui exaspérait les irrédentistes italiens, la Russie et l'Espagne indifférentes, nous donnaient en quelque sorte carte blanche. Restaient l'Italie, nettement hostile, et la Turquie qui n'avait pas perdu tout espoir de ressaisir sur la Régence une autorité prescrite depuis deux siècles, mais il était à présumer que l'Italie n'oserait pas se prononcer ouvertement, et que la Turquie se contenterait d'une protestation platonique. Nous avions donc toute liberté à action.

Un télégramme du gouverneur général de l'Algérie, A. Grévy, mit le feu aux poudres. Quelques vaisseaux français jetés à la côte par la tempête près de l'île de Tabarka avaient été pillés par les Khroumirs, qui avaient en outre, le 31 mars 1880, attaqué en plein territoire algérien, à El Aïoun, un détachement de nos soldats. Dans le Sud les nomades avaient déjà pris les armes, et le bey Saddock annonçait qu'il était disposé à prendre la direction du mouvement dans l'Afrique du Nord. Maccio de son côté parlait de l'intervention armée de l'Italie et le bruit se répandait que le sultan de Constantinople prenait fait et cause pour son vassal. Si la France se laissait insulter impunément, elle perdait son prestige. Or il ne manquait pas au Parlement d'ennemis de toute démonstration extérieure et surtout de toute entreprise coloniale. Par bonheur se trouvait alors à la tête des affaires un véritable homme d'État, énergique, résolu, pénétré de l'idée que la France ne recouvrerait sa grandeur et ne réparerait ses pertes qu'en augmentant son domaine colonial. Jules Ferry sut faire passer dans l'esprit de ses collègues les sentiments qui l'animaient. Le 4 avril 1881 il déclarait « que le gouvernement de la République ne cherche pas de conquêtes. Il n'en a pas besoin ; mais il a reçu en dépôt des gouvernements qui l'ont précédé cette magnifique possession algérienne, que la France a glorifiée de son sang et fécondée de ses trésors. Il ira dans la répression militaire qui commence jusqu'au point où il faut qu'il aille pour mettre à l'abri, d'une façon sérieuse et durable, la sécurité et l'avenir de cette France africaine ». Trois jours plus tard les crédits nécessaires à l'expédition étaient votés à la Chambre par 474 voix contre 2 et au Sénat par 277 sur 277 votants.

Les bonnes dispositions de l'Europe à l'égard de la France n'avaient pas changé depuis le congrès de Berlin. Il y eut bien en Angleterre quelques voix discordantes, mais le gouvernement, avec la plus entière bonne foi, déclara que sa parole était engagée. L'Autriche, l'Espagne, la Russie, l'Allemagne n'élevèrent non plus aucune protestation. Seule l'Italie ne cacha ni son désappointement, ni ses jalousies, et, comme pour mieux marquer sa mauvaise humeur, renversa le ministère qui n'avait pas su, ou pas voulu tirer parti de sa politique provocatrice ; mais quand elle comprit qu'elle n'entraînerait contre nous aucune des puissances européennes, pas même la Turquie, que, par conséquent, elle allait se trouver isolée, elle ne commit pas l'imprudence de s'opposer directement à notre action, et se contenta de mettre au service du bey ses conseils et ses encouragements. Le bey restait donc seul contre la France, et il n'avait autour de lui pour le défendre que quelques milliers de réguliers et des bandes indisciplinées. Nous entrions au contraire en campagne avec une solide armée de 30.000 hommes, commandée par un vieil officier, Forgemol de Bostquénard, avec les généraux Logerot et Delebecque comme lieutenants. De plus l'armée d'Algérie était toute prête à rentrer en ligne, et d'imposants renforts s'assemblaient dans les ports de la Méditerranée. La partie était donc bien engagée et tout annonçait le succès.

Les Khroumirs, qui allaient supporter le premier choc, ne méritaient peut-être pas ce déploiement de forces. Ce n'étaient pas des Arabes, comme on l'a cru longtemps, mais des indigènes africains, comme les Kabyles d'Algérie ou les Touaregs du Sahara. Ils appartenaient à la race que les Romains désignaient sous le nom de Numidique et que l'on appelle encore Berbère. De bonne heure ils se convertirent à l'Islam. Ce furent de fidèles croyants, évitant toute relation avec les Juifs ou les Chrétiens. S'ils acceptaient en théorie la domination du bey de Tunis c'est que, en vertu des doctrines mahométanes, le pouvoir temporel découle nécessairement du pouvoir spirituel, mais ils ne lui accordaient qu'une suprématie d'honneur, et savaient très bien repousser ses fonctionnaires et battre ses soldats, s'ils trouvaient que les prétentions politiques ou financières de leur suzerain violaient leurs privilèges. A vrai dire ils étaient indépendants. Divisés en un certain nombre de tribus, ils formaient une confédération ayant pour but principal de défendre l'entrée du territoire. Ils se partageaient en deux fractions distinctes, les Sloul et les Tedmaka. Les premiers se livraient au commerce, et étaient les plus riches et les moins à craindre. Les Tedmaka au contraire étaient les pauvres, les prolétaires, les exploités des Sloul. En temps de guerre ou de razzia les tribus élisaient un chef qui les conduisait au combat, mais, aussitôt le danger passé, rentrait dans le droit commun. Républicains déterminés sans qu'ils s'en doutassent, et même socialistes puisqu'ils usaient de toutes les libertés, ils usaient surtout de la liberté de mal faire, et leurs grandes ressources étaient le vol et le pillage. Le vol ils le pratiquaient aux dépens des tribus riches et paisibles de la plaine; le pillage ils l'exerçaient sur les navires que le naufrage jetait à la côte. En 1786 Desfontaines, l'auteur d'un Voyage aux Régences de Tunis et d'Alger, écrivait déjà : « Entre Tabarque et la Calle se trouve la tribu des Nadis, composée de sept à huit cents hommes, tous armés. Ce sont des montagnards vagabonds, qui ne payent tribut ni au dey d'Alger ni à celui de Tunis. Quoiqu'ils soient sous la dépendance de ce dernier, ils changent de place, et exercent leurs brigandages dans les deux États. »

En 1881 les Khroumirs n'avaient pas changé. Pas une année ne se passait sans que nos sujets de la province de Constantine n'eussent à se plaindre des incursions répétées, des ravages et des assassinats commis par ces voleurs éhontés. Ils aimaient à diriger leurs incursions surtout contre les mines de Kefoum-Teboul. Quant à la côte elle était inabordable. Le 24 janvier 1878 le paquebot l'*Auvergne*, assailli par une violente tempête, avait été brisé sur les rochers de l'île Tabarka. Au lieu de recueillir les naufragés les Khroumirs se jetèrent sur eux, et, brutalement, les dépouillèrent de leurs vêtements. A grand'peine les soldats tunisiens qui gardaient le fort de Tabarka purent-ils leur sauver la vie. Quant au navire les Khroumirs s'entendirent pour le piller. Chaque tribu eut son jour. Il ne resta bientôt plus que la carcasse. De pareils actes de barbarie étaient commis à quelques kilomètres de la frontière algérienne, et en présence d'une garnison tunisienne impuissante ou complice de ces désordres. Il n'était que temps de mettre un terme à ces sauvageries !

III. — Première expédition française

Le général Logerot avait été chargé de couper toutes les communications entre les Khroumirs et les tribus du Sud, pendant que le général Delebecque, venu directement d'Algérie, les refoulerait dans leurs montagnes. Les deux généraux réunis combineraient ensuite leur attaque contre le massif. Ce plan fut exécuté avec méthode. Le 25 avril 1881 Logerot s'emparait d'El Kef, position stratégique qui commande plusieurs routes. Comme la ville est perchée sur un rocher et de facile défense, on s'attendait à une énergique résistance, mais notre agent, Rey, avait sagement conseillé la soumission, et la place se rendit sans coup férir. Le général remonta aussitôt vers la Medjerdah, et la ligne du chemin de fer d'Alger à Tunis. Pendant ce temps Delebecque pénétrait en Khroumirie, tout en gardant ses communications avec la flotte qui suivait le rivage, et envoyait les vivres et les munitions nécessaires. Malgré des pluies diluviennes et les difficultés de la marche à travers un pays sans routes, il occupait méthodiquement la région et s'installait à Aïn-Draham, point important d'où convergent quatre vallées. Il n'y avait plus de refuge pour les tribus que la ville de Bizerte, mais, dès le 1er mai, quelques compagnies de marins en avaient pris possession, et, dès le lendemain, un corps d'armée, venu de France, sous le commandement du général Bréart, y débarquait. La Khroumirie était donc investie de toutes parts, sauf la région forestière qui s'étend de Bizerte à la frontière algérienne. Cette opération fut rapidement menée. Les Khroumirs, désorganisés par la promptitude de nos manœuvres, ne tinrent nulle part. Une semaine avait suffi pour assurer notre conquête.

Pendant la campagne, Mohammed es Saddok avait frappé à la porte de toutes les chancelleries, mais ses protestations n'avaient pas été accueillies. L'Italie elle-même semblait se réserver et attendre les événements. Il s'était alors tourné du côté de la Turquie, en se réclamant d'elle comme vassal. Heureux de faire revivre des prétentions surannées, le Sultan avait aussitôt protesté contre cette infraction au traité de Berlin, qui garantissait l'intégrité de son Empire. L'Europe repoussa ces ouvertures, et la Turquie ayant alors manifesté l'intention d'envoyer sa flotte à la Goulette, Tissot, notre ambassadeur à Constantinople, déclara que notre flotte de la Méditerranée s'opposerait au passage de tout navire de guerre ottoman à destination de la Tunisie. Le Sultan se souciait peu d'une guerre avec la France. Il fit donc savoir qu'il s'inclinait devant les décisions des puissances européennes, et n'irait pas au secours de son prétendu vassal.

Abandonné par la Turquie et par l'Italie, Mohammed es Saddok aurait dû se résigner. Il aima mieux essayer la résistance, et envoya ses soldats, commandés par son frère Ali-Bey dans la vallée de la Medjerdah. Le général Logerot se contenta dédaigneusement de lui intimer l'ordre de se retirer à 60 kilomètres en dehors de notre ligne d'opération. Ali-Bey, qui s'était rendu compte de son impuissance, s'empressa d'obéir. Le bey aurait dû s'incliner devant les événements, mais il annonça son prochain départ pour Kaïrouan, où il prendrait la direction de la résistance nationale, et prêcherait la guerre sainte contre les envahisseurs. Il n'eût pas le temps d'exécuter ses menaces, car le corps d'armée du général Bréart quittait aussitôt Bizerte, et arrivait le 11 mai à la Manouba, près du palais du Bardo. Ce fut une heure tragique. Les conseillers étrangers du bey l'avaient abandonné. Ses familiers le trahissaient et prenaient déjà leurs précautions vis-à-vis du vainqueur. Ses parents eux-mêmes ne songeaient qu'à sauvegarder leur fortune. Il n'y avait plus qu'à subir la loi du plus fort. Le 12 mai 1881 le général Bréart se présentait au palais de Ksar el Saïd, et, séance tenante, arrachait au souverain la signature d'un traité par lequel il déclarait mettre la Tunisie sous le protectorat français, tout en maintenant les institutions tunisiennes, mais sous réserve d'un contrôle sérieux. Il était stipulé que

Mohammed es Saddok ne conclurait aucun acte international sans notre assentiment, qu'il réorganiserait les services financiers, imposerait une contribution de guerre aux Khroumirs, et s'opposerait à l'introduction en Algérie d'armes et de munitions. Un résident français veillerait à l'exécution du traité. On lui laissait en un mot les apparences du pouvoir, mais la France en conservait la réalité, c'est-à-dire que ce protectorat n'était pas une conquête mais une annexion déguisée. Encore le traité fut-il bientôt complété par la convention du 8 juin 1883, en vertu de laquelle, Ali, successeur de Saddok, s'engagea « à procéder aux réformes administratives, judiciaires et financières que le gouvernement français jugera utiles. »

Le traité de Ksar el Saïd fut bien accueilli en France. Quelques-uns regrettèrent, il est vrai, que l'on n'ait pas procédé à une annexion pure et simple; d'autres s'apitoyèrent sur la prétendue perte de précieuses amitiés internationales, mais personne n'osa trahir son opposition par un vote, et le traité fut ratifié à l'unanimité par 430 voix à la Chambre et par 176 au Sénat. A l'étranger l'Allemagne, l'Autriche, l'Espagne envoyèrent leurs félicitations. L'Angleterre fit semblant d'être mécontente, mais pour nous arracher des concessions lors de la prochaine négociation d'un traité de commerce. La Turquie protesta platoniquement. Il n'y eut d'irritation sérieuse qu'en Italie. Ce fut dans tous les journaux et partout un incroyable déchaînement de récriminations et d'injures. Garibaldi lui-même ne s'avisa-t-il pas d'écrire qu'on se souviendrait un jour que la Corse et Nice n'étaient pas plus françaises que lui-même n'était Tartare. Quant au ministère Cairoli, il donna sa démission, et ne fut remplacé qu'après de difficiles négociations. Le bruit courut même que l'Italie demandait la réunion d'une conférence européenne, mais que ces ouvertures avaient été fort mal accueillies, surtout à Berlin. Un seul parti se présentait : la résignation. L'Italie se résigna : peut-être espérait-elle de prochaines complications, ou plutôt des compensations.

La victoire avait été trop rapide pour être définitive. Les Tunisiens avaient été surpris, mais ne s'étaient pas résignés.

Le gouvernement français commit la lourde faute de ne pas tenir compte de la surexcitation générale et de rappeler trop tôt une partie des effectifs. A peine laissa-t-il une quinzaine de mille hommes en Khroumirie et aux alentours immédiats de Tunis. Or le général Forgemol venait à peine de rentrer à Constantine que toutes les tribus du sud entraient en pleine révolte. Sfax, Gabès et même les habitants des oasis prenaient les armes. A Kaïrouan, la ville sainte, centre dangereux de fanatisme, commençait la prédication contre les chiens d'Infidèles. De secrets émissaires parcouraient le désert, et, dans notre Algérie, tout le sud oranais prenait feu. Les insurgés nommaient même un bey, Ali-ben-Khalifa (2 juillet), qui s'établissait à Sfax et en faisait sa capitale provisoire. Tout était donc à recommencer, et cette fois ce n'était pas contre un souverain débile, mais bien contre une nationalité résistante qu'il fallait entrer en lutte.

Les premiers coups furent portés contre Sfax. Dès le 5 juillet quelques vaisseaux français s'étaient embossés devant la cité rebelle et avaient commencé un bombardement qui devint sérieux, lorsque la flotte de la Méditerranée se trouva réunie. Le 17 juillet trois colonnes de débarquement, commandées par le colonel Jamais, entraient dans la place après un assaut meurtrier, où les assiégés avaient déployé de réelles qualités de vaillance et d'énergie. Les jours suivants Gabès, Djerba, Zanzis étaient à leur tour occupées, mais la résistance nationale continuait. Les Khroumirs dans le Nord avaient repris les armes et gagnaient du terrain. A Tunis même la sécurité des Européens se trouvait menacée, et bon nombre d'entre eux commençaient à craindre pour leur existence et pour leurs biens. La nécessité s'imposait d'une prompte répression. Une seconde campagne devenait inévitable.

IV. — Seconde expédition française

Les adversaires de l'expansion coloniale étaient alors nombreux en France. Soit par conviction, soit par esprit d'opposition, une forte minorité au Parlement ne voulait pas entendre parler d'une expédition contre Tunis. Ce sera l'honneur de Jules Ferry d'avoir combattu cet inexplicable renoncement et pris les mesures nécessaires pour organiser une nouvelle campagne. Cet homme d'État, auquel on n'a rendu justice qu'après sa mort, avait le pressentiment du grand rôle que la France était appelée à jouer en Afrique, et était résolu aux sacrifices nécessaires. Sa fermeté et sa constance triomphèrent enfin d'inimitiés que rien ne justifiait. Dès le mois de septembre tout était prêt, et le nouveau général en chef, Saussier, entrait en campagne.

Il n'était que temps. Nos petites garnisons du sud étaient comme assiégées. A Kaïrouan s'était installé un fort parti auquel se rallièrent les dissidents. Dans le Nord on signalait autour de chaque ville des bandes armées qui interceptaient les communications. Les Khroumirs avaient investi El Kef et en commençaient le siège. Ils avaient coupé la conduite d'eau du Zaghouan qui alimente Tunis, et, même sur la voie ferrée qui relie cette capitale à Alger, arrêtaient les trains et massacraient les employés. Saussier s'occupa tout d'abord de l'occupation sérieuse de Tunis. Les abords immédiats de la ville furent dégagés et les trains circulèrent en sécurité. L'investissement d'El Kef cessa et les Khroumirs s'enfoncèrent dans leurs montagnes. A vrai dire il n'y avait pas eu d'engagement sérieux. Ce ne furent que des opérations de police.

La campagne dirigée contre Kaïrouan fut plus sérieuse. Trois colonnes s'ébranlèrent à la fois contre la cité sainte; la première partit de Tebessa, de l'ouest par conséquent, sous le commandement du général Forgemol; la seconde de Tunis, c'est-à-dire du nord, dirigée par Logerot, et la troisième de Sousse, par le sud, avec Saussier, marcha à la rencontre des deux premières. La manœuvre fut bien conduite. Le 28 octobre la concentration s'opérait sous les murs de Kaïrouan. Les insurgés n'essayaient même pas de défendre ce rempart de l'Islam, que n'avaient jamais profané les Chrétiens. Saussier lança aussitôt deux fortes colonnes vers Gafsa et Gabès, qui dispersèrent les derniers rebelles et pacifièrent le pays. Dès lors il ne resta plus en armes que quelques tribus nomades à l'extrême frontière du Sud, qui d'ailleurs avaient presque toujours été indépendantes, et n'étaient dangereuses que pour les caravanes qui s'aventuraient dans leurs solitudes.

De ces tribus la plus remuante était celle des Oughemmas, mais, dès le printemps de 1882, une de nos colonnes parcourait leur territoire jusqu'à Médenine. Une autre traversait la Nefouza, et arrivait à Foum-Talahoum. En janvier 1883, après une nouvelle marche militaire, le pays était entièrement soumis. Le prétendu bey Ali-ben-Khalifa, qui vécut jusqu'en 1885, entretint pourtant l'agitation, qui, grâce au voisinage de la Tripolitaine, dura jusqu'en 1901. Dès lors le calme fut rétabli, et quelques détachements, auxquels furent attachés de petits groupes de cavaliers indigènes, suffirent, avec les postes établis le long de la frontière, pour maintenir l'ordre. Moins remuants d'ailleurs et moins belliqueux que leurs voisins d'Algérie, les Tunisiens se sont habitués à leurs nouveaux maîtres. Il n'y a plus de résistance nationale à comprimer ; à peine quelques pillards qu'il n'a pas été difficile de réduire. Le protectorat français s'est donc établi dans la Régence sans difficulté et presque sans effusion de sang. Il est vrai que nous avons pris à tâche de faire oublier à nos protégés par nos bienfaits la liberté dont nous les privions.

Grâce à cette sage politique, il est peu de pays dont les progrès aient été aussi rapides. Nous n'avons pas à faire ici l'exposé de cette transformation. Il nous suffira de rappeler qu'elle a été radicale, et qu'elle est tout à l'honneur et de la France qui l'a entreprise et de la Tunisie qui l'a acceptée.

V. — Le projet de mer intérieure

Il n'y avait pas à faire de découvertes géographiques en Tunisie, et ses limites étaient depuis longtemps fixées, sauf dans la direction du sud, où elles s'enfonçaient dans le désert. L'histoire de l'expansion coloniale en Tunisie serait donc écrite en quelques mots, si l'opinion publique ne s'était émue d'un projet gigantesque, qui, une fois exécuté, aurait singulièrement modifié les conditions économiques de notre colonie. Il s'agissait de créer dans la région des chotts tunisiens une mer intérieure qui aurait été prolongée jusqu'en Algérie. C'est ce qu'on a appelé, du nom du promoteur de l'entreprise, le projet Roudaire.

Aux époques géologiques antérieures à la nôtre s'ouvrait dans le Sahara un vaste bras de mer qui unissait la Méditerranée à l'Atlantique. Dans la suite des siècles s'opéra un soulèvement, et la mer saharienne se dessécha peu-à peu; mais à l'aurore des temps historiques elle n'avait pas complètement disparu. Les anciens ont parlé du lac Triton, dans lequel tombait le fleuve Triton. Comme le mouvement de recul de la mer saharienne n'avait pas discontinué, le Triton se trouva séparé en un certain nombre de lacs qui ne communiquaient plus entre eux, ni avec la mer. Plus tard, à cause de l'évaporation intense des eaux non renouvelées par les courants de la Méditerrannée, ces lacs s'épuisèrent à leur tour, et furent remplacés par des bas-fonds vaseux, couverts d'efflorescences salines. Ce sont les chotts actuels Melghir, Sellem, Bedjeloud, Sidi Radouan, Tafellat, Asloudj, Rharsa, Djerid et Fejej. Ce dernier n'est séparé du golfe de Gabès que par un bourrelet de dunes. Le bassin de ces divers chotts a 480 kilomètres de long sur 60 de large. C'est en les réunissant entre eux et à la mer que Roudaire aurait voulu créer sa mer intérieure.

Le capitaine Roudaire fut amené à concevoir ce projet gigantesque en opérant, en 1873, le nivellement de la région comprise entre Biskra et le Melghir. Ce projet eut un grand retentissement. Une mission fut organisée en 1874 à l'effet de rechercher les rivages de la future mer, c'est-à-dire tous les pays qui se trouvaient au-dessous de la mer. Roudaire fut naturellement désigné pour commander l'expédition. Les travaux commencèrent aussitôt et ils furent pénibles, car l'eau douce manquait, la température était fort variable, et les observations difficiles à cause de la fréquence des mirages. Ils furent néanmoins poussés avec vigueur, et la conclusion des membres de la commission fut que ce gigantesque travail n'était pas un de ceux devant lesquels devait reculer l'industrie humaine, aidée par de puissants capitaux.

Les partisans du projet Roudaire affirmaient que la création de cette mer intérieure transformerait l'Algérie. Les terres, que l'on pourrait planter en palmiers, acquerraient une plus-value extraordinaire. Les relations commerciales seraient modifiées, car le commerce de l'Afrique centrale prendrait fatalement la direction de l'Algérie, et la proximité d'une mer, en rendant les communications faciles, exciterait la production agricole. Au point de vue politique, la police du Sahara serait mieux assurée. Les conditions climatériques elles-mêmes seraient changées, car les pluies seraient plus abondantes à cause de l'évaporation des eaux, et, pour peu qu'un reboisement intelligent coïncidât avec l'introduction de la mer, les torrents se convertiraient en fleuves réguliers, et tout le sud de l'Algérie se couvrirait de récoltes plantureuses.

Telles étaient les promesses ou, si l'on préfère, les illusions des partisans du projet. Voici maintenant les objections de ses adversaires.

Rien dans les textes n'autorise la croyance à une ancienne mer. D'ailleurs le nivellement de proche en proche a-t-il été exécuté avec assez de soin pour qu'on puisse affirmer que tous les chotts sont réellement au-dessous du niveau de la Méditerranée? Le percement du seuil de Gabès ne nécessiterait-il pas des travaux immenses et des frais gigantesques? Que dire des oasis détruites par la subite irruption de la mer, des puits ruinés par l'infiltration des eaux salées, des sables entraînés par les vents du désert qui combleraient incessamment les chotts, des sels dont l'accumulation formerait lentement une sorte de mer morte? En outre le climat de l'Europe ne serait-il pas modifié et singulièrement refroidi?

La plupart de ces objections sont sérieuses : peut-être ne sont-elles pas insurmontables, mais comme il s'agit d'un travail gigantesque qui absorberait des milliards, il n'était que juste de le discuter avant de l'entreprendre. Le temps seul peut nous dire si ces espérances ne sont pas des illusions. A l'heure actuelle les adversaires du projet semblent l'avoir emporté sur ses partisans. On n'en parle plus que de loin en loin. Qu'il nous soit du moins permis de rendre justice aux efforts et à la persévérance des promoteurs de l'entreprise. Grâce à eux des régions inconnues ou tout au moins abandonnées ont été explorées avec soin. N'auraient-ils rendu service qu'à la géographie, il faut en savoir gré à Roudaire et à ses continuateurs.

VI. — Le service des antiquités tunisiennes

Une des conséquences du protectorat français en Tunisie a été l'organisation du service des antiquités et des arts, qui date de 1886. Bien que maigrement doté, ce service a beaucoup fait pour la recherche et la conservation des monuments historiques qui couvrent encore le sol. En restaurant les gloires du passé la France a ainsi prouvé, comme disent les Orientaux, qu'elle était la maîtresse de l'heure.

Nous n'avons certes pas la prétention même d'énumérer les travaux d'archéologie si utilement entrepris : il nous suffira de rappeler que c'est en 1886 que fut installé au Bardo le Musée Alaouï, et que ce Musée est déjà un des plus riches du monde en pièces puniques et romaines. Sous la direction du Père Delattre, de Gauckler, de Saladin, de Cagnat et de toute une légion de jeunes savants, furent explorées les nécropoles puniques de Salakto, El-Alici, Mahdia, Bordj-Djédid et surtout Carthage ; les cimetières romains de Bulla Regia et de Sousse, les ruines de Tacape, Githis, Djerba, Mina, Dougga, Medeïna, Maktar. A Aïn-Tounga, près du sanctuaire de Saturne, on découvrait 429 stèles, 28 à Aïn-Barbouch, et quantité de mosaïques du plus haut intérêt à Curubis, Uthina, Douar el Chatt, Dougga, Lamta, Sidi el Haï, Gafsa, Tabarka, Sousse, Kaïrouan, sans parler de textes épigraphiques très importants à Biga, Thuraria, Meninx, Sustris, Althiburos, Colonia Teanensium, El Kef, etc. Un temple phénicien de l'époque romaine sortait de terre à Maktar, une luxueuse villa romaine à Médeïna, une fontaine romaine à Thala, des bains romains à Tabarka et à Matria. A Dougga le temple de Saturne, le théâtre et de nombreuses statues de marbre, à Thala des thermes et trois temples, à Bir-Fiouhah une grande basilique semi-circulaire, à Makar un arc de triomphe, près d'El Kef l'arc triomphal d'Aphrodisium, à Dar El Kous et à Sainte-Marie du Zit deux basiliques chrétiennes étaient déblayés. Ceux des monuments que l'action du temps ou le vandalisme des hommes n'avaient pas encore jetés à terre étaient soigneusement réparés et entretenus, amphithéâtre d'El Djem, mosquées de Kaïrouan, aqueducs d'Hadmir à la Mohammedia et aqueduc espagnol du Bardo. A côté du musée Alaouï étaient installées des succursales promptement enrichies, à Saint-Louis de Carthage, au Kef, à Medjed el Bab, à Maktar, El Djem, Thala, Mahdia. Même au Bardo on se servait des matériaux antiques, surtout des faïences, pour la décoration des salles du Musée, et on annexait une belle maison sarrasine, qui, inconnue aux autorités, n'était séparée du palais que par un épais rempart.

On commençait en même temps la publication de l'inventaire général des monuments tunisiens depuis l'antiquité la plus reculée jusqu'à nos jours sous le titre de Monuments historiques, de la Tunisie. Plusieurs des volumes de cette collection dont l'intérêt sera égal sinon supérieur à celui des publications de l'Institut d'Égypte, ont déjà paru.

On a également édité le catalogue général du musée du Bardo. Ces importants travaux continuent et assurent le renom de l'école archéologique française. Ils consolident en quelque sorte l'œuvre de nos soldats et de nos colons, car ils rattachent le présent au passé, et démontrent que la France est l'héritière légitime de Carthage et de Rome.

Bien que Timgad soit située en Algérie, dans le département de Constantine, on nous permettra de dire ici quelques mots de cette Pompéï africaine. C'est l'ancienne Colonia Marciana Traiana Thamuyas. Elle fut fondée après les victoires de Trajan sur les Parthes par les vétérans de la 3e légion, Ulpia Victrix, à l'intersection de six voies romaines. Elle prit tout de suite une grande importance, comme l'attestent la dimension de ses monuments publics et l'étendue de ses ruines. Timgad a conservé le pavage de ses rues, dont les ornières semblent creusées d'hier. Elle a ses fontaines, ses égouts, ses thermes, son marché couvert avec ses tables de granit encore en place, sa curie revêtue de marbres de diverses couleurs, son forum orné de statues, autour duquel s'ouvrent des boutiques et des salles de réunion. La citadelle bâtie par le général byzantin Salomon dresse encore ses murailles, de six mètres de hauteur, et défendues par huit tours. Le Capitole ou temple de Jupiter, entouré de portiques spacieux, a été déblayé, ainsi qu'un arc de triomphe à trois portes en grès et en marbre blanc, un vaste théâtre, une église chrétienne bâtie en 546 et un grand nombre de maisons, formant des îles isolées entre quatre rues. Encore quelques campagnes de fouilles, et on pourra reconstituer non pas en imagination mais en réalité l'existence des bourgeois romains d'Afrique avant l'invasion des Barbares. On commence déjà à visiter Timgad comme en pèlerinage. Aussi bien il en est de même pour les villes voisines de Tebessa, l'antique Thevesta, avec sa citadelle byzantine et son arc à quatre faces en l'honneur de Septime Sévère et de Caracalla ; de Lambessa avec son prœtorium, son temple d'Esculape, et sa voie bordée de tombes, et de beaucoup d'autres localités, jadis florissantes, et qui, sans doute, sont destinées, grâce à la France, à revoir les jours de leur antique prospérité. Restauration intelligente du passé, marche en avant continue, c'est en effet ce qu'auront gagné à l'arrivée des Français ces métropoles endormies dans un sommeil de plusieurs siècles. Rattachement aux gloires d'autrefois et poussée incessante vers l'avenir, telle est la conséquence certaine de l'occupation de la Tunisie par la France. Les Tunisiens l'ont si bien compris qu'ils commencent à se montrer reconnaissants et qu'à l'heure actuelle (1918), en Champagne et en Flandre, nombre d'entre eux scellent de leur sang le pacte d'amitié qui les unit aux Français dans une lutte commune contre les nouveaux Barbares et leurs insolentes prétentions.

CHAPITRE III

LE PROTECTORAT DU MAROC

I. — Anciennes relations de la France et du Maroc

Pendant que nos soldats étendaient au Sahara et en Tunisie le domaine colonial de la France, et que nos explorateurs s'efforçaient de réunir en un unique domaine nos possessions éparses, surgissait ou plutôt se rouvrait inopinément une importante question, celle du Maroc. Elle paraît aujourd'hui résolue en notre faveur, bien qu'elle nous réserve peut-être encore des surprises. Tout pourtant nous permet d'espérer qu'elle se résoudra à l'avantage de la France.

Nos relations avec le Maroc datent de loin ; d'après la tradition, du temps de Charlemagne. Dès la première moitié du XIIe siècle, Marseille commerçait déjà avec le Maghreb ou pays du couchant. En 1138 un traité était même signé avec un sultan Almoravide pour régulariser et aussi pour protéger les voyages de nos négociants, ce qui semble indiquer des rapports déjà anciens. Un siècle plus tard, en 1228 et en 1255, les statuts municipaux de Marseille s'occupent du transport de diverses marchandises, vins, huiles, draps et esclaves à Ceuta où nous possédions un comptoir. Il est même question d'une certaine Aïcha qui fut vendue à Marseille pour environ 400 francs de notre monnaie. Au XVe siècle notre grand financier Jacques Cœur envoyait ses vaisseaux dans les ports marocains, et Louis XI, quand il eut hérité la Provence du roi René, eut soin de ne pas négliger les intérêts au Maroc de ses nouveaux sujets.

Bien que l'on signale des quartiers francs à Tlemcen et à Marakech, les opérations commerciales se concentraient dans les villes maritimes, dont les noms sont indiqués sur les portulans de l'époque, Alcudia, Badis, Ceuta, Tanger, Arzila, Larache. Dans ces ports étaient installés des fondouks ou bazars, gardés par des facteurs spéciaux et des chapelles, où les chrétiens avaient le droit de pratiquer leur culte. La contrebande était sévèrement interdite, mais la négligence des Musulmans favorisait la fraude et nos négociants importaient, sans payer de droits trop exorbitants, des faucons, des armes, de la quincaillerie, des draps d'Arras, de Languedoc, de Paris, des toiles de Bourgogne, des tissus de soie, des parfums, des épices et même du vin. Les principaux articles d'exportation étaient les esclaves, les peaux, surtout les maroquins, des substances tinctoriales, des fruits, des laines, des tapis, des plumes d'autruche, du corail, et aussi des cannes à sucre alors cultivées dans la région. Il y avait donc, malgré les différences d'organisation sociale et des antipathies religieuses, entre Chrétiens et Musulmans, des rapports d'intérêt et plus de confiance qu'on ne le croirait.

Au XVIe siècle les renseignements se précisent, et on se trouve en présence de faits dûment constatés. En 1531 revenait du Maroc, porteur d'une lettre « du roi de Feez » à François Ier un Bressan, Hémon de Molon. Il racontait monts et merveilles du pays et de ses richesses. Or c'était le moment où se propageait en Europe la nouvelle des découvertes et des conquêtes fabuleuses des Espagnols au nouveau monde. Toutes les convoitises s'allumaient. François Ier crut sans doute que le Maroc s'ouvrirait à la France avec la même facilité que le Mexique aux Espagnols. Il se décida à y envoyer une mission moitié commerciale, moitié diplomatique, dont il confia la direction au colonel, c'est-à-dire au chef de bande Pierre de Piton.

Piton était un aventurier d'assez mauvais renom, mais qui passait pour vaillant. Il emmenait avec lui Hémon de Molon et cinq gentilshommes, volontaires en quête de courses lointaines, sans parler de présents, assez médiocres, destinés aux maîtres de la région. Nos Français s'embarquèrent à Honfleur le 25 mars 1531 sur une galère royale, le *Saint-Pierre*, commandée par un certain Auxilia, avec lequel éclatèrent bientôt de fâcheux dissentiments. Le débarquement se fit à Larache. Piton se rendit aussitôt auprès du sultan Ahmed El Ouatassi, de la dynastie des Mérinides, qui disputait alors les débris de son empire à Moulay Mohammed, le fondateur de la dynastie saadienne. La réception fut cordiale. Piton profita de son séjour pour étudier les ressources du pays, surtout au point de vue militaire. On eût dit qu'il en préparait la prochaine conquête. Il se faisait fort, avec seulement quatre cents arquebusiers, de s'emparer du Roi et de disperser ses soldats. Il ne demandait que sept à huit mille hommes de pied « pour prendre Feez, et toutes leurs villes et les chasser hors de leur pays ». Ce n'était là sans doute qu'une héroïque gasconnade, mais l'exemple donné par les Espagnols en Amérique avait été contagieux, et vraiment on ne doutait plus de rien ! Après d'assez longues tractations, qui faillirent faire perdre patience à notre représentant, Piton obtint enfin une audience de congé, et se prépara à rentrer en France avec une lettre du sultan, datée du 15 août 1533, qui constitue le premier document officiel échangé entre les deux cours, et avec divers présents, surtout des animaux rares destinés aux ménageries royales ; mais, atteint par la maladie, il mourut en route, à Baiona d'Espagne, en septembre 1533, après avoir eu le temps de rédiger pour le roi un rapport optimiste, où il préconisait l'alliance des deux contrées.

Malgré le peu de résultats pratiques de la mission de Piton, le Maroc était donc officiellement ouvert à la France, et nos négociants avaient le droit de compter que de nouveaux marchés s'offriraient à leur activité, mais on était alors en guerre avec l'Espagne et le Portugal, et toutes les avenues maritimes restaient fermées. En outre le gouvernement n'attachait qu'une importance médiocre aux affaires d'outre-mer. Ainsi s'explique le dédain ou plutôt l'oubli dans lequel tombèrent nos relations avec le Maroc. A peine si, de loin en loin, paraît dans les documents contemporains le nom de Maroc. En 1559 pourtant un prince français, Antoine de Bourbon, roi de Navarre, le père de Henri IV, eut quelque velléité de tenter un établissement au

Maroc, et entra à ce sujet en négociations avec le sultan Moulay Abdalhah, mais le roi d'Espagne Philippe II s'opposa résolument à ce projet, dont la réalisation aurait pu amener le protectorat de la France. Aussi bien l'Espagne redoutait notre intervention dans ce pays, qui était l'objet de ses propres convoitises. Elle ne voulait pas surtout d'une exploitation régulière et permanente, et, par ses intrigues, au besoin par ses menaces, réussissait à écarter nos négociants. D'ailleurs la piraterie commençait à exercer ses ravages et de trop nombreux captifs français s'entassaient dans les bagnes marocains. A Henri III revient l'honneur d'avoir donné un peu de sécurité à nos nationaux en créant un consul de France au Maroc, l'ex-barbier provençal Bérard, qui prit aussitôt possession de sa charge (10 juin 1577). C'est lui que le Marseillais Vincent Leblanc rencontrait au Maroc dans son voyage de 1578, et il devait conserver ses fonctions jusqu'en 1591.

A sa mort fut installé en la même qualité au Maroc un certain Georges Fournier. Quelques Français, surtout des médecins, s'établirent en même temps que lui dans la contrée. L'un d'entre eux, Pierre Treillant, était même en 1596 officier de la marine du Sultan. C'est lui qui, en 1597, adressait de Rouen à Montmorency-Damville une relation des derniers événements survenus au Maroc. Parmi les Français alors établis à Fez citons encore le Dr Hubert qui cherchait moins à pratiquer son art qu'à apprendre l'arabe et qui retourna en France « plus chargé de sciences et de livres arabiques que de richesses et autres commoditez ». Tel ne fut pas le cas d'un autre médecin, de Lisle, qui résida longtemps auprès du Sultan en qualité d'agent, amassa une grosse fortune et finit par devenir le représentant officiel de Henri IV et presque son ambassadeur.

Pendant tout le XVIe siècle les relations de la France avec le Maroc ne furent donc jamais interrompues, et elles restèrent toujours cordiales. Il n'en fut pas de même aux deux siècles suivants, d'abord parce que l'anarchie devint en quelque sorte l'état normal de la région, et aussi parce que la piraterie, véritable industrie nationale des indigènes, suspendit tout commerce régulier. Pourtant des négociants de Normandie et de Saintonge et même des huguenots languedociens vinrent y commercer, et les Marseillais ne renoncèrent pas à y créer de solides établissements. La trahison de l'un d'eux, Philippe de Castellane, qui semble avoir abusé de la confiance du Sultan pour lui dérober des livres, des pierreries et des objets précieux, fit éclater une longue brouille (1616). Seul réussit à rétablir la paix un des meilleurs auxiliaires de Richelieu dans ses projets maritimes, le chevalier de Malte Isaac de Rasilly. Chargé d'une première mission en 1619 pour négocier un traité d'alliance, il proposait au cardinal de créer un véritable établissement au Maroc, et, dans un mémoire de 1626, désignait l'île de Mogador comme le point utile à occuper « afin d'avoir un pied en Afrique et de s'étendre plus loin ». En 1629 il bloquait avec une escadre de sept navires le port de Salé, refuge des corsaires, et par un traité de 1631 assurait la liberté du commerce et la tolérance religieuse. Rasilly fut un véritable précurseur. Son souvenir doit être conservé comme celui d'un des hommes qui ont le plus travaillé à établir notre influence au Maroc.

Sous le règne de Louis XIV quelques Marseillais s'établirent à Saffi, puis à Salé, et dès lors, malgré l'affreuse anarchie qui désola le Maroc avant que Moulay Rachid eût réussi à fonder la dynastie des Chérifs, des négociants provençaux, les Prat, surent maintenir et même augmenter l'influence française. En 1664, profitant du besoin qu'avaient les prétendants du concours des marchands européens pour se procurer des armes et des munitions, les frères Michel et Roland Fréjus eurent même la pensée de donner à la France une place fortifiée, Alhucemas, dans le Rif, où, les premiers des Européens, ils venaient de pénétrer, mais ils furent dénoncés comme espions, et même emprisonnés. Les comptoirs qu'ils avaient fondés furent abandonnés et tout espoir disparut de nous établir à poste fixe.

En 1680, au moment de l'apogée du règne de Louis XIV, on crut un instant que le Roi Très Chrétien et que le Chérif, c'était alors Moulay Ismaïl, peut-être le meilleur des souverains qui ait régné au Maghreb, concluraient une alliance pour les besoins de leur politique. Une première fois, en 1682, Moulay envoya à Versailles un ambassadeur, Mehemed Tuwin, qui réussit à conclure un traité de paix par lequel le Chérif autorisait le rachat des captifs français, et garantissait la liberté du commerce et de la navigation à nos nationaux. Il aurait voulu compléter ce traité par une alliance contre l'Espagne, mais nos deux représentants, Saint-Amand et Pidon de Saint-Olon, ne purent s'entendre avec lui à propos de la rançon des esclaves chrétiens (1694). Moulay ne se rebuta pas, et en 1699 envoya à Versailles un second ambassadeur, Abdallah ben Aïssa. Il fut admirablement reçu, et tellement charmé par les prévenances dont on l'entoura qu'il se crut autorisé à demander pour son maître la main de Mlle de Blois, fille naturelle de Louis XIV et de Mme de La Vallière. Cette ouverture ne fut pas prise au sérieux, et le traité d'alliance n'aboutit pas. Les procédés méprisants des ministres français et les prétentions du despote africain coupèrent court à toute velléité d'entente. Nous perdions ainsi l'occasion de conclure avec le Maroc une paix sérieuse, et d'y établir pour longtemps notre primauté.

Dès lors commence une période de troubles et d'anarchie, qu'augmente encore la politique d'effacement de Louis XV. Les pirates marocains, surtout ceux de Salé, ne gardent plus aucune mesure malgré nos démonstrations navales, et les échecs successifs qu'éprouvaient les Pères Trinitaires, chargés à la fois du rachat des captifs et de la surveillance de nos intérêts, ne font que constater notre impuissance. Il ne manquait pourtant pas de Français bien avisés, surtout des Marseillais, qui désiraient le rétablissement de la bonne harmonie, et pensaient même à la création de comptoirs sur la côte. Leurs efforts, ceux de Meuve en 1724, de Sturlo en 1726, d'André Rey en 1732 et surtout de Joseph-Etienne Rey de 1750 à 1780 n'aboutirent pas. En 1767, après un bombardement de Salé et de Larache, le comte de Breugnon réussit, il est vrai, à conclure un nouveau traité qui reproduisait la plupart des clauses de la convention de 1682 relatives au commerce et à la navigation, avec cette innovation importante que les indigènes employés comme interprètes ou courtiers par des négociants français étaient soustraits à la juridiction locale, et devenaient protégés français. On les nommait les censaux. En quittant le Maroc, il y laissa comme consul Chénier, le père des deux poètes.

Ce fut le dernier acte diplomatique entre les deux pays, signé sous l'ancien régime, car on ne tint nul compte du projet présenté par le futur bailli de Suffren, alors lieutenant de vaisseau, qui, reprenant les plans des frères Fréjus, proposait de fonder un établissement aux îles Zaffarines. Au moins le prestige de la France se maintenait-il, grâce à la présence de quelques négociants, qui, malgré d'ardentes rivalités anglaises, hollandaises, gênoises et même danoises, conservèrent envers et contre tous la prépondérance de notre commerce. En vertu de leurs efforts et de leur constance, nous avions donc le droit de revendiquer pour la France l'honneur d'exercer au Maroc une action spéciale, en secouant sa léthargie séculaire et en l'initiant à la civilisation.

II. — Le traité de 1845

Sous la première République rien d'important à signaler. Pendant l'Empire, la bataille de Trafalgar compromit notre situation. En 1807, une ambassade marocaine vint, il est vrai, saluer à Saint-Cloud Napoléon Ier, mais quand le capitaine Burel fut envoyé par lui au Maroc afin de l'entraîner dans une alliance contre l'Angleterre, cette mission ne donna aucun résultat. En 1824 et 1827 deux nouvelles conventions renouvelèrent le traité de 1767. C'est seulement en 1830, après la conquête d'Alger, lorsque nous devînmes les voisins immédiats du Maroc que nos relations prirent tout de suite un autre caractère. Mis en défiance par nos succès et excités sous main par des rivaux peu scrupuleux, soutenus d'ailleurs par le fanatisme de leurs sujets et de leurs tributaires qui redoutaient les guerriers vêtus de rouge annoncés par d'antiques prédictions, les Chérifs ne cachent plus leurs sentiments hostiles. Pendant longtemps leur politique avait consisté à se défendre contre l'envahissement des puissances européennes, et ils y avaient réussi en les opposant les unes aux autres, et surtout en usant des moyens dilatoires, en ne leur donnant que des satisfactions de pure forme, en un mot en lassant leur patience. L'arrivée des Français devait forcément modifier cette façon d'agir.

Le Chérif régnant, Abd-el-Rhaman, essaya tout d'abord de profiter des circonstances pour s'installer à Tlemcen. Il envoya même des agents jusqu'à Médéah et à Milianah pour faire reconnaître sa suzeraineté par les tribus algériennes, mais ses tentatives échouèrent. Dès lors, il s'associa indirectement à toutes les prises d'armes de nos nouveaux sujets, et lorsque le plus redoutable de nos adversaires, Abd-el-Kader, battu par nous, chercha un refuge hors de l'Algérie, et qu'il le trouva au Maroc, Abd-el-Rhaman prit ouvertement son parti et nous déclara la guerre (1844). Ce que fut cette guerre, les succès foudroyants de nos soldats conduits au feu par Bugeaud, la bataille de l'Isly les démonstrations navales du prince de Joinville sur la côte, nous n'avons pas à les raconter ici : il nous suffira de rappeler qu'une paix trop hâtive la termina bientôt et qu'un traité dont les articles n'avaient pas été suffisamment élaborés mit fin aux hostilités. L'article 45 de ce traité portait en effet que les deux empires « pourraient exercer de la manière qu'ils l'entendraient toute la plénitude de leurs droits sur leurs sujets respectifs dans le Sahara, et que si l'un des deux souverains avait à procéder contre ses sujets, au moment où ces derniers seraient mêlés avec ceux de l'autre état », il agirait à sa guise, sauf à respecter les sujets de l'autre gouvernement. C'était ouvrir la porte à tous les empiètements, à toutes les chicanes, et décréter en quelque sorte la guerre permanente. Ce texte étrange devenait en effet inexécutable du jour où les Français pénétreraient dans le pays. Nous prîmes dès lors l'habitude d'assaillir de nos réclamations le Chérif du Maroc, qui finissait bien par nous accorder des indemnités, mais qui, par cela même, rendait effective l'autorité plus que précaire qu'il avait jusqu'alors exercée sur les tribus de la frontière. A vrai dire, nous forgions des armes contre nous-mêmes et nous élevions des obstacles, qu'il a été plus tard difficile de détruire.

Ceux de nos généraux qui étaient chargés d'assurer l'ordre dans la province d'Oran auraient désiré l'établissement d'une frontière fixe et une répartition définitive des tribus ; mais était-il facile d'établir une démarcation précise dans ces immenses territoires, et de se heurter à des conventions séculaires et à des usages presque tous fondés sur la nature même ? D'ailleurs en déterminant une ligne frontière, ne renonçait-on pas au droit de suite, c'est-à-dire à la facilité de poursuivre les dissidents jusqu'au Maroc ? Aussi bien, c'est ce que nous n'hésitâmes pas à faire, lorsque, en 1859, le général de Martimprey opéra contre les Beni-Snassen. Vainqueur à Aïn-Taforalt (27 octobre), le général fut invité par le ministre de la Guerre Randon à profiter de sa présence pour étendre, s'il le jugeait nécessaire, les possessions françaises jusqu'à la Moulaïa. Le général répondit négativement. Ce fut une occasion perdue. Le Maroc se débattait alors dans les incertitudes d'un nouveau règne, Abd-el-Rhaman venant d'être remplacé par Sidi-Mohammed, et l'Espagne lui avait déclaré la guerre. Nous n'avions pour ainsi dire qu'à étendre la main pour terminer à notre avantage cette irritante et dangereuse question des frontières. Tout était à recommencer.

Ce n'étaient pas, en effet, d'insatiables convoitises, mais bien la nécessité qui nous poussait en avant. L'utilité et l'avenir de nos possessions de l'Afrique du nord dépendaient du Maroc. Nous ne pouvions laisser l'Algérie à la merci d'un coup de main marocain, et, d'un autre côté, si le Maroc tombait au pouvoir d'une puissance qui exciterait contre la France le monde musulman, notre situation en Algérie se trouvait compromise. Il nous fallait donc ou bien nous étendre aux dépens de notre remuant voisin, et empêcher toute intervention européenne, ou bien nous résigner à de perpétuelles opérations de police à la frontière. C'est ce qui arriva en 1870. Le général de Wimpfen, après avoir refoulé les Ouled Sidi Cheick révoltés, dut poursuivre jusqu'au delà de la frontière les tribus marocaines qui les soutenaient, Beni-Guil, Ouled-Djérid et Doui-Menia. Le 29 mars, la colonne expéditionnaire partait d'Aïn-Bar Khadil au sud des

Chotts ; elle entrait le 1er avril dans le Maroc, le 13, après une marche pénible, arrivait sur le plateau d'El-Bahanet en face de l'oued Guir, et se heurtait à une véritable armée d'environ 8.000 hommes, couverte par des fossés d'irrigation. Ils se croyaient tellement sûrs de la victoire, qu'ils conseillaient à Wimpfen de s'enfuir au plus vite. Le 15, l'oued Guir était passé à gué, et, malgré la résistance des Doui-Menia, nos zouaves, commandés par Chanzy et de Colomb, emportaient la position. La colonne victorieuse se rabattait aussitôt sur le nord pour châtier les Beni Guil retranchés dans leur oasis d'Aïn-Chair. Ils étaient bousculés, obligés de demander l'aman et de promettre de ne plus secourir les Sahariens nos vassaux.

III. — La question de Figuig

Peu à peu, surtout dans cette zone mitoyenne que se disputaient les deux puissances voisines, les incidents se multiplièrent surtout après la guerre malheureuse de 1870. Les razzias et les incursions continuaient, et nos soldats n'hésitaient pas à poursuivre les rebelles, jusqu'en plein Maroc. Le grave inconvénient de cette indécision fut que les tribus marocaines, effrayées de notre voisinage, se rapprochèrent du Chérif, dont l'autorité jusqu'alors n'avait été que nominale. Plus nous avancions vers le sud, plus les habitants des oasis se montraient déférents à l'égard du maître, qu'ils avaient choisi pour échapper à l'étreinte de la France. Ce fut surtout dans l'oasis de Figuig que s'accentua la résistance. Figuig est placé au débouché des principaux passages du Djebel-Amour, non loin des oueds Sousfana et Saoura, au carrefour des routes du sud et de l'ouest. On dirait un bastion sur le flanc de l'Oranie. Aussi les mécontents et à plus forte raison les dissidents et surtout les adeptes des confréries religieuses; les plus redoutables de nos adversaires, cherchaient-ils un refuge à Figuig. C'était un véritable foyer de propagande anti-chrétienne et de haines françaises. Nos généraux et ceux des gouverneurs de l'Algérie qui connaissaient le danger avaient proposé une expédition contre l'oasis, mais les coups de fusil tirés dans cette direction avaient toujours un retentissement européen. Les ambassades d'Espagne et d'Angleterre protestaient à l'avance contre une annexion éventuelle, et nos officiers étaient tenus à la plus grande circonspection.

En 1882, après l'insurrection de Bou-Amama, le général Saussier et le gouverneur Tirman, persuadés de la nécessité de frapper un coup vigoureux, proposèrent de nouveau au gouvernement de s'emparer de Figuig, mais on craignit des complications diplomatiques et l'oasis continua à servir de place d'armes et de refuge à tous nos ennemis. Au moins essaya-t-on de la réduire à l'impuissance en échelonnant un certain nombre de postes dans le Djebel-Amour, et surtout en poussant vers le sud le chemin de fer qui atteignait déjà Aïn-Sefra; mais nous n'eûmes pas ce qu'on pourrait appeler le courage de notre opinion, car le poste fortifié de Djeniou-Bou-Rezg, établi en 1885, par le général Delebecque pour contenir les maraudeurs de Figuig, fut une première fois abandonné sur la demande du Chérif, et ce fut seulement en 1888 que l'on construisit une nouvelle redoute. Quant au chemin de fer, les travaux furent menés avec une telle lenteur que la ligne d'Aïn-Sefra à Djeniou-Bou-Rezg, commencée en 1892, n'était terminée qu'en 1900. Huit ans pour achever 88 kilomètres de voie ferrée!

En résumé, la France, jusqu'alors, avait toujours été tenue en échec par les gens de Figuig. De 1845 à 1900, nous n'avions pas avancé d'un pas. Nous n'avions obtenu qu'un seul résultat, celui de ne pas ouvrir avant l'heure la question marocaine et de ne pas provoquer de représailles, qui auraient pu servir de prétexte à une intervention étrangère. Nous avions donc les mains libres, mais le moment approchait de remplacer les négociations par les actes et une apparente faiblesse par d'énergiques protestations. Peut-être avions-nous eu le tort de nous contenter de vagues assurances d'amitié. Amitié et coopération avec la cour marocaine, soit, mais en ne négligeant pas l'activité dominatrice qui doit en être la conséquence. Cette politique de sage modération avait déjà subi de trop nombreuses atteintes : il n'était que temps de la modifier.

IV. — La politique d'union

Le 20 juillet 1901, fut signé à Paris par deux ambassadeurs marocains, Abd-el-Krim et El Guebbas, un traité qui complétait et ratifiait celui de 1845. La France était chargée de maintenir l'ordre dans le pays compris entre l'oued Guir et l'oued Sousfana. Les Ouled-Menia et les Ouled-Djérid devenaient nos sujets. Une commission mixte règlerait sur place les litiges et incidents de frontière. Le droit de suite réciproque, inscrit dans les conventions de 1845, était maintenu, c'est-à-dire que nous restions les maîtres de poursuivre jusqu'au Maroc et de punir maraudeurs et dissidents. Ce traité allait ouvrir une période nouvelle dans l'histoire de nos relations avec le Maroc.

La commission mixte se mit tout de suite à l'œuvre. Elle était dirigée du côté de la France par le général Cauchemez et du côté du Maroc par El Guebbas. Le 10 avril 1902, accompagnée d'une imposante escorte franco-marocaine, elle pénétrait dans les oasis de Figuig, et y était bien accueillie. La voie ferrée et la voie télégraphique de Duveyrier à Beni-Ounif étaient exécutées sous ses yeux, et un commandant marocain était installé. Le 5 mars, les commissaires se mettaient en route pour Béchar et Kenadsa, mais les habitants de ces deux Ksours, mis en demeure d'opter entre la France et le Maroc, déclaraient vouloir rester indépendants. C'était un insuccès, et les adversaires de la commission déclarèrent aussitôt que son œuvre était compromise, comme s'il était possible d'obtenir du premier coup, la soumission de tribus jalouses de leur indépendance et surtout de supprimer sans transition tout acte de brigandage dans une immense région peuplée de réfugiés et de gens sans aveu. Le plus important était d'assurer les conséquences du traité de Paris. De nouveaux actes diplomatiques furent alors signés à Alger (20 avril 1903) qui constituaient un programme de collaboration économique entre la France et le Maroc. Il était entendu que les deux gouvernements se prêteraient aide et main-forte contre les dissidents, que des postes de garde permanents, ainsi que des marchés seraient créés des deux côtés de la frontière, et qu'une convention commerciale fixerait les droits à percevoir au profit des deux pays. Donc, et sans violer les traités antérieurs, nous devenions maîtres de toute la région comprise entre la Moulouïa et l'oued Guir, et le Maroc s'ouvrait à notre pénétration pacifique.

Restait à faire passer ces divers avantages dans la réalité et c'est alors que commencèrent les difficultés. Les habitants de la zone mitoyenne les provoquèrent. Ils ne s'habituèrent pas à l'idée de dépendre d'une autorité, soit française, soit marocaine. Refus d'obéissance, attentats de plus en plus fréquents le long de la frontère, mauvaise volonté bien caractérisée, la situation devint vite intolérable. Une répression s'imposait. On décida l'envoi de deux colonnes, l'une dans le Béchar, l'autre chez les Beni-Smir, et afin de frapper un coup retentissant, le bombardement de Zenaga, la plus importante des oasis de Figuig, qui passait pour la citadelle inexpugnable du désert. Jonnart, le gouverneur de l'Algérie, et O'Connor, le général commandant à Oran, voulurent auparavant se rendre compte de la situation. Escortés par une trentaine de spahis, ils allèrent reconnaître les abords de l'oasis. Les gens de Zenaga, jugeant l'occasion propice, les attaquèrent traîtreusement. Le châtiment ne tarda pas. Le 8 juin 1904, au matin, un feu destructeur s'abattait sur la cité rebelle. Une pluie d'obus détruisait les vieilles murailles du Ksour et provoquait la fuite éperdue des indigènes. Ce bombardement produisit une vive impression en France et surtout en Algérie, car bientôt furent annoncés de nouveaux succès. Le 19 juin le colonel d'Eu quittait Beni-Ounif pour se rendre dans le Béchar, visitait Kenadsa et enlevait de vive force Bou-Maïr, faisant ainsi respecter la puissance française dans tous les pays compris entre l'oued Guir et l'oued Sousfana. En même temps le colonel Pierron, parti de Mécheria, parcourait le massif du Béni-Smir et purgeait de malfaiteurs la région située entre Mécheria et Figuig. La partie cependant n'était pas encore gagnée, et, très prudemment, le communiqué officiel, tout en annonçant la victoire, faisait remarquer « que des vols et des agressions isolés pouvaient encore se produire sur cette immense frontière ». En effet, dès le 10 juin aux portes mêmes de Zenaga, un troupeau était enlevé et le berger tué. En juillet les Ouled-Djérid essayaient de détruire la voie ferrée à Hadjerat M'Guil. Le 16 juillet une harka de Berabers attaquait un convoi. Le 19 août une autre harka se ruait sur le poste de Taghit, sauvé à grand'peine par l'énergique résistance du capitaine de Susbielle. Le 2 septembre le poste d'El Moungar était surpris, deux officiers et de nombreux soldats tués. A vrai dire le pays tout entier était en feu, et, ce qui compliquait la situation, c'est que l'Europe commençait à s'émouvoir, et, que quatre puissances, l'Espagne, l'Angleterre, l'Allemagne et l'Italie élevaient des prétentions inattendues et s'apprêtaient au besoin à intervenir.

V. — L'INTERVENTION EUROPÉENNE

De ces puissances il en était une, l'Espagne, qui avait pour elle des droits réels. Voisine immédiate du Maroc, elle avait à plusieurs reprises essayé la conquête du pays. Elle y possédait déjà des enclaves, Ceuta, Melilla, Alhucemas, Penon de Velez, les îles Zaffarines, qui pouvaient être considérées comme les pierres d'attente d'une domination future. Elle ne pouvait donc assister qu'avec dépit aux progrès de la France dans ce Maroc qu'elle s'était habituée à traiter comme une dépendance territoriale future, et déclarait qu'en cas de conquête française elle entendait ne pas être exclue du partage.

L'Angleterre avait d'autres motifs de suspicion. C'était comme un principe de la politique anglaise de s'opposer à toute extension coloniale de la France. A grand'peine le cabinet de Saint-James s'était-il résigné à notre occupation de l'Algérie. Sous prétexte d'intérêts économiques à sauvegarder il proclamait sa résolution de protéger le Maroc envers et contre tous, et ses agents, très intelligents et très persévérants, surveillaient nos moindres démarches.

L'Italie cherchait à s'installer en Afrique et trouvait la place bonne à prendre au Maroc. D'ailleurs elle n'avait pas oublié ses déceptions tunisiennes et espérait trouver l'occasion d'une revanche. Quant à l'Allemagne elle poursuivait déjà cette politique d'expansion coloniale ou plutôt commerciale qui la poussait à envoyer ses nationaux dans le monde entier et à chercher des marchés d'écoulement pour ses produits industriels. Or le Maroc était pour ainsi dire une terre vierge, où elle n'avait qu'à prendre pied pour se créer une clientèle sérieuse. Aussi redoutait-elle la concurrence éventuelle de la France.

Prise d'un côté entre les revendications de l'Espagne, les jalousies anglaises, les rancunes italiennes et les rivalités économiques de l'Allemagne, de l'autre par la nécessité de persévérer dans une politique d'entente et d'union avec la cour chérifienne, le rôle de la France était délicat. Elle réussit pourtant à se tirer à son honneur d'une situation qui paraissait inextricable. Il s'agissait en premier lieu, pour avoir le champ libre, d'écarter du débat ou plutôt de désintéresser les puissances qui auraient pu gêner notre action directe. Des négociations habilement menées nous permirent tout d'abord d'avantageux arrangements avec l'Angleterre et avec l'Espagne.

L'Angleterre songeait alors à mettre la main sur l'Égypte où nous avions des droits et des intérêts. Pour ne pas être gênée dans son entreprise, elle était disposée à se détourner du Maroc. Par la convention du 9 avril 1904 elle reconnut « qu'il appartenait à la France, comme puissance limitrophe du Maroc sur une vaste étendue, de veiller à la tranquillité de ce pays, et de lui prêter assistance pour toutes les réformes administratives, financières et militaires dont il a besoin ». En outre était garanti le principe de la liberté commerciale, et, pour assurer le libre passage du détroit de Gibraltar, il était stipulé qu'aucun ouvrage militaire ne serait élevé sur la côte marocaine. De notre côté nous laissions l'Angleterre maîtresse d'agir à sa guise en Égypte. C'était donc comme un échange de droits et de prétentions. Nous renoncions à l'Égypte, mais notre protectorat du Maroc était à l'avance accepté.

Aussitôt après l'accord anglo-français, l'Espagne signait,

le 3 octobre 1904, une seconde convention, confirmée par des traités secrets du 1er septembre 1905 et du 23 février 1907, par laquelle les deux puissances délimitaient leurs sphères d'influence éventuelle sur des bases qui devaient servir à un partage ultérieur, et s'entendaient sur la surveillance des ports, la répression de la contrebande, les douanes, les monnaies, et les travaux publics à exécuter d'un commun accord. Notre liberté d'action était donc réservée.

L'Italie de son côté, dès l'année 1903, à condition que la France la laisserait maîtresse de ses mouvements du côté de la Tripolitaine, dont elle convoitait la possession, avait déclaré qu'elle renonçait à toute prétention et à toute intervention au Maroc.

Restait l'Allemagne. Tout d'abord elle s'était montrée favorable aux accords établis. Elle avait même reconnu que la mission assumée par la France d'établir l'ordre au Maroc ne pouvait qu'être utile à ses intérêts commerciaux ; mais, dès 1905, le chargé d'affaires d'Allemagne à Tanger se plaignait de ce que son pays ait été systématiquement écarté et « ne se considérait comme lié en aucune manière relativement à cette question ». Quelques jours après, le 31 mars 1905, par un de ces coups de théâtre qui lui sont familiers, l'empereur Guillaume débarquait à Tanger, et, après quelques paroles significatives sur la libre concurrence entre toutes les nations, affirmait sa volonté de traiter directement avec le Chérif des intérêts de ses nationaux. Il demandait en même temps qu'une conférence internationale fût convoquée pour résoudre tous les points litigieux. Par esprit de conciliation, le gouvernement français accepta cette conférence, mais après des négociations qui amenèrent le représentant de l'Allemagne à déclarer « qu'il ne poursuivait aucun but qui compromît les intérêts légitimes de la France au Maroc et qui fût contraire aux droits de la France résultant de ses traités ou arrangements ».

La conférence se tint à Algésiras. Elle ne donna pas les résultats espérés et peut-être escomptés par l'Allemagne, car nos droits et nos intérêts en sortirent sans dommage. Le principe de la liberté commerciale sans aucune inégalité était bien maintenu, mais on laissait hors de toute discussion et de tout examen nos avancées à la frontière. De plus une place prépondérante nous était laissée dans la formation d'une banque d'État, et, seuls avec l'Espagne, nous étions autorisés à venir en aide au Chérif pour organiser la police. L'Allemagne s'attendait à mieux. Elle avait espéré jouer un rôle prépondérant et tous les États européens, qui se défiaient de ses prétentions croissantes, s'étaient déclarés contre elle. Ce fut une amère déception. Elle ne nous la pardonna pas, et, dès lors, ne chercha plus qu'à nous créer des embarras, soit en provoquant de mauvaises chicanes, soit en encourageant et en perpétuant l'anarchie au Maroc pour se donner un prétexte plausible d'intervention. En effet, dès le mois de mai 1906, un Français était assassiné sur la plage même de Tanger et nous n'obtenions satisfaction qu'après l'envoi d'une escadre. Un brigand, qu'on pourrait qualifier d'officiel, le trop fameux Raisouli, terrorisait la banlieue de Tanger. En mars 1907 le docteur Mauchamp était assassiné à Marakech. Quelques jours plus tard, à Casablanca, trois Français, trois Italiens et deux Espagnols étaient massacrés par une populace en délire et la ville pillée par les tribus du voisinage. Lorsque le *Galilée* parut en rade pour protéger les étrangers, le corps de débarquement fut accueilli à coups de fusil, les consulats attaqués, et les bâtiments où s'étaient réfugiés les Européens pillés. Une réparation s'imposait. Le général Damade à la suite d'opérations heureuses contre les tribus révoltées, s'installait à Casablanca et prenait possession de la fertile plaine qui l'entoure, la Chaouia (automne de 1907). Du côté d'Oran nous occupions à titre de gage la ville d'Oudja, et le général Lyautey parcourait en vainqueur (hiver de 1907) le massif des Beni-Iznacen.

VI. — Le coup d'Agadir

Ces premiers succès augmentèrent le dépit et les rancunes de l'Allemagne. Elle les manifesta par une série d'actes discourtois, réclamations incessantes à propos du paiement des indemnités de Casablanca, ajournement indéfini de toutes réformes, même des travaux du port de Larache. La désertion de plusieurs soldats de la Légion étrangère faillit même provoquer une crise. Elle ne fut sans doute évitée que parce que l'empereur Guillaume ne se croyait pas encore en mesure d'allumer l'incendie mondial qu'il préparait. Alors s'ouvrirent de nouvelles négociations qui aboutirent à la convention du 8 février 1909. La France affirmait sa volonté de ne pas entraver les intérêts commerciaux et industriels des Allemands, et ceux-ci, tout en reconnaissant les intérêts politiques de la France, promettaient « de ne permettre aucune entreprise pouvant créer en faveur d'une puissance quelconque un privilège économique ». Nous venions de signer un marché de dupes, car, tandis que nous considérions cet accord comme établissant notre prépondérance politique, l'Allemagne était résolue à faire prédominer exclusivement la question économique, et à user et abuser de cette situation privilégiée. On ne tarda pas à s'en apercevoir.

En août 1906 le Chérif Abd-el-Aziz avait été dépossédé par son frère Moulay-Hafid, et nous avions eu la bonhomie de reconnaître ce dernier, bien qu'il eût été manifestement porté au pouvoir par un parti anti-français. Aussi bien l'entente ne fut pas de longue durée. En janvier 1911 un officier français était tué à Marakech et les Zaer prenaient les armes. Les tribus voisines de Fez entraient aussitôt en campagne, et assiégeaient la capitale. La situation devenait rapidement si grave que Moulay-Hafid lui-même faisait appel à la France. Dès le mois de mai un corps expéditionnaire, formé à Kenitra sous le commandement du général Moinier, se présentait devant Fez après trois jours de marche forcée, et débloquait la ville.

L'Allemagne ne s'attendait pas à un succès aussi rapide, mais elle déclara aussitôt que les conventions antérieures étaient rompues à son désavantage, et, adoptant une politique qui n'était plus celle du désintéressement, fit occuper un des ports marocains du Sud, Agadir, par une de ses frégates, la *Panthère*. Elle montrait ainsi que, considérant le Maroc comme une proie offerte à toutes les entreprises, elle prenait à l'avance sa part, et cela sans indiquer à quel point s'arrêteraient ses prétentions. A vrai dire c'était la conclusion brutale de vingt ans d'hostilités indirectes; à la fois un geste de rancune par l'affirmation d'une force qui se croyait négligée et un geste de convoitise par la menace de conquérir un avantage soit au Maroc, soit ailleurs. C'était surtout une menace de guerre et de guerre immédiate. On le crut tout d'abord. Il y eut une période de tension très aiguë, mais l'empereur Guillaume ne se croyait pas suffisamment prêt. Il consentit à signer le 4 novembre 1911 une nouvelle convention en vertu de laquelle il ne s'opposerait pas au protectorat de la France sur le Maroc, et renoncerait à Agadir, moyennant certaines garanties : reconnaissance de la dette marocaine, traitement identique à celui des ressortissants français lorsque les tribunaux consulaires seront remplacés par des tribunaux français, travaux publics laissés sous la direction et le contrôle du Chérif, maintien du principe de la liberté commerciale, etc. Certes cette reconnaissance du protectorat français marquait un grand progrès mais nous l'achetions bien cher ! En vertu d'un prétendu droit de compensation, l'Allemagne nous arrachait une énorme concession. Nous lui cédions une partie de notre colonie du Congo. Elle projetait dans le bassin du grand fleuve africain ce qu'on a nommé les antennes de l'Oubanghi, et se rapprochait ainsi non seulement de nos possessions mais aussi du Congo belge, marquant son intention de créer un jour ou l'autre, au centre de l'Afrique, un véritable empire allemand. N'était-ce pas payer d'un bien haut prix l'autorisation de nous établir au Maroc ! Cet inexplicable marché n'était par bonheur que provisoire. La guerre soulevée par l'Allemagne en 1914 a tout remis en place. Nos comptoirs abandonnés ont été récupérés. Nous avons même conquis le Cameroun et le Togoland, ces colonies dont l'Allemagne était si fière, et tout permet d'espérer qu'à la paix prochaine nous recevrons la récompense de nos efforts.

Grâce au traité de 1911 le protectorat de la France au Maroc était donc reconnu en principe par l'Allemagne. Ce fut alors que l'Espagne crut devoir rappeler les conventions antérieures, et publia les traités secrets de 1905 et 1907 relatifs au partage éventuel du pays. L'accord fut long à s'établir. Il ne le fut que par la convention du 17 novembre 1912, qui déterminait les territoires sur lesquels s'étendrait la domination espagnole. Au nord les droits de la France sur la vallée de l'Ouergha étaient reconnus, au sud-ouest une enclave était laissée à l'Espagne autour d'Igli, et, l'oued Drâa étant considéré comme la frontière méridionale du Maroc, le territoire entre cette frontière et le Rio de Oro était qualifié de zone d'occupation espagnole. Suivaient diverses dispositions relatives aux finances, aux douanes, aux travaux publics et aux missions religieuses.

VII. — Le Protectorat français

Le terrain, cette fois encore, semblait donc dégagé, mais le Maroc n'avait pas dit son dernier mot. Lorsque au 20 mars 1912 notre représentant Regnault fit signer à Fez un traité par lequel les deux gouvernements reconnaissaient le nouveau régime comportant les réformes de toute nature que la France jugerait à propos d'introduire au Maroc, il semblait que rien ne s'opposerait plus à la marche en avant ; mais les Marocains ne s'inclinèrent pas devant le fait accompli avec la même placidité que les Tunisiens après le traité du Bardo. Il y avait parmi eux des fanatiques que révoltait la pensée d'être soumis à des chiens de Chrétiens, et aussi des patriotes que navrait l'abandon de l'autonomie nationale, sans parler de tous ceux qui avaient peut-être eu le tort d'écouter des excitations étrangères. Le 17 avril 1912 éclatait à Fez une révolte dans laquelle furent massacrés 13 de nos officiers, 40 soldats et 13 civils. La véritable cause de cette révolte fut la faiblesse avec laquelle nous avions inauguré le protectorat. Nous avions pensé qu'il fallait prendre le Maroc avec les Marocains, et, pour cela, organiser une armée nationale et ne plus considérer nos soldats que comme formant une réserve, mais ce sont justement ces troupes indigènes qui dirigèrent le mouvement insurrectionnel. En outre nos hésitations, l'éparpillement de nos forces, de fâcheuses compétitions entre la Guerre et les Affaires étrangères compromettaient notre action. Pour ajouter à nos embarras, Moulay-Hafid, qui n'avait peut-être pas trempé directement dans le complot, mais dont la conduite paraissait au moins suspecte, refusait toute collaboration, et parlait d'abdiquer. Ainsi que l'a dit l'illustre citoyen qui justement allait présider au sauvetage, le navire était en perdition.

Le décret du 28 avril 1912 nomma le général Lyautey résident de France au Maroc et concentra entre ses mains tous les pouvoirs de la République française dans l'Empire chérifien. L'unité d'action était rétablie, et le nouveau résident n'était pas homme à la laisser péricliter entre ses mains. Il commença par mettre Fez à l'abri d'un coup de main. Les Djebalas et les Berabras qui menaçaient la ville furent rejetés à une trentaine de kilomètres, et les travaux destinés à mettre la capitale à l'abri de nouvelles attaques furent poussés avec vigueur. On se débarrassa de Moulay-Hafid, qui devenait dangereux, et il fut remplacé par son frère Moulay-Youssef, qui, comprenant bien son intérêt, resta notre auxiliaire. Enfin on chercha « à se donner de l'air ». Un des lieutenants de Lyautey, Gouraud, inaugurant une habile politique, négociant avec les chefs de tribu qu'il isolait pour les mieux disloquer, créant des intérêts matériels grâce au ravitaillement et à l'assistance médicale, mais n'hésitant pas à affirmer sa force, remportait (1er juin) une brillante victoire à Hadjra el Kahla et déblayait les abords de Fez. Au nord le marabout Mohammed es Semlaki qui prêchait la guerre sainte et s'était installé chez les Fichtala dans le Djebel Moulay Bou Chia, était refoulé dans la zone espagnole. Au sud la situation était plus difficile, car les tribus étaient habituées à l'indépendance et n'accordaient au Chérif qu'une suprématie nominale. De plus de grands chefs, véritables seigneurs féodaux, s'étaient taillé comme des principautés autonomes, dont ils surveillaient jalousement les approches. Ils entraient en campagne sous le moindre prétexte et entretenaient dans toute la contrée une dangereuse agitation. Une première fois déjà, en mars 1909, il avait fallu diriger contre eux de véritables expéditions. Le général Viny, chargé de disperser les dissidents du Tafilet, forma sa colonne à Colomb Béchar, et remporta deux brillants succès à El Menaber (16 avril) et à Bou-Denib (11 mai). On croyait la partie gagnée, mais il fallut reprendre les opérations en septembre. Le colonel Alix, vainqueur une seconde fois à Bou-Denib (11 septembre), s'avança jusqu'aux sources du Guir, et reçut sur son passage de nombreuses soumissions, mais on avait compté sans un implacable adversaire, le Mauritanien Ahmed-el-Hiba, le fils de notre vieil ennemi Ma-el-Aïnin, qui, refoulé par nos troupes sénégalaises, avait cherché un refuge au Maroc, et ralluma facilement l'incendie. Il se fit proclamer sultan à Tiznit, occupa Marakech, et s'avança jusqu'à Mazagan. Lyautey envoya aussitôt contre lui deux colonnes, parties l'une de Fez et l'autre de Mogador, qui opérèrent leur jonction, remportèrent un premier succès le 20 août, un second à Sidi-Ben-Othman, et rentrèrent à Marakech le 7 septembre, sous la conduite du colonel Mangin. L'occupation de cette capitale du Sud nous mit tout de suite en contact avec les caïds presque indépendants qui avaient profité de l'anarchie pour se constituer en véritables princes féodaux. Plusieurs d'entre eux, dont le plus puissant, El Glaoui, reconnurent tout de suite notre suprématie et les autres gardèrent la neutralité. Le premier danger était donc écarté, et de la période défensive nous allions passer à la période offensive.

Dès 1913 Kenifra, qui servait de repaire aux indomptables Zaïan, était occupé. Le général Alix franchissait la Moulouïa avec les troupes des confins algéro-marocains (25 mai), fondait un poste à Guercif, soumettait la tribu des Hoouara et déblayait les approches de Taza, qui nous barrait la route vers l'Algérie. Il est vrai que ces premiers résultats demandaient en quelque sorte à être consolidés, et que beaucoup de tribus, soumises en apparence, n'attendaient qu'une occasion pour se joindre à celles qui n'étaient pas encore ralliées. En outre, comme la guerre venait d'éclater en Europe, il était urgent de renvoyer dans la métropole une partie du corps d'occupation. Lyautey para à tous les dangers. Tout en conservant intacts les territoires soumis, il réussit même à les étendre. Dans le Tadla, à trois reprises différentes, il repoussa les Zaïan qui nous avaient infligé (automne 1914) le seul échec subi dans la campagne. Au sud de Fez et de Meknès nous nous avançâmes jusqu'à la grande boucle de l'oued Sebaou et jusqu'à l'oued Guigou, au pied même de l'Atlas. A l'est la trouée de Taza fut solidement occupée et même élargie par la soumission des Branés. Déjà le chemin de fer d'Algérie est parvenu à Taza, et, en juin 1916, on pouvait aller en automobile de Tunis à Casablanca, bientôt sans doute jusqu'à Marakech. Au nord enfin, malgré les excitations d'agents allemands, les Djebala, conduits au feu par un petit-fils d'Abd-el-Kader, Abd-el-Maleck, étaient repoussés. Nous nous avancions même dans l'Ouergha jusqu'à la zone espagnole.

Le Maroc se trouvait ainsi, suivant une expression de l'heureux vainqueur, décongestionné. Plus de guerres de tribu à tribu ! Plus de révoltes contre le pouvoir central ! A l'approche de nos soldats les territoires jadis rebelles consentaient à payer l'impôt, ce qui, d'après les théories orientales, constitue la vraie reconnaissance de la souveraineté. Grâce à la rapidité de nos mouvements et à la concentration de nos colonnes sur les points menacés, nous avons déjoué toutes les manœuvres de nos ennemis. Des méhallas indigènes, conduites par des officiers marocains, ont même fait campagne, seules, dans l'Atlas et le Sahara, et tenu en respect les dissidents. Enfin, et ceci est en quelque sorte la consécration et la légitimation de nos sacrifices, de nombreux soldats marocains combattant à côté des nôtres en Champagne, en Artois, même à Salonique, et se signalent par leur courage sur les champs de bataille et leur héroïque dévouement à ce drapeau tricolore, qui est devenu le leur.

Si donc la conquête n'est pas encore complète à l'heure actuelle, au moins notre effort militaire n'a pas été inutile, et, ce sur quoi on ne saurait trop insister, le développement économique du pays n'a été à aucun moment inquiété ou même gêné. En ce moment (1918) les harkas ennemies s'enfuient en désordre, abandonnant sur le terrain chevaux, chameaux et munitions, et nos avions, opérant en liaison avec les colonnes mobiles, sèment la panique parmi les dissidents. Dans la région de Taza le général Cherrier a refoulé les derniers partisans d'Abd-el-Malek ; au Maroc oriental nous avons été vainqueurs dans les brillants combats de Meski et d'El Maadid ; enfin les chefs les plus influents du Tafilalet non seulement donnent des preuves de loyalisme, mais coopèrent efficacement à la sûreté des routes.

Notre plus récente acquisition est celle du Sous, cette marche méridionale du Maroc, que limitent le Grand Atlas, l'Anti-Atlas, l'Atlantique, et dont les villes principales sont Taroudant, Agadir et Tiznit. C'est une plaine relativement fertile, et qui passe pour recéler dans son sein d'importants gisements miniers. L'autorité du Chérif marocain y était reconnue en principe, mais appartenait en fait à des caïds, qui, semblables à nos barons féodaux, se disputaient âprement le pouvoir. Au début de 1911 les Allemands avaient fait leur apparition à Taroudant. Le docteur Dorbinghaus et les frères Otto et Robert Mannesmann avaient obtenu la concession de nombreux terrains et préparaient la mainmise de l'Allemagne sur ces territoires à peu près vacants. Par bonheur le caïd de Taroudant, Haïda ou Moui, resta fidèle à notre alliance et notre consul à Mogador, Kouri, réussit à convaincre les indigènes que les promesses germaniques n'avaient aucune consistance ; mais notre ancien adversaire de Marakech, El Hiba, n'avait pas renoncé à la lutte. D'ailleurs nos ennemis d'Europe veillaient. Se prévalant de leur alliance avec les Turcs, ils tentèrent, sous le couvert d'El Hiba, de renouveler la guerre sainte, et suscitèrent un mouvement de révolte qui s'étendit au delà de Tiznit. Le général Lamothe, utilisant les forces indigènes, lança d'abord contre lui notre fidèle allié, le caïd de Taroudant, Haïda ou Moui, qui fut tué dans une échauffourée (7 janvier 1917) à Igalfeu, mais dont les contingents, commandés par son fils El Hadj Oumad, réussirent à tenir les dissidents en échec jusqu'à l'arrivée des Français. Le général de Lamothe s'était en effet décidé à intervenir directement. Partie de Marakech en février 1917, la colonne expéditionnaire franchissait le Grand Atlas au col de Tizi-Machon, créant une route nouvelle à travers pics et vallées, arrivait à Agadir, puis à Tiznit, remportait une grande victoire à Ouijan (24 mars), et refoulait les nomades appelés à l'aide d'El Hiba à Okrid (17 avril), pendant que nos avions bombardaient Kerdous, le dernier repaire de notre adversaire : nous avions frappé vite et dur. C'était le meilleur procédé à employer. Désormais notre prestige était rétabli dans un pays infesté d'Allemands et notre drapeau flottait avec honneur dans des régions jusqu'alors presque inconnues. La possession du Sous, territoire de plus de 10 000 kilomètres carrés, avec une population de 6 à 700 000 indigènes semble assurée. Il est permis d'espérer que les derniers agitateurs, stipendiés par nos ennemis, ne se relèveront jamais de cette série d'échecs dans toute la contrée où naguère s'exerçait leur propagande. Il est surtout réconfortant de constater qu'en pleine guerre européenne, et quelle guerre ! grâce à une habile politique et à la vaillance de nos troupes, nous avons réussi à ajouter à notre domaine colonial, presque sans perte d'hommes, un nouveau réservoir de soldats et de travailleurs. On disait autrefois que le Maroc était la perle de l'Afrique du Nord. Cette perle sera bientôt le plus beau joyau de notre couronne coloniale, et nous aurons sans doute la joie patriotique de voir grandir et prospérer une des plus riches provinces de cette France nouvelle, dont un de nos meilleurs publicistes, Prévost Paradol, dès 1863, et avec une singulière prescience de l'avenir, souhaitait la conquête pacifique.

CHAPITRE IV

SÉNÉGAL ET MAURITANIE

I. — Conquête du Cayor

Le Sénégal est la plus ancienne de nos colonies. Son histoire peut se diviser en trois périodes distinctes : la première, la plus longue mais la moins remplie, s'étend des origines à l'année 1815. Le Sénégal n'est alors qu'un comptoir d'échange et le gouvernement ne prend part aux affaires du pays que pour nommer quelques fonctionnaires ou essayer des cultures qui ne réussissent jamais. Dans la seconde période, de 1815 à 1870, quelques progrès s'accomplissent, mais c'est seulement à partir de 1854, grâce à la féconde impulsion donnée par un administrateur éminent, Faidherbe, que la colonie subit une transformation totale. Elle n'est plus seulement un marché d'esclaves ou de gomme ; elle devient au contraire un foyer d'influence, d'où rayonnent au loin, et dans toutes les directions, notre civilisation et notre prépondérance. La troisième période est la période contemporaine, qui commence en 1870. Elle est marquée par des progrès continus et des conquêtes journalières. Le grand fleuve qui arrose la colonie devient une voie de pénétration vers l'Afrique Centrale. Le long de la côte, dans la direction du Niger ou vers le Sahara, le drapeau tricolore est partout déployé. Nous triomphons des résistances locales, nous prenons possession d'énormes étendues de terrain. En un mot nous ne sommes plus campés dans la région comme des hôtes temporaires, mais établis comme des maîtres légitimes et acceptés par les indigènes. C'est uniquement de cette troisième période dont nous voudrions résumer l'histoire en essayant de remettre en lumière l'héroïsme de nos soldats, la persévérance de nos explorateurs et les efforts presque toujours heureux de nos administrateurs. Les uns et les autres ont réussi à faire du Sénégal un véritable empire africain, dont les diverses parties, d'abord simplement juxtaposées ou violemment rapprochées par la conquête, se sont peu à peu fondues dans un harmonieux ensemble.

Au moment où le second Empire s'effondrait dans une chute lamentable, la situation de la France au Sénégal, grâce à l'énergie de Faidherbe et de Pinet-Laprade était satisfaisante. D'énormes progrès avaient été accomplis. Sans doute nous n'étions pas encore les maîtres incontestés de l'Afrique Occidentale, mais nous y jouions dès lors un rôle prépondérant, et les hommes d'État, bien avisés, qui affirmaient que la France, en redevenant grande puissance coloniale, trouverait l'occasion de réparer ses pertes et de guérir ses blessures, étaient déjà aux affaires.

Ce furent nos voisins immédiats du Cayor qui nous provoquèrent par une folle agression. Pays vraiment étrange que ce Cayor! On dirait une principauté féodale. Gouverné par un souverain absolu, le Damel, mais dont l'avènement était marqué par de sanglantes révolutions, opprimé par la remuante aristocratie des Tiédos, habité par des populations féroces et fanatisées, le Cayor, par sa position géographique entre nos deux capitales sénégalaises de Saint-Louis et de Dakar, constituait un danger permanent. C'était en outre un pays inconnu, couvert de forêts que l'exubérante végétation des tropiques rendait à peu près impénétrables. Quant au Damel régnant, Lat-Dior, c'était un adversaire redoutable. Il s'était posé comme l'adversaire irréductible de la domination française. Les plus aguerris d'entre les Tiédos l'avaient rejoint, et tous ceux des indigènes qui croyaient encore à la possibilité de défendre leur autonomie contre la France se groupèrent autour de lui. Faidherbe avait une première fois rabattu son orgueil, mais peut-être avait-il eu le tort de trop le ménager et de ne pas prononcer l'annexion pure et simple de la province. Lat-Dior profita de cette longanimité, surtout lorsque le gouverneur Vallière commit la lourde faute non seulement de signer avec lui un traité de paix, mais encore de lui restituer la majeure partie de nos précédentes conquêtes. La stupeur de nos désastres dans la guerre d'Allemagne peut seule excuser cette erreur, qui devait coûter à la colonie plusieurs années de troubles et de désorganisation.

Lat-Dior, grâce à la maladroite condescendance de Vallière, était redevenu puissant. Nous jugeant d'après ses propres passions et comme grisé par sa bonne fortune, le maître du Cayor affecta de nous dédaigner, et de ne tenir aucun compte de nos observations. N'ordonna-t-il pas le pillage d'un royaume allié, le Baol ! N'eut-il pas l'audace de réclamer à Rufisque les tributs d'autrefois, les odieuses coutumes ! En août 1872, apprenant que des élections municipales allaient avoir lieu à Saint-Louis, il s'imagina, dans son ignorance de despote africain, qu'il n'y avait plus de gouvernement en France, et que l'occasion était excellente pour jeter les Français à la mer. Il entra donc en campagne et marcha contre Saint-Louis. Il est vrai qu'il reconnut bientôt son erreur et envoya de plates excuses. Nous aurions dû profiter de cette fausse manœuvre pour le déposséder. On crut plus habile de simuler la confiance. On poussa même l'oubli des injures jusqu'à l'aider contre l'almamy du Fouta qui lui avait déclaré la guerre, et ce sont nos soldats qui, par la victoire de Coki (1er février 1875), le consolidèrent sur son trône.

Nous n'eûmes même pas la satisfaction d'inspirer à notre malencontreux protégé des sentiments de reconnaissance. En 1879 lorsque la France voulut construire un chemin de fer de Saint-Louis à Dakar à travers le Cayor, Lat-Dior, qui avait d'abord donné toutes les autorisations nécessaires, retira brusquement sa parole. Il s'imaginait que la construction de ce chemin de fer amènerait l'émancipation des esclaves, en quoi il ne se trompait pas, mais il ne voulait pas consentir à cette diminution de puissance. Malgré la frayeur qu'inspiraient à cet ivrogne les wagons, qu'il se représentait comme des frégates montées sur des roues et traînant de formidables canons, il déclara qu'il serait aussi difficile « de faire passer une voie ferrée dans le Cayor qu'un chameau par le trou d'une aiguille », et en effet bouleversa nos chantiers de construction. Il n'y avait à répondre que par la guerre à cette insolente provocation. Le colonel Wendling entra aussitôt dans le Cayor. Le Damel n'essaya même pas de résister et s'enfuit dans le Djolof. Cette fois encore les leçons du passé furent inutiles. Au lieu de prononcer l'annexion définitive du Cayor, le gouverneur Servatius installa un nouveau Damel, N'goué Fol, qui fut aussitôt renversé par un neveu de Lat-Dior, Samba-Laobé. Au moins l'injure fut-elle vivement ressentie. En trois jours une colonne expéditionnaire était organisée sous le commandement du chef de bataillon Dodds. Montés sur de rapides méharis nos soldats ne laissèrent aucune relâche à Samba-Laobé. Ils finirent par l'atteindre et le forcèrent à se rendre sans conditions (2 mai 1883).

Samba-Laobé resta d'abord fidèle à ses engagements. Lorsque Lat-Dior reparut dans le Cayor, il marcha contre lui sans l'aide de nos soldats et le refoula dans le désert. En outre il consentit à la construction du chemin de fer de Dakar à Saint-Louis, et nous fournit même des ouvriers, mais il ne demeura pas longtemps notre allié, car dès 1886 il rançonnait les colons français établis sur son territoire et élevait des prétentions inadmissibles sur la propriété de la voie ferrée. On essaya d'abord de la conciliation, mais toutes les tentatives échouèrent. Le 6 octobre 1886 le capitaine Spitzer, escorté par quelques spahis, rencontrait à Tiwawone le Damel et ses soldats. Les deux troupes engageaient aussitôt le combat. Samba-Laobé, poursuivi à outrance par le lieutenant Chauvet, était transpercé et mourait en brave.

Le gouverneur du Sénégal, décidé à mettre un terme à cette anarchie, et soutenu d'ailleurs par la majorité des indigènes qui préféraient à une indépendance nominale le calme et la sécurité sous la domination française, prononça aussitôt la division du Cayor en six provinces, gouvernées chacune par un chef à notre dévotion. Lat-Dior protesta et rentra en campagne. Envoyé à sa poursuite le capitaine Vallon l'atteignit au puits de Diekkelé (26 octobre 1886), et le tua avec son fils et les plus courageux de ses partisans. Dès lors la paix ne fut plus troublée au Cayor. Les chefs nommés par nous avaient tous intérêt à nous rester fidèles. Non seulement ils tinrent leurs serments, mais encore nous aidèrent dans les grands travaux d'aménagement de la province, et dans la construction des routes et des chemins de fer. Nos anciens adversaires sont même entrés à notre service, et ont prouvé que, bien dirigés. ils pouvaient devenir et sont devenus d'excellents auxiliaire contre l'ennemi commun.

II. — Campagnes dans le Fouta

Dans une province voisine du Cayor, sur le moyen Sénégal, dans le Fouta, les tribus nègres, remuantes et belliqueuses, n'avaient pas accepté la domination française. Elles s'étaient révoltées, à diverses reprises, et, quoique toujours battues, revenaient constamment à la charge. Les haines nationales s'étaient concentrées dans la tribu des féroces et orgueilleux Bassyébas et autour d'Abdoul-Boubakar. Une première fois, en 1864, ils avaient été battus et réduits à l'impuissance, mais ils n'avaient pas renoncé à la lutte. Abdoul-Boubakar, tout comme Lat-Dior, annonça qu'il allait jeter les Français à la mer. La faiblesse du gouverneur Vallière l'encouragea dans ses projets ambitieux. Il se persuada que le gouverneur hésiterait à se prononcer contre lui, et même qu'il abandonnerait le Fouta, comme il avait abandonné le Cayor : mais il allait se heurter contre une volonté bien arrêtée, et ses espérances furent bientôt dissipées. Brière de l'Isle avait succédé à Vallière en 1876, Convaincu de la nécessité de réagir contre les reculs maladroits de son prédécesseur, il envoya dès 1877 une colonne d'observation contre Abdoul-Boubakar. Ce dernier qui ne se sentait pas assez fort signa aussitôt à Galoya (octobre 1877) une trêve par laquelle il acceptait notre suprématie, mais il la rompit presque aussitôt, déclarant qu'il s'opposerait par la force à l'établissement d'une ligne télégraphique de Saldé à Matam. Il fallait châtier cette insolence, d'autant plus que le capitaine Badenhuyer venait d'être surpris à N'dourbabian par des forces supérieures et tué avec vingt-deux de ses hommes. Le colonel Pons le vengea. Il parcourut le Fouta, brûla trente villages et fit de nombreux prisonniers. Abdoul-Bonbakar, réduit à l'impuissance, signa un nouveau traité par lequel il s'engageait à protéger nos négociants et à laisser construire la ligne télégraphique projetée. Désormais, dans tout le Fouta, on reconnut la nécessité de respecter désormais nos volontés.

Brière de l'Isle imposa également sa suprématie aux tribus nègres du haut Sénégal. Le chef du Logo, Niamody, avait fait de sa résidence Sabouciré, à 16 kilomètres seulement de notre poste de Médine, un centre de résistance. Non seulement il avait menacé de mort notre fidèle allié, le vieux Sambala, celui qui avait aidé Faidherbe à battre son terrible adversaire, Al Hadji Omar, mais encore il prétendait fermer l'accès de son territoire. Le lieutenant-colonel Reybaud fut aussitôt envoyé contre Niamody avec 585 soldats, 80 chevaux et 4 canons. Un violent combat s'engagea. Il se termina par la prise et la destruction de Sabouciré. Niamody fut tué dans la bataille. Cette exécution sommaire rétablit notre crédit compromis, mais la victoire nous coûta cher, « car les troupes s'étaient à peine embarquées sur nos avisos pour rejoindre Saint-Louis que la fièvre jaune s'était abattue, sombre et implacable, sur les officiers et les soldats qu'avaient épargnés les balles ou la maladie. » (Rapport du capitaine Gallieni.)

Grâce à ces énergiques manifestations, les États nègres de la rive gauche du Sénégal se trouvaient ou directement administrés par nos agents ou soumis à notre influence. C'était un immense progrès réalisé en peu d'années. Ce qui contribua le plus à cette consolidation de notre puissance ce fut le soin apporté par nos gouverneurs à l'extension et à l'amélioration des voies de communication, surtout des chemins de fer. Au premier abord jeter ainsi des voies ferrées à travers des pays mal soumis ou peu civilisés parut peut-être excessif, mais on finit par comprendre qu'il n'existait pas de meilleur instrument de civilisation, et les travaux furent aussitôt commencés soit de Dakar à Saint-Louis en longeant l'Atlantique, soit en suivant la rive gauche du Sénégal et bientôt même jusqu'au lointain Niger. Ne serait-ce qu'au point de vue stratégique, l'utilité de ces chemins de fer sénégalais est indiscutable. S'ils avaient existé en 1886 et en 1887 nous aurions eu moins de peine à triompher d'une insurrection qui faillit compromettre notre situation. C'est en plein Sénégal que se déchaîna la tempête, et c'est un Sénégalais qui se crut à la veille de réaliser le rêve jadis formé par Al Hadji Omar ou par Lat-Dior, celui de jeter les Français à la mer.

III. — Insurrection de Mahmadou Lamine

Mahmadou-Lamine était un Sarracolet, c'est-à-dire qu'il appartenait à une race très fière de son intelligence et de la supériorité qu'elle s'arroge. Pendant de longues années il avait parcouru le monde musulman et séjourné à Constantinople. Il ne revint en Afrique qu'avec un trésor d'expérience et de réelles connaissances, mais il eut le tort de trop tôt dévoiler ses desseins, car le soupçonneux maître de Ségou, le fils d'Al Hadji Omar, Ahmadou, redoutant en lui un futur rival, le retint six ans dans une demi-captivité. A peine relâché, Mahmadou Lamine tourna aussitôt son activité contre les provinces directement soumises à la France. Grand, de figure imposante, éloquent, fort instruit pour un nègre, il recruta facilement de nombreux adhérents, et se posa tout de suite en marabout inspiré. Il aimait à raconter qu'il avait à la Mecque couché à côté du corps de Mahomet, et qu'il n'avait que deux doigts de moins que le prophète, insinuant par là que son rôle serait presque aussi grand que le sien. Déjà même il opérait des miracles : il rassemblait ses prosélytes autour d'un bassin rempli d'eau, et, grâce à des images d'Épinal collées dans la paume de ses mains, faisait défiler à leurs yeux surpris toute une série d'uniformes français. On agitait alors le bassin, et le tableau se brouillait. « C'est ce que nous ferons de l'armée française », s'écriait alors le prophète, et il se retirait aussitôt, sans doute pour laver ses mains. Ces grossiers stratagèmes valurent à Mahmadou-Lamine une immense réputation. Les mécontents se groupèrent autour de lui, jeunes gens avides de pillage, fanatiques et exaltés, bateliers du fleuve qui se croyaient lésés par nous, tous lui promirent leur concours. En novembre 1885 Mahmadou-Lamine leva le masque. Il s'empara par surprise de Sénoudébou et lança ses avant-postes jusqu'à Konguel, tout près de Bakel. Il avait des intelligences dans la place, et, sur les conseils d'un traître, l'interprète Alpha Sega, réussit à nous refouler dans cette petite ville, après un sanglant combat qui nous coûta des pertes cruelles.

Averti par le télégraphe, le colonel Frey arrivait aussitôt avec 80 soldats blancs et près de 400 tirailleurs ou spahis. Se heurter avec cette poignée d'hommes contre les 15 à 20.000 indigènes que le marabout avait groupés autour de lui eût été bien imprudent. Le colonel adopta une tactique plus sûre. Il se décida à attaquer successivement tous les villages qui avaient envoyé leurs contingents à Mahmadou-Lamine. Le Giudimacko, province dépendant du sultan de Ségou, fut le premier puni de sa défection. A Bokkoro, où s'étaient réfugiés les révoltés avec force butin, s'engagea un violent combat, auquel les femmes prirent part; mais Mahmadou-Lamine ne se décida à interrompre le blocus de Bakel que lorsqu'il apprit que la colonne Frey avait remporté de nouveaux succès à Guemou et à Bambella. Il présenta la bataille à son habile adversaire à Tambouckhané (19 avril 1886). L'action fut chaudement disputée, mais les nègres furent écrasés après avoir subi de lourdes pertes. Les contingents découragés regagnèrent alors leurs villages, et le prophète s'enfuit dans le Bondou, serré de près par nos soldats lancés à sa poursuite.

Deux colonnes commandées par le colonel Frey et le commandant Combes s'acharnèrent en effet après le marabout. La première de ces colonnes n'hésita pas à s'aventurer dans le désert qui s'étend de Sénoudébou à Makkana, mais ses souffrances furent extrêmes, et plusieurs de nos soldats moururent de soif et d'épuisement. Mahmadou-Lamine venait d'arriver au village de Kydira, et déjà son tamtam de guerre appelait les indigènes à la rescousse lorsque éclatèrent des coups de fusil. Il croyait à un engagement sans importance et haussait les épaules de mépris lorsque, aux détonations isolées, succédèrent des feux de salve. Il s'enfuit aussitôt vers Sénoudébou. Par bonheur pour lui le gué de Naé restait libre. Nos soldats, furieux de leur déconvenue, enlèvent alors le village où les partisans du marabout essayent un simulacre de résistance et y font un énorme butin. Près de 600 femmes, un troupeau innombrable, des bagages et la bibliothèque du marabout tombent entre leurs mains. Cette bibliothèque, à laquelle il attachait un respect superstitieux, se composait de plusieurs centaines d'exemplaires du Coran, manuscrits ou imprimés, richement reliés, qu'il avait achetés dans ses voyages, ou qui lui avaient été donnés en présent par les princes musulmans.

Pendant que le nouvel Abd-el-Kader, privé de sa smala, s'enfuyait d'abord à Sénoudébou, puis dans le Dioka, nos soldats couraient au secours de Bakel toujours assiégé. Une première bataille s'engageait à Manahal, une seconde à Guemou et une troisième à Kemandao. Les révoltés, persuadés que nous ne leur accorderions aucun quartier, nous opposèrent une résistance désespérée. A la fin de mai seulement, Bakel fut délivré, et les villages insurgés réduits à l'obéissance. Près de trois mille nègres avaient payé de leur vie cette folle équipée. Aussi le renom de la France grandit-il d'autant plus que le danger avait été plus sérieux.

Tous les périls n'étaient cependant pas conjurés, car Mahmadou Lamine n'avait pas renoncé à la lutte. Il s'était installé à Dianah, la capitale du Dioka, et, persuadé que la France ne le poursuivrait pas à 250 kilomètres de Bakel, y continuait sa prédication et ses agitations. Il avait même l'audace d'envahir le Bondou, où il surprenait et décapitait notre vieil allié Omar-Penda. Peu à peu se formait contre nous un orage menaçant. Depuis septembre 1886, le nouveau gouverneur du Soudan français était le colonel Gallieni, qui, très au courant des pratiques indigènes, comprit la nécessité d'arrêter par un retentissant exemple toute velléité d'insurrection. Il organisa deux colonnes qui, partant d'Aroudou en aval de Kayes et de Diamon en amont, devaient, malgré les 150 kilomètres qui les séparaient, se rejoindre à jour fixe sous les murs de Dianah. Quand tout fut prêt, le 12 décembre 1886, les deux colonnes s'enfoncèrent en pays ennemi, diminuant chaque jour la distance qui les séparait. Mahmadou Lamine avait annoncé qu'il écraserait successivement les deux colonnes. C'était en effet la seule tactique à suivre, mais il ne sut prévenir leur jonction. Le 24 décembre la colonne qui avait traversé le Bondou se trouvait à Pétéboki, dernière étape désignée avant Dianah, quand elle entendit le canon de la seconde colonne qui avait traversé le Bambouck et attaquait le village de Saroudian. Nos soldats coururent aussitôt au secours de leurs camarades. Pris en queue et sur le flanc, les partisans du marabout n'eurent bientôt plus d'autre ressource que de s'enfuir dans la brousse. Les deux colonnes opérèrent leur jonction sur le champ de bataille, et, désormais réunies, marchèrent sur Dianah. Elles arrivèrent sous les murs de la place le 25 décembre, au jour précis qu'avaient prévu les instructions de Gallieni. Le prophète n'essaya même pas de résister et s'enfuit, avec ses derniers fidèles, dans la direction des comptoirs anglais de la Gambie.

Aussitôt commença la poursuite. Les ennemis, rapidement acculés, essayèrent de tenir tête sur le plateau de Kagiubé, mais ils furent promptement balayés par les feux de nos soldats et s'enfuirent dans toutes les directions. Quelques-uns d'entre eux, à l'arrière-garde, se firent bravement tuer, pour donner à leur chef aimé le temps de se mettre en sûreté. En effet, cette fois encore, notre insaisissable ennemi réussit à trouver un refuge chez les Sarrakolés de Tebekouto, dans le Niani qui confine aux possessions anglaises. Gallieni ne s'acharna pas à sa poursuite. Il se contenta de brûler Dianah, mais respecta les autres villages et toutes les récoltes. Il envoya même, avec des paroles de clémence, des émissaires aux indigènes qui avaient fui dans les bois. Ils furent écoutés, et, les uns après les autres, les gens du Niari, du Tiali, du Gamou, regagnèrent leurs demeures et acceptèrent notre protectorat.

Rien pourtant ne serait achevé tant que Mahmadou-Lamine tiendrait encore la campagne. Gallieni écrivit alors à tous les chefs de la contrée pour les menacer des vengeances françaises s'ils donnaient asile au marabout. Ces ordres impératifs furent exécutés. Un des fils du prophète, Soybou, qui avait essayé de soulever le Guidimacko, fut pris, les armes à la main, au gué de Dikakori, et fusillé avec les plus compromis de ses compagnons.

Mahmadou-Lamine à son tour était chassé de Tébékouto, attaqué et battu en rase campagne par les indigènes du Ouli, et obligé de se réfugier à Darsalanné, près du poste anglais de Mac-Carthy. Comme il ne s'y trouvait pas en sûreté, il se retrancha à Baracounda, sur la rive gauche de la Gambie, à environ 80 lieues de la mer. C'est là qu'une colonne, commandée par le capitaine Fortin, partie de l'embouchure de la Falémé, l'atteignit après une marche de plus de 200 kilomètres à travers un pays inexploré. Le 8 décembre 1887 Baracounda était pris et Mahmadou-Lamine tué. Cette mort nous donnait tout le bassin supérieur de la Gambie.

Les conséquences de ces dernières campagnes furent importantes. Au point de vue militaire il était démontré qu'on pouvait ravitailler une colonne engagée fort loin de sa base d'opération, et par conséquent ne plus se contenter de disperser, mais poursuivre à outrance et détruire tous les agitateurs nègres qui voudraient recommencer la lutte. Non seulement nos anciens établissements n'avaient plus rien à redouter, mais la frontière était reportée à 350 kilomètres au sud du Sénégal. La fertile province du Bondou était rattachée à notre influence, et nous nous rapprochions du Fouta-Djalon, de cette riche contrée destinée à devenir un des points d'appui de notre empire africain. Au nord nous devenions les voisins de la Mauritanie, dont l'occupation s'imposait comme une nécessité, et à l'est, puisque dorénavant nos derrières étaient assurés, nous étions libres de nous engager dans la direction du Niger, et de travailler à la formation de cet empire africain, désiré par tous ceux que pénétrait le sentiment du grand rôle que nous sommes appelés à jouer dans le continent noir.

IV. — Premières relations avec la Mauritanie

L'immense territoire qui s'étend du Sahara à l'Atlantique de l'est à l'ouest, du Sénégal au Maroc du sud au nord, est d'ordinaire désigné sous le nom de Mauritanie, bien qu'il ne soit pas peuplé uniquement par des tribus maures, et que ce nom de Mauritanie s'appliquât jadis à des contrées beaucoup plus étendues et baignées par la Méditerranée. Ce pays sans limites bien précises est encore peu connu. Pour plus de commodité, et par mesure transitoire, on est convenu de le diviser en quatre parties : 1° le Thamana avec ses annexes du Litama et du Guidimako, terrains alluvionnaires bordant le Sénégal, inondés pendant l'hiver, zone basse, limoneuse mais fertile que parcourent divers marigots, ceux des Maringouins, de Garak, de Sekhan, de Guedayo et de Kouni ; 2° la région des Dunes divisée en Aouker et Aoukaïa, grande plaine sablonneuse, à reliefs peu accentués, sauf par les collines d'Anaghuir Chergui et d'Anaghuir Aleg. Ce sont de grandes ondulations parallèles entre elles, et arrosées seulement par de rares puits ; 3° l'Aftouh, vaste désert, au sol imperméable, couvert pendant l'hiver de marécages formés par les eaux pluviales. Quelques massifs peu élevés de roches primaires y dessinent quelques vallées où se concentrent de rares cours d'eau qui aboutissent à des lacs, véritables cuvettes tantôt asséchées, tantôt marécageuses ; 4° la région montagneuse, où l'on distingue le Tinis, l'Adrar, le Regueiba et le Tagant. Le Tagant seul commence à être bien connu. C'est un massif, de 150 à 200 mètres de relief, qui se serait effondré en donnant naissance à de nombreuses failles. On y trouve de grandes mares, même des lacs fréquentés par des crocodiles, et des sources par bonheur intarissables. Quant à l'Adrar il forme une sorte de promontoire, aux flancs rocheux, couverts de maigres pâturages et sillonné de dunes juxtaposées et enchevêtrées sans ordre. Il y pleut rarement. On cite même des années où la pluie n'est tombée qu'un seul jour. En résumé triste pays, mais dont la situation fait une des étapes nécessaires aux caravanes du Maroc dans la direction du Sénégal ou du Niger.

Dans ces solitudes mauritaniennes vivent diverses tribus dont le chiffre total ne paraît pas dépasser 800.000 habitants. C'est un mélange d'Arabes, de Berbères et de Nègres, constitués en agglomérations nomades ou sédentaires, qui, jusqu'à présent, n'ont poursuivi qu'un but, maintenir leurs prérogatives et surtout leur indépendance. On distingue des tribus dites maraboutiques, les Trarzas, les Braknas, les Douaich, les Idouali et les Tadji Kant du Tagant, les Semassid de l'Adrar, qui paraissent avoir conservé la tradition d'une culture intellectuelle arabe, et des tribus guerrières, les Lebcidal, les Aleb et les Ouled Roualia du Tagant, les Ouled Ghcilave et les Ouled Bon Sba de l'Adrar qui vivent de la guerre et surtout du pillage. L'anarchie permanente, tel semble avoir été jusqu'à ces derniers temps le régime politique de la contrée. Dès lors aucun progrès social, aucune organisation, exploitation à peu près nulle des richesses du sol, la Mauritanie n'était-elle pas vouée à la stérilité, peut-être même à l'épuisement? Heureusement la France est intervenue, et de réels progrès commencent à être signalés.

Le Normand Jehan de Béthencourt, le conquérant des Canaries, paraît être le premier Français, qui, en 1405, débarqua sur les côtes mauritaniennes, sans doute non loin du Rio de Oro, non pas pour y fonder un établissement stable, mais pour y opérer une fructueuse razzia. Attirés par la richesse, depuis longtemps signalée, des pêcheries du banc d'Arguin, nos compatriotes essayèrent à diverses reprises, après les Portugais et les Hollandais, d'occuper divers points de la côte, surtout à Arguin et à Portendick, mais ces comptoirs n'eurent jamais grande importance et ils furent vite abandonnés. Quant à l'intérieur du pays, il restait toujours inconnu. On parle bien d'un matelot, Imbert, qui, dans les premières années du XVIIe siècle, jeté par la tempête sur la côte mauritanienne, se serait enfoncé dans le pays et aurait même pénétré jusqu'à Tombouctou, mais cette exploration n'eut aucun résultat pratique, pas plus d'ailleurs que le voyage des naufragés de *la Méduse* en 1817 qui essayèrent, en suivant les côtes, de gagner Saint-Louis, ou même que celui, beaucoup plus sérieux, de René Caillié, en 1828, qui traversa la Mauritanie de part en part, lorsque de Tombouctou il réussit à se rendre à Tanger. Nous ne citerons que pour mémoire le voyage de Léopold Panet, qui, en 1850, en passant par l'Adrar, alla jusqu'à la sebka de Zenmaour. Grâce à Faidherbe, le capitaine Fulcrand put étudier la région d'Arguin en 1861, Bourrel le pays des Braknas (1861), Mage le Tagant (1861) et Vincent l'Adrar. Soleillet en 1880 s'aventura dans le pays des Trarzas, mais ce n'étaient là que de simples reconnaissances ou des missions temporaires.

Un jeune explorateur, Camille Douls, espéra faire mieux. Il avait appris l'arabe et voulait se faire passer pour un marchand musulman, car il n'ignorait pas le fanatisme des tribus mauritaniennes, mais ces déguisements n'ont jamais réussi. En janvier 1887 il se fit débarquer par des pêcheurs canariens au cap Garnet, et s'enfonça bravement dans le pays. Surpris par des maraudeurs des Ouled-Deimr, enchaîné par eux, et fort maltraité, il ne dut son salut qu'à des prières arabes, qu'il eut la présence d'esprit de répéter. Un pèlerin de passage affirma qu'il était bien Musulman et d'origine turque. Dès lors il eut en quelque sorte droit de cité, et, pendant cinq mois, parcourut en toute liberté la région qui s'étend du Maroc à l'Adrar, prenant des notes, observant les coutumes, étudiant les ressources locales, mais il lui fut impossible de poursuivre sa route vers l'Adrar. Bientôt même il fut reconnu comme chrétien, de nouveau jeté dans un cachot, et il aurait été sacrifié sans l'entremise d'un consul anglais, grâce auquel il put rentrer à Mogador. Dès l'année suivante, avec une persévérance et un courage qui l'honorent, Douls reprenait son projet. Il s'était cette fois, et malgré les sages avertissements d'Henri Duveyrier, déguisé en pèlerin musulman et se rendit d'abord à Suez d'où, avec une caravane de Hadjis revenant de la Mecque, il gagna Tanger. Il avait pris le nom d'Abd-el-Malek, et s'était muni d'une recommandation du Chérif d'Ouezzan et d'un laisser-passer du Chérif marocain. Il était désormais interdit et même dangereux à ce prétendu hadji de donner directement de ses nouvelles. On a su depuis qu'il parcourut le Tafilet et se dirigea vers Aoulo dans le Tidikelt. A El Melass (janvier 1889) il dormait près d'un puits, à l'ombre d'un palmier, quand ses guides l'étranglèrent, puis le décapitèrent, et, bien entendu, pillèrent ses bagages. L'exploration de Douls n'a donc pas donné de grands résultats, mais son effort est méritoire et il doit figurer avec honneur dans le martyrologe des découvreurs de l'Afrique.

A la même époque, en janvier 1887, Charles Soller était investi d'une mission de recherches dans le Sahara occidental, entre le cap Juby et Mirick au sud du cap Blanc. Il devait étudier la région des pêcheries d'Arguin et essaya de détourner vers ce point le courant commercial du Maroc et du Sahara. La mission réussit, mais sans résultats pratiques. On connut mieux la contrée, mais on ne l'exploita pas davantage.

Le voyage de Belkassem ben Hadj Yakim ne fit également qu'étendre le champ des connaissances géographiques, mais sans conséquences politiques ou économiques. C'était un ancien spahi, puis tirailleur, de Milianah, qui s'avisa de déserter, et, de Kayes à Tiaret, pendant dix mois, sans aide, sans ressources et toujours à pied, réussit à traverser la Mauritanie, mais fut arrêté dès qu'on signala sa rentrée en Algérie.

Dès lors les excursions deviennent plus nombreuses. En 1889 Léon Fabert explora le pays des Braknas, et en 1890 celui des Trarzas. En 1891 il réussissait même à faire accepter le protectorat français par un des chefs de l'Adrar. En 1893 Gaston Donnet visita l'Adrar et parcourut la côte jusqu'au cap Juby. Peut-être eut-il le tort de décrire parfois des régions qu'il n'avait pas visitées, et de se contenter de renseignements sans précision. En 1900 le journal *Le Matin* ayant organisé une mission, dont il confia la direction au professeur Paul Blanchet et à ses collaborateurs Dereins et Jouinot-Gambetta, nos compatriotes entraient le 5 juin dans une des principales villes de l'Adrar, à

Atar, mais y étaient attaqués par la population, et obligés de subir deux jours de bataille, sans vivres et même sans eau. Ils ne furent sauvés que par l'arrivée de l'émir Ouled-Aïda, qui leur laissa la vie, mais les retint trois ans prisonniers. Ils ne furent relâchés que sur l'énergique réclamation du gouverneur de l'Afrique occidentale, mais Blanchet, épuisé de fatigue, était emporté par la fièvre jaune à Dakar (6 octobre 1904). Il n'y avait donc pas à se dissimuler que la contrée tout entière gardait encore son indépendance, et que la France ne l'avait pas sérieusement entamée.

Ce qui compliquait encore la situation, c'est que nous nous heurtions aux prétentions d'une puissance européenne depuis longtemps établie dans la vallée d'un des fleuves côtiers, le Rio de Oro, et qui réclamait pour elle toute la côte depuis le cap Bojador jusqu'au cap Blanc, y compris le banc d'Arguin, où, depuis longtemps, nos négociants, surtout Bordelais, cherchaient à établir des pêcheries. Un premier accord fut conclu en 1888. Il devint définitif par la convention du 17 juin 1900. L'Espagne gardait la côte qu'elle convoitait, mais abandonnait à la France tout l'hinterland, et renonçait à ses prétentions sur la côte et le banc d'Arguin. Au nord la frontière n'était pas déterminée, car le Maroc était dans le voisinage, et, comme de graves événements s'y préparaient, il était impossible de fixer avec précision les limites qui séparaient les possessions espagnoles et marocaines. A l'heure actuelle la question n'est pas encore tranchée, sinon en droit au moins en fait, mais il est probable que la France et l'Espagne, toutes deux intéressées à maintenir entre elles le bon accord, résoudront le litige dans un même esprit de modération et de courtoisie internationale.

Les Mauritaniens avaient profité de ce semblant de rivalité et surtout de la longue indifférence du gouvernement français pour se maintenir dans leur farouche isolement. Ils ne cachaient pas leurs sentiments de répulsion et on les savait disposés à s'unir à tous nos ennemis. Aussi bien les hostilités avaient déjà commencé, ou, pour être plus précis, elles n'avaient déjà cessé depuis le jour où nos soldats et nos colons s'étaient installés au

Sénégal. C'étaient surtout nos voisins immédiats de la rive droite du fleuve, les Trarzas, les Braknas et les Douaich qui se montraient intraitables. Ces Maures étaient répartis en une multitude de fractions commandées par des cheicks, mais obéissaient à un cheick suprême que les Européens qualifiaient un peu légèrement de roi. La plus importante de ces tribus était celle des Trarzas, dans le voisinage immédiat de Saint-Louis. Ils se nomment encore Abencerarzas, et se prétendent descendants des Abencerages de poétique mémoire. Les Braknas occupent la région moyenne du fleuve et les Douaich la région supérieure. Chez ces derniers se rencontrent les débris de la tribu Zénaga, qui a donné son nom au fleuve. Entre les Maures et les Nègres la haine est profonde et l'hostilité pour ainsi dire perpétuelle. Les Nègres, qui avaient pour eux le droit de première occupation et la supériorité du nombre, ont longtemps relégué les Maures dans le désert, mais ceux-ci ont fini par s'avancer de proche en proche, et par franchir le fleuve. Dès lors, enhardis par le succès, ils commencèrent contre les Nègres une véritable guerre d'extermination, que nous avons eu trop longtemps l'imprudence de permettre et presque d'encourager. Nous n'avions réussi par cette impolitique faiblesse qu'à nous aliéner les Nègres qui nous détestaient, sans nous attacher les Maures qui nous méprisaient.

En effet une des fautes les plus graves que nous ayons commises en matière coloniale fut de nous soumettre à des exactions et même à des humiliations presque quotidiennes de la part des tyranneaux indigènes. Nous ne nous étions révélés à eux que comme des marchands, et ils nous traitaient en marchands. A l'exception de Saint-Louis, de Bakel, de Gorée et de quelques autres comptoirs, nous n'étions nulle part les maîtres. Aucun terrain ne nous appartenait en droit et d'une manière définitive. Même à Saint-Louis nous étions censés sur le territoire du roitelet de Sor. Aussi, sous forme de cadeaux, nous fallait-il payer de véritables tributs, les fameuses coutumes, à ces misérables souverains, non pas seulement à eux, mais à des personnages secondaires et jusqu'à des esclaves, qui vivaient à nos dépens. Ces tributs n'étaient pas des actes de simple complaisance. Ils étaient consentis à perpétuité, avec les formes les plus solennelles, et sanctionnés par des lois spéciales. Or ces grotesques tyranneaux usaient et abusaient de leurs prétendus droits. Sous le moindre prétexte ils s'étaient arrogé le pouvoir de permettre ou de défendre à nos négociants d'entrer en relations commerciales avec leurs sujets. Nous avions beau redoubler de douceur à leur égard, ils se permettaient encore contre nous des vols et des violences de toute nature. Non seulement les Européens n'avaient pas le droit de remonter le Sénégal, mais les habitants de Saint-Louis, qui, seuls, jouissaient de ce privilège, ne pouvaient s'arrêter devant le moindre village sans payer auparavant la coutume. Malheur à qui tentait de se dérober à cette humiliante formalité! On saisissait à bord des navires portant notre pavillon les marchandises qui ne provenaient pas directement des escales autorisées, et qui, par conséquent, n'avaient pas payé la coutume. Voici comment le cheick des Trarzas avait fini par tarifer ses prétendus droits aux escales de son territoire : deux pièces d'une cotonnade bleue, nommée guinée, par mille kilogrammes de marchandises achetées, et deux autres pièces pour la même quantité de marchandises portées à Saint-Louis ; en outre deux pièces de guinée pour son repas, deux autres pièces pour sa bagatelle, c'est-à-dire pour son plaisir, une pièce et demie pour la bagatelle de la reine et autant pour celle du ministre. En cas de refus, on fermait la traite, et les relations commerciales étaient brusquement interrompues.

En résumé exactions de tout genre, outrages quotidiens, menaces d'expulsion, ce rôle ne convenait ni à notre dignité, ni à nos intérêts. Quelques fonctionnaires avaient bien demandé à se soustraire aux exigences de ces roitelets, et conseillé au gouvernement une politique plus conforme à son honneur et à ses traditions ; mais c'est à Faidherbe seul que revient le mérite d'avoir adopté une ligne de conduite énergique et rétabli le prestige de la France.

V. — Conquête de la Mauritanie

Nous n'avons pas à raconter ici les campagnes entreprises par le gouverneur contre les Maures. Elles furent pénibles et souvent dangereuses. Elles furent fécondes en épisodes glorieux pour nos armes, et aboutirent au refoulement des Trarzas et des Braknas sur la rive droite du Sénégal, et à une série de traités de neutralité. Désormais la sécurité fut assurée, le Onalo fut délivré, et la France, désormais sans inquiétude sur les incursions des Maures, put tourner son activité d'un autre côté. Quelques compagnies de tirailleurs suffirent pour maintenir l'ordre. Comme la religion était respectée, que l'on se contentait de la zekkat ou dîme sur les troupeaux, et d'une modique capitation de trois francs, comme de plus l'esclavage était aboli, les nomades devinrent promptement des agriculteurs. Profitant d'un sol riche en nitrates, ils y cultivèrent des champs et des prairies, où ils élevèrent de beaux troupeaux de bœufs, de moutons, de chevaux et de chameaux. Le commerce adopta des habitudes régulières, et Koufa la capitale des Trarzas, Aleg celle des Braknas, Kandi et plusieurs résidences ou postes prirent des allures de petites villes. Très rapidement les Maures s'habituèrent à cette vie nouvelle, et, bien que quelques énergumènes n'aient pas renoncé à leurs rêves, l'ordre parut définitivement établi.

Il ne l'était pourtant pas, car plusieurs tribus sauvages et ignorantes persistaient à considérer les coutumes comme une contribution obligatoire, et les roitelets maures étaient incapables de faire respecter par leurs sujets les traités qu'ils avaient signés. D'ailleurs il n'y avait pas que nos voisins immédiats les Maures sénégalais, dont il était nécessaire de surveiller les sourdes intrigues. Ceux de l'hinterland, surtout dans l'Adrar, ne cachaient pas leurs sympathies à l'endroit de nos ennemis, aussi bien les Toucouleurs d'Ahmadou que les Touaregs du Sahara. Peu à peu ils se haussaient dans leurs exigences et laissaient entendre que non seulement ils interdiraient à nos négociants, et à plus forte raison à nos soldats, les avenues de la région, mais encore augmenteraient les coutumes, c'est-à-dire les humiliations et les concessions mal déguisées. Il n'était que temps de mettre un terme à ces prétentions surannées, ou autrement la Mauritanie devenait un dangereux foyer d'agitation et un point d'appui pour tous nos ennemis africains. Ainsi que l'écrivait le gouverneur de l'Afrique occidentale, Roume, « notre pénétration en Mauritanie était la conséquence logique et nécessaire de notre Empire africain. Il importait au progrès et à la sécurité de l'œuvre de civilisation que nous poursuivions de ne pas laisser se perpétuer l'état de barbare anarchie, qui était une cause permanente de troubles et de dommages dans des régions depuis longtemps soumises à notre autorité, de violences et de crimes vis-à-vis de populations paisibles et laborieuses qui font appel à notre protection ».

Un homme était tout désigné, par ses travaux antérieurs et ses qualités personnelles, pour entreprendre cette œuvre difficile, Coppolani, un fonctionnaire colonial, qui avait une grande pratique des Musulmans, surtout pour ce qui concerne les confréries religieuses, et dont la compétence en matière islamique était reconnue. Il fut nommé, par arrêté du 12 mars 1903, délégué en Mauritanie du gouverneur général. Il connaissait déjà le pays. En 1898, envoyé par le général de Trentinian, il avait parcouru la Haute Mauritanie, puis le Sahel soudanais, et avait réussi à rallier à la France quelques tribus, surtout celle des Madjoufs Aoumelliniden. En 1903, investi de ses nouvelles fonctions, et résolu à n'agir tout d'abord que par la persuasion, il s'établit chez les Trarzas. En peu de temps, grâce à l'habile exploitation des rivalités qui divisent profondément les tribus maures, il créait différents postes à Sout el Mar près de Podor, à l'extrémité du lac Cayor, à Oleg, Monigi, Maï, M'bour, et même sur la côte à Nonackchott, l'ancien Portendick. En 1904, il passait au Brakna, et y obtenait les mêmes succès. La même année il prenait contact avec la plus puissante tribu du Tagant, les Idouaich. En 1905 il tournait son activité sur le Tagant, et préparait l'attaque de l'Adrar, centre principal de résistance. D'abord bien accueilli dans le Tagant, il s'établit en premier lieu à El-Haoussinia, puis dans la capitale même de la région, à Tidjikdja; mais cette soumission n'était qu'apparente. Les gens de l'Adrar étaient résolus à défendre leur indépendance. Un cheick mauritanien, en relations intimes avec nos ennemis du Maroc, Ma el Aïnin, soulevait de nouveau les tribus du Tagant, et, secondé par les gens de l'Adrar qui redoutaient notre voisinage, nous attaquait à l'improviste. Le Tagant n'était pacifié qu'au prix de deux combats, mais, le 12 mai, au moment où il allait se mettre en route pour l'Adrar, Coppolani tombait frappé mortellement dans un combat de nuit.

Sa mort, considérée par les Mauritaniens comme une grande victoire, fut suivie d'une attaque générale des dissidents de l'Adrar, aidés cette fois par des auxiliaires marocains. Ils remportèrent un premier succès à Niémélane et investirent Tidjikdja, ou plutôt Fort Coppolani, nouvelle désignation de la capitale du Tagant. Ce ne fut à vrai dire qu'une démonstration militaire, car une colonne de secours, envoyée du Sénégal sous les ordres du lieutenant-colonel Michard, dégagea promptement la place, et le colonel Montané-Capdebosq, successeur de Coppolani, réduisit à l'obéissance les révoltés du Tagant. Le moment semblait donc venu de venger la mort de Coppolani et le massacre de Niémélane, mais le gouvernement, mal inspiré, venait de décider de ne pas continuer la conquête et de se borner à garder les régions du sud déjà occupées.

Ce fut une faute. Nous n'avions plus alors qu'à marcher en avant. Le capitaine Arnaud venait de créer un nouveau poste à Kida entre Nioro et Fort Coppolani. En outre, pour mieux assurer notre sécurité, non loin du Cap Blanc, à Cansado, dans la baie du Lévrier, on commençait les travaux d'un port. Il semblait donc que, la conquête étant en bonne voie, il n'y avait plus qu'à la compléter en réduisant l'Adrar. De la sorte on dominerait le pays par le commerce, on assurerait la régularité des caravanes, on protégerait les comptoirs par des postes et on attirerait les Maures par les bienfaits de la paix : mais l'Adrar conservait encore son indépendance, et les tribus guerrières de la région non seulement pillaient, à peu près impunément, nos convois de ravitaillement, mais encore n'hésitaient pas à nous attaquer. Elles nous infligeaient même de sanglants échecs, à Akjoncht où était tué le capitaine Repoux, à El Moïnam, où tombait le capitaine Mangin. Pendant deux années, de 1906 à 1908, le colonel Montané-Capdebosq eut à traverser une pénible période. Chaque mois, chaque semaine fut marquée par d'incessantes attaques. Du 16 mars au 6 décembre 1908 on en compta 125, toutes parties de l'Adrar, et elles nous coûtèrent, sans parler de pertes incalculables en bétail, 3 officiers, 5 sous-officiers, 134 tirailleurs tués, 7 Français et 30 indigènes blessés. Aussi grandissait l'audace de nos ennemis, mais ils allaient se heurter à un chef résolu à faire respecter le pavillon français, et à montrer la même endurance et la même ardeur que lorsque, naguère, il s'emparait de Samory.

Le colonel Gouraud avait été appelé en novembre 1907 au commandement de la Mauritanie. On lui avait promis d'imposants renforts, car le gouvernement, comprenant mieux ses intérêts, avait enfin secoué son indifférence, et s'était déterminé à passer à l'offensive. D'ailleurs, il n'était que temps d'intervenir, car l'Adrar n'était pas entamé, et nos ennemis, abrités dans leurs montagnes où ils pouvaient à loisir préparer leurs coups, se croyaient sûrs de l'impunité. Montés sur de rapides méharis, secondés par tous les pillards du désert, ils choisissaient pour nous attaquer et leur temps et leur point. Le danger devenait sérieux. Tout montrait que nous n'arriverions jamais à assurer la paix, tant que nous n'aurions pas réduit à l'impuissance les remuantes tribus de l'Adrar.

Dans les premiers jours de décembre 1909, Gouraud mettait en mouvement la colonne expéditionnaire concentrée à Moudjéna. Il arrivait sans combat à Oujeft aux portes de l'Adrar. L'ennemi, d'abord surpris, essayait de nous barrer le chemin de sa capitale, Atar, mais il était bousculé à Amatil et à Hamdam, et Gouraud, après avoir opéré sa jonction avec le commandant Frérejean qui venait d'Akjonckt, entrait à Atar, et pour bien montrer aux dissidents notre ferme volonté de rester, aussi bien que pour mettre en sûreté nos approvisionnements, ordonnait la construction d'une solide citadelle. La lutte n'était pourtant pas finie, car les gens de l'Adrar étaient convaincus que nous nous contenterions de passer dans leur pays, et ils comptaient sur le secours du Maroc. En outre nous ne pouvions disposer que d'un nombre restreint de méharistes, et la poursuite des tribus rebelles était difficile : aussi nos troupes eurent-elles à traverser une rude période : nourriture médiocre, abris précaires par une chaleur torride qui atteignit 48° à l'ombre, perpétuel qui-vive, isolement, telles sont les dures conditions qu'elles eurent à subir, mais leur bonne humeur et leur dévouement ne se démentirent pas un seul instant.

Coppolani avait un jour écrit que « celui qui tiendra les palmeraies du Sahara, tiendra le désert ». Rien de plus vrai pour l'Adrar. Lorsqu'arriva l'époque de la récolte des dattes, la « guetna », les hostilités se rouvrirent pour la possession des palmeraies Grâce aux méharistes fraîchement remontés, et aussi aux nombreux partisans indigènes que nous avaient donnés nos premiers succès, nous fûmes partout victorieux. Le commandant Claudel, malgré des difficultés extraordinaires de marche, puisqu'il eut à supporter des températures de 56°, occupa Chinguetti et Ouadana, et continua la poursuite jusqu'à la frontière du territoire espagnol du Rio de Oro. Le capitaine Dupertuis au nord parvenait à Tourine, puis à la sebka d'Idjil, où bientôt le rejoignait Gouraud. Ma el Aïnin était réduit à s'enfuir au Maroc, où il allait essayer, mais en vain, de continuer la lutte, et, l'Adrar une fois pacifié, l'heureux vainqueur, appelé sur un autre théâtre, n'eut plus qu'à remettre le commandement à son successeur, le colonel Patey (décembre 1909).

Restait à consolider les résultats acquis. C'est à quoi s'employèrent les lieutenants Dufour et Mugnier-Pollet qui relièrent, par un itinéraire, à travers le désert, l'Adrar au nouveau port Etienne, sur la côte de l'Atlantique, qui remplaçait Cansado ; (mars 1910) le lieutenant Labonne qui, en 1911, explora la Mauritanie orientale ; le lieutenant Schmitt et l'ingénieur

Chudeau qui, en 1911, pénétrèrent de l'Atar au delà d'Idjil, à Atabeni et à Tenouaka, dans l'hinterland du territoire de Rio de Oro, où les Espagnols n'avaient pas encore paru et de là se rendirent à Port-Etienne. En même temps le colonel Patey, par une marche hardie, rejoignait à Tichit la colonne Roulet qui arrivait de Tombouctou, et reliait ainsi nos possessions mauritaniennes et soudanaises (1911). La position de Tichit était définitivement occupée en janvier 1912 après la défaite des dissidents et la capture du sultan de l'Adrar. Enfin en 1913 le colonel Mouret se lançait à la poursuite d'un rezzou, au nord de l'Adrar, par Idjil, jusqu'au Seguiet el Haoura, et, après une course de 1.800 kilomètres, s'emparait de Smara, dans le Rio de Oro, la dernière citadelle d'un adversaire acharné, El Heïba, forcé, comme le furent tous nos ennemis, à chercher un refuge au Maroc, où il allait être traqué et réduit à l'impuissance.

Au point de vue militaire la situation est donc aussi bonne que possible. Les Mauritaniens semblent avoir renoncé à la lutte, et commencent à comprendre qu'ils ont tout avantage à changer leurs habitudes de pillage et de nomadisme contre une vie régulière et sédentaire sous la protection de notre drapeau. Il y a sans doute encore bien des progrès à accomplir, mais les prédications fanatiques ont cessé. Les villages remplacent déjà les tentes, et les champs commencent à être cultivés. Ce n'est jamais du jour au lendemain qu'un peuple renonce à des habitudes plusieurs fois séculaires, mais que d'améliorations obtenues en peu de temps, et combien l'œuvre civilisatrice de la France est-elle, malgré des imputations mensongères ou des calomnies intéressées, profitable et grandiose !

Sur un point de la côte, à Port-Etienne, ces progrès sont faciles à constater. On savait depuis longtemps que le banc d'Arguin, tellement les poissons et surtout les crustacés y étaient abondants, pouvait devenir un second banc de Terre-Neuve. Nombre d'auteurs, nous ne citons ici que leurs noms, Claude Jannequin, Lemaire, P. Martin, Dilloy, le Père Labat, Glass, Viera, Corréard, Savigny, l'amiral Roussin, d'Avezac, Balbi, Aube, Raffenel, Roche, Lallemand, Taquin, Famin, avaient déjà signalé la richesse exceptionnelle de ces bancs, et engagé le gouvernement à en profiter. Faidherbe en 1859 essaya d'y restaurer nos anciens établissements d'Arguin et de Portendick, ou d'en créer de nouveaux, mais les officiers qu'il y envoya, Aube et Fulcrand, après avoir visité et étudié le terrain, proposèrent de renoncer à Arguin et de s'établir plutôt dans la presqu'île du cap Blanc et spécialement dans la baie du Lévrier. Des conclusions identiques furent adoptées par de nouveaux explorateurs, Aubert en 1894, Buchard en 1894, et de Francq en 1896. En effet on abandonna Arguin pour songer sérieusement à un lieu plus sûr, protégé par le cap Blanc. La mission Gruvel et Bouyat en 1905 confirma toutes les espérances. On constata la présence d'innombrables bandes de poissons, qu'il était relativement aisé de saler, de mettre en conserve ou même de vendre frais grâce à des procédés frigorifiques. Dès l'année 1906 une nouvelle mission Gruvel, Terrier et Gérard, après avoir créé une sécherie à Nouachkott, commença des travaux d'installation dans la baie dite du Repos, et de grands travaux s'exécutèrent à Port-Etienne. Là encore ce ne sont que des germes déposés, mais qui ne peuvent qu'être fécondés.

En résumé la Mauritanie est une possession trop récente et encore trop peu connue pour qu'on puisse donner sur elle des précisions, mais, par les résultats déjà acquis, on peut préjuger de l'avenir qui lui est réservé. Voici d'ailleurs un document officiel qui permet de concevoir de larges espérances. Les recettes et les dépenses du budget annuel du territoire civil de la Mauritanie, pour l'exercice 1915, ont été définitivement arrêtées comme suit : recettes 1.783.512 francs, dépenses 1.496.172 francs, soit un excédent de recettes de 285.236 francs, qui a été incorporé aux recettes ordinaires du budget général de l'Afrique Orientale française. Si, en si peu d'années, les progrès ont été si considérables, n'avons-nous pas le droit de conclure que la Mauritanie ne sera jamais une charge, mais au contraire un accroissement de puissance et de richesse pour la France !

CHAPITRE V

LA CONQUÊTE DU SOUDAN

I. — Travaux d'approche dans le bassin du Niger

L'idée de joindre le Sénégal au Niger par une série de postes à la fois commerciaux et politiques n'est pas une idée nouvelle. André Brue, au XVIIIe siècle, avait déjà essayé de la réaliser. Faidherbe reprit ce grand projet, qui était en quelque sorte le couronnement de ses entreprises antérieures; mais ce n'est que dans les dernières années du XIXe siècle que du domaine théorique on passa dans la réalité, et qu'une série d'explorations hardies et de campagnes heureuses nous permit de fonder dans le bassin du Niger un véritable empire.

Nous ne saurions oublier les ouvriers de la première heure, et en première ligne le lieutenant de vaisseau Mage et le Dr Quintin, qui, dès 1864, réussirent à imposer au fils de notre ancien adversaire du Sénégal, Al Hadj Omar, au maître de Ségou, Ahmadou, un traité d'alliance, qui resta lettre morte. Paul Soleillet, en 1878, ne fut pas plus heureux; car, si on le laissa librement circuler, prendre des notes et recueillir des renseignements, on ne lui permit pas de pousser jusqu'à Tombouctou : d'ailleurs il était dénué de ressources, et le gouvernement, mal éclairé sur la valeur de cet intrépide aventurier, lui retira tout appui. Il était temps néanmoins d'indiquer résolument non plus par des tentatives isolées, mais par des actes énergiques que nous voulions étendre l'influence et au besoin la domination française dans la vallée du Niger. Les circonstances, il est vrai, se prêtaient alors à l'exécution de ce projet. Al Hady Omar était mort, et les héritiers de ce fondateur d'empire se disputaient âprement ses dépouilles. La guerre civile était comme en permanence dans ses anciens États et se compliquait de la guerre religieuse entre fétichistes et Musulmans. C'est dans cette mêlée confuse de religions et de nationalités que nous allions nous engager, sans seulement bien connaître nos amis et nos ennemis. Le plus dangereux de ces ennemis, car il était caché, était le sultan de Ségou, Ahmadou. Il nous accablait de ses protestations d'amitié, mais au fond il nous détestait et cherchait sous main à nous nuire. Quant aux chefs indigènes, restés fidèles au fétichisme, et par conséquent ennemis désignés d'Ahmadou, ils auraient dû être nos alliés naturels, mais ils se défiaient de nos relations avec leur persécuteur, et se tenaient sur une réserve qui pouvait, un jour ou l'autre, se convertir en hostilité. Il était donc fort difficile de savoir quelle politique adopter. Haine mal dissimulée des uns, défiance des autres, à vrai dire la France avait tout le monde contre elle. Qu'importe ! Le temps était venu de l'action. On se décida à aller de l'avant.

Une mission fut alors organisée à Saint-Louis. Il s'agissait avant tout de créer, plus loin que Médine, un nouveau poste d'où rayonnerait notre influence, où nous pourrions concentrer nos moyens d'action, même de résistance, et qui deviendrait une étape dans la conquête pacifique de la région. On se décida pour Bafoulabé, au confluent du Bafnig et du Bakoy, à peu près au quart de chemin entre Médine et le Niger. Le capitaine d'infanterie de marine Gallieni fut chargé de cette délicate mission. Il devait, sur son chemin, pacifier les tribus du Logo et du Natiaga, tâcher de conclure avec leurs chefs des traités avantageux, et étudier le prochain emplacement de la voie. Le 12 octobre 1879 il arrivait à Bafoulabé, et y trouvait tous les chefs Malinkés de la région, assemblés pour assiéger dans la citadelle d'Oulaba le renégat Tiecoro, vassal d'Ahmadou. Le capitaine leur exposa ses projets qui consistaient à construire un poste fortifié à Bafoulabé et à établir un chemin de fer à travers le pays. Les chefs Malinkés acceptèrent avec empressement cette double proposition. Aussitôt Gallieni signa avec eux une série de traités en vertu desquels, dès le 21 décembre 1879, commencèrent les travaux de construction d'un fort à Bafoulabé. Ces travaux furent poussés avec tant d'activité qu'au 30 janvier 1880 les fossés étaient déjà creusés et les murailles debout, ainsi que les magasins et les casernes. Bafoulabé pouvait résister à une attaque de vive force, et, par cette rapide prise de possession, nous avancions dans la direction du Niger.

Restait à gagner le Niger, et, sur le Niger, le point le plus rapproché, Bamakou. Gallieni avait si bien réussi dans sa première mission qu'on n'hésita pas à lui en confier une seconde. Le capitaine Pietri, qui avait déjà fait ses preuves au Sénégal, le lieutenant Vallière qui venait d'improviser la ligne télégraphique de Médine à Bafoulabé, les Drs Bayol et Tautain chargés plus spécialement des observations scientifiques, lui furent adjoints comme auxiliaires. Le but de la mission était d'explorer la région à peu près inconnue qui sépare Bafoulabé de Bamakou, de créer, si possible, un nouveau poste fortifié et d'établir des relations pacifiques avec les chefs indigènes, surtout avec le plus puissant d'entre eux, Ahmadou.

Le 30 janvier 1880, départ de Saint-Louis ; le 22 mars, arrivée à Médine, et quelques jours après à Bafoulabé. Les chefs Malinkés ne paraissaient pas mécontents de l'établissement du fort. Ils renouvelèrent les traités par lesquels ils se soumettaient au protectorat exclusif de la France.

A partir de Bafoulabé on entrait en pays inconnu. A cause de la guerre qui la ravageait depuis si longtemps, la contrée offrait peu de ressources. Les populations, néanmoins, se montraient sympathiques et partout nos compatriotes étaient bien accueillis. Chemin faisant, ils étudiaient le tracé de la voie future, et signaient des traités avec les roitelets indigènes, notamment avec ceux de Fangallo (10 avril), de Gouniokoro (14 avril), de Makadambougou (19 avril). Le 20 avril ils arrivaient au rocher de Kita. C'est un poste à la fois stratégique et commercial, le point de convergence des routes de caravane entre le Haut Niger, le Haut Sénégal et le Sahara. Tout le massif est couvert d'une végétation rabougrie, qui donne asile à des milliers de singes. Ces animaux virent arriver nos compatriotes avec peine. A diverses reprises ils troublèrent nos travaux. Ils semblaient défendre un des sanctuaires de la race. Ce qui fait l'importance de Kita c'est la salubrité de la température. Le grand obstacle à notre domination dans le Sénégal ayant été jusqu'à présent la rigueur du climat et la difficulté pour les Européens de se défendre contre les ardeurs dévorantes du soleil, il est certain qu'un simple séjour à Kita suffirait pour leur rendre la santé. C'est ainsi que les Anglais établis dans l'Hindoustan réussissent à s'y maintenir en se transportant, dès qu'ils ressentent les premières atteintes de la maladie, dans les fraîches vallées de l'Himalaya. Kita pourrait de la sorte devenir le grand sanatorium de l'Afrique occidentale. De plus, à cause de sa situation géographique, on y établirait des marchés et des foires, et on en ferait le centre de la défense militaire de la région. Ces considérations déterminèrent Gallieni à négocier avec le chef de Kita la cession d'une partie de son territoire pour y bâtir un fort et une station. Après force palabres un traité fut en effet conclu (25 avril 1880), et aussitôt commencèrent les travaux d'installation.

A Kita commence le Bambarra, pays resté en dehors de la civilisation, et dont les habitants avaient jusqu'alors repoussé toutes nos avances. La population y était en partie composée de fétichistes, qui avaient eu beaucoup à souffrir des Musulmans, et surtout de leurs derniers chefs, Al Hadji Omar el Ahmadou. Or ces nègres, ainsi que toutes les races primitives, n'admettaient ni tempéraments, ni accommodement. Ils se défiaient de ces Français qui se prétendaient leurs amis et pourtant avouaient que le but de leur voyage était Ségou, la capitale d'Ahmadou, le Sultan abhorré. Il n'était donc pas possible d'ajouter foi à leurs déclarations, et, malgré leurs armes redoutables, malgré leur tactique savante, il fallait s'en débarrasser à tout prix. Aussi de jour en jour l'attitude des indigènes, devint-elle hostile.

Le 5 mai, à Guisoumalé, ils ne consentirent à fournir des vivres que parce que le Dr Bayol leur donna des consultations gratuites, et excita leur étonnement par les décharges d'une pile électrique. Le lendemain 6, à Ouoloni, l'accueil était froid et embarrassé, et le chef refusait des vivres. Le 7, il fallut camper dans une forêt. Le 8, à Guinina, femmes et enfants avaient disparu. Seuls restaient les hommes et ils étaient tous armés. Sans la ferme attitude de nos officiers l'attaque aurait eu lieu pendant la nuit. Le 11 mai, serrés de près par les indigènes dont le nombre grossissait d'heure en heure, les Français venaient de quitter le village de Dio et de s'engager dans un terrain fourré. Le guide marchait en avant, mais on remarquait que, contrairement à l'usage des nègres qui vont toujours droit devant eux, il faisait souvent changer de direction à la colonne. De plus un sourd grouillement sortait des villages, et les herbes s'agitaient. Tout à coup, sur les derrières de la petite troupe, éclate une vive fusillade. Ce sont les gens de Dio, d'Ouoloni, de Guinina, de vingt autres villages qui nous attaquent dans l'espoir de nous exterminer et de piller nos bagages. Le premier choc fut rude. Le Dr Tautain, qui commandait l'arrière-garde, se réfugia dans des ruines, y organisa la résistance, parvint à rallier tout son monde et rejoignit Gallieni, mais quatorze hommes manquaient à l'appel et presque tous les autres étaient blessés. On les hissa sur les bêtes de somme au détriment des bagages, et on précipita la marche dans la direction du Niger, dont on était encore éloigné de soixante-dix kilomètres; mais l'avance était difficile dans un pays accidenté et peu connu. Par bonheur, les indigènes ne se battent pas pendant la nuit, mais ils suivirent la colonne jusqu'au moment où elle aperçut le fleuve, et cela sans cesser de tirailler. Gallieni ne fut sauvé que par le dévouement des Sénégalais qui, à diverses reprises, le couvrirent de leur corps. Pietri et Vallière étaient déjà arrivés à Bamakou. Ils coururent à la rencontre du chef de l'expédition. La colonne présentait alors un aspect peu triomphal. Tous les bagages étaient perdus. On n'avait plus de médicaments, plus de vêtements de rechange. Le Dr Bayol n'avait plus qu'un méchant canif pour extraire les projectiles. Il était donc nécessaire de hâter la marche sur Ségou pour se rabattre sur Saint-Louis.

Aussi bien, malgré la débandade de Dio, on avait obtenu de beaux résultats. Les vallées du Bakoy et de la Baoulé étaient reconnues. Kita avait accepté notre protectorat, et la mission avait conservé son caractère pacifique.

Le 15 avril, le Niger était franchi, non loin de Nafadié. C'est alors un beau fleuve de 750 mètres de large, rempli d'îles et bordé sur les deux rives de belles plantations. Gallieni espérait arriver jusqu'à Ségou, mais Ahmadou était prévenu contre lui. Ne lui avait-on pas persuadé que le commandant avait le mauvais œil ! Aussi était-il résolu à interdire l'entrée de sa capitale à ce jettatore inconscient ! Il lui donna pourtant tout ce dont il avait besoin, sauf du papier, car il ne voulait pas que les Français prissent des notes ou des levés de terrain. C'est dans le village de Nango que nos compatriotes furent obligés de passer l'hiver, et il fut terrible à cause des fièvres et du dénuement général. Après quatre mois d'hésitation, et sur la nouvelle que les Français s'établissaient décidément à Kita, Ahmadou se décida enfin à signer avec notre représentant un traité qui devait opérer une révolution dans nos relations avec les peuples du Niger. En voici les clauses principales : 1° La France aura le droit exclusif de s'établir et de fonder des comptoirs dans tout le Ségou. 2° Elle pourra améliorer les routes et ouvrir des voies commerciales vers le Haut Niger. 3° Le Niger est placé sous le protectorat exclusif de la France depuis ses sources jusqu'à Tombouctou. 4° Un résident français sera établi à Ségou. 5° Ahmadou recevra quatre canons de campagne, mille fusils à pierre, et une rente d'environ vingt-cinq mille francs.

Dans cette première exploration on n'avait en quelque sorte qu'ébauché les grandes lignes. Il était nécessaire de compléter cette prise de possession, d'abord en étudiant avec soin la contrée soumise à notre protectorat, puis en faisant respecter partout et en toute circonstance le pavillon national. De là deux sortes d'entreprises, les unes d'un caractère scientifique, destinées à étendre le champ de nos connaissances et à préciser nos renseignements sur les ressources de la contrée ; les autres, d'un caractère plus politique, destinées à augmenter le respect dû à la France et à l'imposer au besoin.

II. — En marche vers le Niger

Les premières opérations furent particulièrement heureuses. Elles avaient été confiées à des officiers déjà acclimatés. En 1880, le commandant Derrien étudia le Bàkoy, arriva jusqu'à Kita, mais ne put atteindre le Niger à cause d'une révolte des indigènes. Au moins réussit-il à dresser six cartes et de nombreux plans et levés. De 1881 à 1882, une seconde mission, dirigée par les capitaines Henri et Delanneau, compléta ces premières études par de nouveaux renseignements. Une troisième mission topographique, commandée par le capitaine Bonnier, poussa jusqu'à Tombouctou, et rédigea sept nouvelles feuilles.

Ces travaux furent difficiles, dangereux même, non pas à cause de l'hostilité des indigènes, mais parce que nos officiers opérèrent souvent sous un soleil de feu, tantôt gravissant des pentes à travers des fourrés impénétrables, tantôt stationnant des heures entières sur des rochers dénudés, afin d'obtenir une triangulation exacte. Ce sont là les conquêtes de la science, moins brillantes mais aussi pénibles et plus profitables que celles de la guerre.

Il est vrai que la France ne renonçait pas pour autant à établir son prestige par les armes. Le moment semblait d'ailleurs bien choisi pour intervenir. La domination d'Ahmadou était en pleine décadence. Les meilleurs de ses soldats, après avoir ravagé et épuisé les provinces conquises, se rapprochaient de Ségou, et ne tenaient plus garnison qu'à Dinguiray, Mourgoula et Koundian. Quant aux vaincus, ils commençaient à relever la tête et espéraient une prochaine délivrance. Le rôle de la France était dès lors tout tracé : précipiter la chute d'Ahmadou, grouper autour de notre drapeau ceux des indigènes que nous pourrions nous attacher par les liens multiples de la reconnaissance et de l'intérêt, et ne pas hésiter à briser les résistances que nous rencontrerions : telles étaient les grandes lignes de la politique à suivre ; tels furent les principes auxquels nous avons rigoureusement subordonné nos actes.

Dès 1880, alors que Gallieni attendait encore à Nango, le bon vouloir d'Ahmadou, le colonel Borgnis-Desbordes avait été chargé d'opérer dans le Haut Sénégal une reconnaissance militaire. Les préparatifs de l'expédition furent longs, car il fallait tout emporter avec soi dans les régions dévastées qu'on allait traverser. La colonne, partie de Médine le 27 décembre 1880, n'arriva à Bafoulabé que le 17 janvier 1881. Elle traversa aussitôt le Bafing sur des pirogues, difficile transbordement qui demanda quatre jours, passa le Bakoy, et parvint à Kita le 9 février, sur le terrain acquis par Gallieni un an auparavant. Aussitôt nos soldats s'improvisèrent ouvriers et la construction du fort fut rapidement menée. Pour ceux qui nient les aptitudes merveilleuses de notre race aux durs labeurs de la colonisation, il suffirait de leur rappeler les prodigieux travaux accomplis par nos soldats à Kita. Ils transformèrent des affûts de canons en voitures pour le transport des matériaux : ils enlevèrent les fers des chevaux et des mulets pour fabriquer les instruments qui leur manquaient : ils débitèrent, avec de minuscules outils, d'énormes pièces de charpente. Aussi Kita devint-elle rapidement une imposante forteresse, qui leur assurait une retraite en cas d'insuccès, et leur permettait de pousser plus avant dans la direction du Niger.

Les indigènes, excités sous main par les émissaires d'Ahmadou et encouragés à la résistance par un chef, dont personne encore ne soupçonnait les projets ou la puissance, Samory, ne tardèrent pas à engager les hostilités. C'étaient surtout les gens de Goubanko, village situé à 10 kilomètres au sud de Kita, qui se signalèrent par leur audace. Ils s'étaient déjà compromis par leur attitude à l'égard de la mission Gallieni. Quand ils se crurent suffisamment forts grâce aux pillards qui les avaient rejoints, leur chef, suivant l'usage africain, fit hisser sur un grand arbre un poulet avec une pierre au cou, annonçant ainsi que tous les Français qui dépasseraient cette limite auraient le même sort. Un exemple devenait nécessaire, d'autant plus que nos communications avec Saint-Louis venaient d'être coupées par un chef sénégalais, Abdoul-Boubakar, et que la famine devenait menaçante. On agita la question de faire sauter Kita et de revenir en arrière. C'eût été un recul lamentable et la ruine de tous nos projets d'avenir. Borgnis-Desbordes, bien inspiré, aima mieux se dégager et marcha contre Goubanko. Il n'avait sous ses ordres que 180 tirailleurs, 70 ouvriers, 25 spahis et 4 canons. Le feu commença à 7 heures du matin et dura jusqu'à midi. Nous n'avions plus que trois coups à tirer lorsque enfin la brèche fut ouverte et la citadelle emportée.

La chute de Goubanko eut un grand retentissement. Non seulement tous les chefs du voisinage firent leur soumission, mais encore Ahmadou, qui n'avait pas encore signé le traité de Nango et retenait Gallieni auprès de lui, s'empressa de terminer les négociations et de renvoyer les représentants de la France. Abdoul-Boubakar, le chef des insurgés sénégalais, prit peur, et laissa libres des passages du fleuve. Les communications avec Saint-Louis furent aussitôt rouvertes. De nouveau, circulèrent les caravanes. Kita put respirer, et Borgnis-Desbordes, reprenant ses projets contre le Soudan, organisa une expédition, cette fois offensive, pour atteindre le Niger.

Il s'agissait de faire, pour la région comprise entre Kita et Bamakou, ce qui venait de réussir pour la région comprise entre Bafoulabé et Kita. Or, non seulement les indigènes ne nous étaient pas favorables, et nous allions nous heurter contre la résistance désespérée du maître de Segou, mais encore nous entrions en contact avec Samory, le nouveau maître de l'Ouassoulou, auquel ne manquaient ni le courage du conquérant, ni les talents de l'administrateur. Nous ne nous doutions pas des difficultés de la lutte qui s'engageait, et c'est vraiment miracle que nous ayons remporté la victoire.

La petite armée ne put entrer en campagne que le 22 novembre 1882. Elle ne se dirigeait ni contre Samory, ni contre Ahmadou, mais contre une des citadelles qui obéissaient encore à Ahmadou, contre Mourgoula, la capitale du Birgo, à mi-chemin entre Kita et le Niger. Le chef de Mourgoula, Abdallah, avait réuni autour de lui tous les bandits Toucouleurs restés disponibles après les grandes guerres d'Al Hadji Omar et d'Ahmadou. Il se maintenait par la terreur et par les exactions. Des cinquante villages qu'on comptait dans le Birgo avant son arrivée, huit étaient encore debout, et ils étaient en ruines. Mourgoula était elle-même presque démantelée. Des trois enceintes qui, jadis, l'entouraient, la première était en mauvais état; la seconde, de forme rectangulaire, flanquée aux angles de quatre grosses tours, était plus soignée; la troisième formait comme le donjon de ce château féodal; mais 200 soldats seulement défendaient la place, et il en aurait fallu plus de 1.000, rien que pour défendre la première enceinte. Abdallah ne se dissimulait aucun des dangers de la situation, mais il était résolu à défendre jusqu'à la dernière extrémité le poste d'honneur qu'on lui avait confié. Borgnis-Desbordes ne pouvait laisser en arrière une citadelle où, en cas d'insuccès, tous les ennemis de la France auraient couru l'attendre au passage. En sept jours furent franchis les 130 kilomètres qui séparent Kita de Mourgoula. La forteresse Toucouleur ouvrit presque aussitôt ses portes. Nous n'avions plus qu'à pousser droit au Niger.

Une autre citadelle indigène nous barrait encore le passage : Daba, où s'était enfermé le Bambara Nampa, celui qui avait organisé le pillage de la mission Gallieni. Très fier de ce succès, il avait hissé sur les murs les deux pierriers et les deux espingoles enlevés dans la déroute. Possesseur de ces armes qui assurent la victoire, il se vantait d'exterminer les Blancs assez hardis pour s'approcher du Niger. De fait, la résistance fut sérieuse. Nos canons n'entamaient qu'avec peine le mur qui entourait la ville, et auquel étaient adossées des maisons avec solives et poutres en bois. La brèche ne fut ouverte qu'au deux cent quatorzième boulet, et lorsque la colonne d'assaut, conduite par le capitaine Combes, pénétra dans la ville, il fallut faire le siège des maisons. Les Bambaras se firent bravement tuer. Nampa et sa famille donnèrent l'exemple et périrent les armes à la main. Nos pertes furent cruelles. Presque tous les officiers qui avaient pris part à l'assaut furent blessés. Le soir même de la victoire, on rendit aux morts les honneurs suprêmes. Le bois des cases écroulées forma le bûcher funèbre dans lequel on jeta les cadavres pour leur éviter une profanation, car on les aurait déterrés après notre départ — les os des blancs passant pour communiquer aux amulettes, une vertu toute particulière. Les survivants de Daba s'étaient enfuis dans les villages voisins, mais ils furent poursuivis par le capitaine Combes. Un des prisonniers se signala par son courage. Il refusa obstinément d'indiquer la retraite d'un des chefs échappés au carnage. Conduit devant le peloton d'exécution, il resta inébranlable. Relâché par Borgnis-Desbordes, il avoua quelques jours plus tard qu'il connaissait la retraite de son chef, mais qu'il serait mort avant de l'indiquer. De pareils traits honorent les Bambaras. Ce ne sont pas des adversaires indignes de la France, et ils peuvent devenir, ils sont devenus d'utiles alliés.

Nous ne devions plus rencontrer de résistance jusqu'au Niger. Ouoloni, Guinina, Dio, tous les villages dont les habitants avaient pris part au pillage de la mission Gallieni, n'essayèrent même pas un simulacre de résistance. Ils rendirent les objets volés restés en leur possession et se soumirent à nos réquisitions. Il est vrai que Borgnis-Desbordes ne se montra pas trop sévère dans ses revendications. C'est ainsi qu'il arriva à Bamakou, le 1er février 1883, sans être inquiété.

Deux tribus rivales, les Soumanas, cultivateurs et guerriers, et les Niarès, commerçants et marchands, surtout d'esclaves, se disputaient alors Bamakou. Les Soumanas étaient disposés à bien accueillir les Français. Les Niarès, que nous gênions dans leur négoce, penchaient, au contraire, pour Ahmadou. Ils n'osaient pas se prononcer ouvertement, mais ils instruisaient de nos faits et gestes et le sultan de Ségou et même Samory. Ils essayèrent de nous prendre par la famine et refusèrent de nous céder des vivres en échange de nos monnaies, que pourtant ils connaissaient bien. Borgnis-Desbordes se contenta de les menacer de réquisitions et le service des subsistances fut aussitôt assuré.

Bamakou était alors en décadence, car, depuis une vingtaine d'années, la guerre avait fermé ses débouchés et tari ses sources d'approvisionnement. C'est pourtant à Bamakou que Borgnis-Desbordes se décida à fonder notre premier établissement sur le Niger, à cause de sa position stratégique, à l'endroit où le fleuve commence à être navigable.

Le 7 février 1883, entouré de tout le corps expéditionnaire, il posait la première pierre d'un fort et prenait possession, au nom de la France, de toute la région environnante. « Nous tirerons onze coups de canon, disait-il à ses soldats, pour saluer les couleurs françaises flottant sur les bords du Niger. Le bruit que font nos petites bouches à feu ne dépassera pas les montagnes voisines, et cependant, soyez-en convaincus, on en entendra l'écho bien au delà du Sénégal. Tous les Français qui mettent au-dessus de tout la grandeur et l'honneur de leur pays applaudiront sans réserve à ceux de leurs compatriotes qui, à force d'énergie, de courage, d'abnégation, de discipline, se sont montrés, malgré toutes les difficultés qu'ils ont rencontrées, à la hauteur de la grande œuvre de civilisation, dont l'exécution, décidée par le Parlement, leur a été confiée. »

En 1879, Soleillet descendait presque seul le Niger. En février 1883 une petite armée française campait sur les bords de l'immense fleuve. Que de progrès accomplis en quatre années, et quel n'était pas l'avenir réservé à la France dans l'Afrique occidentale, si elle ne laissait pas échapper le merveilleux instrument de grandeur et de renaissance coloniale, que notre bonne fortune mettait de nouveau entre nos mains!

III. — La résistance d'Ahmadou

Lorsque, en février 1883, les Français occupèrent Bamakou sur le Niger, une ère nouvelle s'ouvrit dans l'histoire du Soudan. Nous arrêterions-nous sur les rives du grand fleuve, ou bien, profitant des divisions intestines et de la décadence des États africains, chercherions-nous à les soumettre à notre protectorat, prolongeant ainsi les limites de nos possessions, et laissant le champ libre à toutes les espérances comme à toutes les ambitions? Il est plus que probable que personne alors, ni parmi nos officiers, ni parmi nos administrateurs, ne se doutait de l'immensité de l'entreprise dans laquelle nous nous engagions. Si on avait soupçonné soit les difficultés, soit les dangers, peut-être aurait-on reculé, mais les circonstances se prêtèrent au développement successif de la conquête, et toutes ces principautés africaines, dont on connaissait à peine l'existence, sont devenues, les unes après les autres, des provinces de l'empire franco-africain.

A vrai dire quand nous arrivâmes à Bamakou, nous n'avions que des notions confuses sur le pays qui s'ouvrait devant nous. Ahmadou, le sultan de Ségou, passait alors pour le plus redoutable de nos adversaires. Les autres États indigènes, Ouassoulou, Macina, Mossi, Kandougou, Kong étaient à peu près ignorés. Tombouctou, Gao, Djenné, Say, Sikasso étaient des villes de légende. On ne connaissait les royaumes musulmans qui bordent le lac Tchad, le Sokoto, le Damergou, le Baghirmi, le Ouadaï que par les rapports imprécis de quelques rares voyageurs. Le lac Tchad, le Niger et ses affluents n'étaient même pas déterminés. C'est dans cette mêlée de principautés rivales, au milieu de ces intérêts contradictoires que nous pénétrions à l'improviste, sans plan arrêté, sans direction, sans notions exactes, ayant à lutter non seulement en Afrique contre des adversaires résolus, mais encore en France, contre les ennemis irréductibles de toute entreprise coloniale. Nous avons pourtant triomphé de toutes les résistances, et, en moins de vingt ans, fondé le glorieux édifice de notre puissance africaine.

Il est vrai que, dans cette multiplicité d'événements encore mal connus, dans cette succession de batailles et de négociations, de conquêtes et d'explorations, rien n'est plus malaisé que d'établir la vérité, non pas seulement parce que les renseignements exacts font défaut, mais aussi parce que les rapports sont parfois contradictoires. En outre, si on désire une vue d'ensemble, on est obligé de négliger certains détails qui, pourtant, présentent de l'intérêt. C'est cependant l'unique moyen d'exposer les événements avec une clarté relative. Aussi, négligeant les autres théâtres d'opérations, nous attacherons-nous tout d'abord à l'homme qui, pendant de longues années, balança notre fortune, à un adversaire persévérant et redoutable, au fils d'Al Hadji Omar, au sultan de Ségou, Ahmadou.

Ahmadou n'avait accepté qu'à contre-cœur les conquêtes françaises. Il nous détestait et comme fils et successeur d'Al Hadji Omar, dont nous avons arrêté les progrès, et plus encore comme zélé Musulman. Ses fidèles Toucouleurs, groupés autour de lui, partageaient ses rêves de vengeance, car ils comprenaient qu'à notre contact les populations africaines, jusqu'alors domptées et tyrannisées par eux, secoueraient leur torpeur et revendiqueraient leur autonomie. Ce réveil des nationalités les exaspérait, mais ils n'osaient entrer ouvertement en lutte, car ils avaient appris à leurs dépens que le bras de la France était lourd. Il est vrai qu'ils ne déguisaient pas leur mauvaise volonté, et déclaraient hautement qu'ils n'attendaient qu'une occasion favorable pour se jeter sur nos cantonnements.

Cette occasion, comment ne la saisirent-ils pas lorsque les Sofas de Samory, dont nous aurons à raconter les dangereuses attaques, envahirent notre territoire et menacèrent non seulement nos nouveaux postes du Niger, mais aussi nos communications avec le Sénégal ? En 1883 lors de la pointe sur Bamakou, la question militaire n'était pas encore tranchée, et si, attaqués en face par les Sofas, nous avions eu les Toucouleurs à repousser sur nos derrières, la situation aurait pu devenir dangereuse. Fort heureusement pour nous, s'il n'aimait pas la France, Ahmadou détestait plus encore Samory. Il le redoutait comme un futur rival, et ne voulait à aucun prix contribuer à sa grandeur, en l'aidant à nous jeter à la mer, Nous profitâmes de cette inaction impolitique pour accabler notre ennemi de l'Ouassoulou, Samory, et, une fois débarrassés de ce dangereux adversaire, pour nous retourner contre le sultan de Ségou.

Le lieutenant-colonel Gallieni avait été nommé en novembre 1886 commandant supérieur du Soudan français. En revenant sur le théâtre de ses anciens exploits, il apportait un plan mûrement réfléchi, et allait y consacrer toute l'ardeur de son tempérament et sa profonde expérience des affaires africaines. Comme il connaissait, pour l'avoir déjà pratiquée, la duplicité du fils d'Al Hadji Omar, et n'ignorait pas qu'il n'oserait jamais rompre ouvertement avec la France, il feignit de croire à ses protestations de dévouement, et lui imposa un nouveau traité de protectorat, celui de Gouri (12 mai 1887), par lequel Ahmadou reconnaissait formellement la suzeraineté de la France, et s'engageait à la servir en fidèle allié. Certes Gallieni ne s'abusait pas sur la valeur de cet instrument diplomatique. Il savait très bien que les souverains nègres, dans les traités signés avec les puissances européennes, n'exécutent que les clauses qui leur sont favorables; et qu'ils n'hésitent jamais à rompre leurs engagements, s'ils le jugent utile à leurs intérêts, mais, en imposant à son adversaire la gêne d'une convention, Gallieni avait un double but. Il voulait d'abord, en cas de rupture, mettre le bon droit de son côté; il songeait ensuite à assurer, vis-à-vis de l'Angleterre et de l'Allemagne, notre privilège de premier occupant. Puisque l'Afrique s'ouvrait alors à toutes les convoitises, n'était-il pas prudent de prendre ses positions à l'avance?

Gallieni ne se contenta pas de ce premier succès. Il envoya de tous côtés diverses missions, dont les chefs, confidents de sa pensée, devaient entrer en relations avec les souverains indigènes et les enchaîner par une série de conventions à l'alliance française. C'est alors que le docteur Tautain et le capitaine Quiquandon visitèrent le Bélédougou, entre Bamakou et Ségou, et préparèrent les voies au commandant Vallière qui prononça l'annexion de cette province à nos territoires. Le Bélédougou est un beau pays, bien arrosé par la Baoulé, et dont les ondulations s'étendent jusqu'au Niger à travers de splendides forêts. Les habitants de ce vaste territoire, divisés entre eux, n'avaient pas su résister aux Toucouleurs, qui pillaient leurs villages, et emmenaient en captivité tous ceux qui n'avaient point péri en essayant de se défendre. Aussi acceptèrent-ils avec empressement le protectorat de la France. Au même moment le capitaine Oberdorf, bientôt remplacé par le lieutenant Plat, signait à Timbo (30 mars 1888) une série de traités avec les almamys du Fouta-Djalon; le capitaine Audéoud traversait tout le Fouta-Djalon en partant du Soudan pour arriver aux rivières du Sud, prouvant ainsi que la jonction de nos deux colonies était un fait accompli. Gallieni ordonnait encore au lieutenant de vaisseau Caron de descendre le Niger autant que possible jusqu'à Tombouctou, et cet intrépide officier pénétrait en effet jusqu'à Koriumé, le port de la capitale soudanienne encore si mystérieuse. Gallieni réussissait même à imposer à Samory le traité de Bissandougou qui reportait notre frontière au Tankisso (28 mars 1887). Se croyant désormais assuré de la paix, il reprenait avec ardeur le projet de construction d'une voie ferrée entre le Sénégal et le Niger, et décrétait la création de nombreux villages, nommés villages de liberté, qu'il peuplait d'anciens esclaves arrachés aux razzias des Toucouleurs et des Sofas. Ces hommes, qui nous devaient la vie et l'indépendance, devenaient du jour au lendemain nos partisans déterminés, et constituaient pour le recrutement des troupes indigènes d'inépuisables réserves. Grâce à cette sage administration, le Soudan français était donc en voie de progrès, et tout permettait d'espérer qu'aucun obstacle ne s'opposerait à cette marche en avant.

IV. — Conquête du Kaarta et du Macina

C'est alors qu'Ahmadou, exaspéré par ces progrès continus, dévoila brusquement ses projets et se posa en adversaire irréductible de la France. Comme il trouvait que sa capitale Ségou était trop rapprochée de nos établissements, il l'abandonna pour s'enfermer à Nioro, la capitale du Kaarta, dont il venait de s'emparer malgré la résistance du chef indigène Montaga (1887). Le Kaarta est une province située sur la rive droite du Sénégal et de la Baoulé, et Nioro se trouve à une cinquantaine de lieues seulement de notre ligne de ravitaillement. La position était donc bien choisie, puisque les Toucouleurs pouvaient dès lors communiquer facilement et avec les Maures de la rive droite du Sénégal dont la soumission n'était qu'apparente, et avec les Touaregs du Sahara que commençait à inquiéter le voisinage de la France. Aussi bien Ahmadou ne se dissimulait pas que ce soudain changement de front équivalait à une déclaration de guerre, mais il se croyait en mesure de la soutenir. Il espérait d'ailleurs que Samory opérerait une diversion en sa faveur, et déjà, dans ses rêves d'avenir, il se croyait à la veille d'écraser les Français entre ses fidèles Toucouleurs, déterminés à le suivre sur les champs de bataille et ses alliés les Sofas, qui trouveraient bien le moyen d'opérer leur jonction avec ses troupes, en exterminant sur leur passage les chrétiens maudits. Il se croyait tellement sûr de la victoire que, contrairement aux usages africains, il prit l'initiative de la dénonciation des hostilités, et adressa à ce propos une lettre insolente au gouverneur du Soudan, prétendant que les Français ne pouvaient être tolérés que comme négociants, mais nullement comme propriétaires du sol (1888).

Gallieni était alors rentré en France. On lui avait donné pour successeur le commandant Archinard, de l'artillerie de marine, ex-lieutenant de Borgnis-Desbordes. Le nouveau gouverneur connaissait bien le pays. Il y venait pour la cinquième fois. Lui aussi avait un plan bien arrêté et la ferme volonté de s'y conformer. Il voulait s'appuyer sur les indigènes, les Bambarras, et en faire les alliés de la France à la fois contre Ahmadou et contre Samory. Il était surtout décidé à marcher droit à son but sans hésiter, et, puisqu'il était autorisé à repousser la force par la force, il entendait bien ne pas se laisser arrêter par les scrupules et les atermoiements des gouvernants d'alors. Il accepta donc le défi que lui lançait Ahmadou, et, pour son entrée en campagne, s'empara d'une citadelle toucouleur, encore enclavée dans nos possessions, Koundian, dans le Haut Sénégal, à environ 70 kilomètres de Bafoulabé. La place ne se rendit qu'après une résistance désespérée (16 février 1889). A ce siège se distinguèrent le capitaine Quiquandon, et un jeune officier, dont le nom allait être souvent répété dans la glorieuse histoire de la conquête du Soudan, le lieutenant Marchand. Surpris par cette attaque imprévue, Ahmadou n'osa pas engager ouvertement les hostilités, mais il dispersa ses Toucouleurs dans toute la région, leur ordonnant de couper les communications, d'arrêter les transactions commerciales, et surtout de frapper durement ceux des indigènes, qui s'étaient ralliés à nous. Cette guerre de guérillas pouvait devenir dangereuse, car nos effectifs étaient trop faibles pour protéger le pays tout entier, et nos alliés, terrorisés par les attaques incessantes des Toucouleurs, commençaient à se détacher de nous. Archinard comprit qu'il fallait frapper un grand coup en infligeant à Ahmadou une humiliante défaite, au centre même de sa puissance, et il demanda l'autorisation de marcher contre Ségou.

La colonne expéditionnaire quitta Médine le 15 février 1890. Elle comptait 742 combattants et des auxiliaires indigènes. Archinard avait sous ses ordres un personnel d'élite. La plupart de ses officiers étaient destinés à jouer un grand rôle dans les affaires africaines. Avec des collaborateurs tels que les capitaines Bonnier, Briquelot, Underberg, Hugueny, et les lieutenants Valentin, Lucciardi, Monin et Levasseur, on pouvait tout oser. Le pays entre Sénégal et Niger fut en effet rapidement franchi. Le 6 avril on arrivait à Ségou, et la ville, après un simulacre de bombardement, ouvrit ses portes. Ahmadou n'eut que le temps de s'enfuir et de chercher un refuge dans la citadelle d'Ouassébougou. Les Français se lancèrent à sa poursuite. Ce fut une bataille de plusieurs jours, marquée par de sanglants épisodes, par exemple la prise d'assaut de Dioufoutou, qui nous coûta une centaine d'hommes. Le 29 avril Ouassébougou tombait entre nos mains, mais il fallut prendre les rues maison par maison, et le chef des assiégés, Bandiougou-Diara, se fit sauter plutôt que de se rendre. L'occupation de Koniakry (16 juin) acheva la défaite d'Ahmadou, dont les États étaient alors réduits au Kaarta, et qui ne possédait plus qu'une seule place forte, Nioro.

Les Toucouleurs pourtant n'avaient pas renoncé à la lutte, car, profitant de la dispersion de nos troupes, ils vinrent brusquement mettre le siège devant Koniakry (8 septembre). La place, héroïquement défendue par le lieutenant Valentin, résista à toutes les attaques, et les Toucouleurs découragés rentrèrent dans leurs cantonnements. Cette lutte, en se prolongeant, pouvait devenir dangereuse. Archinard, revenu de France avec le grade de lieutenant-colonel, résolut d'en finir. Il se détermina à une marche sur Nioro, et réussit à s'emparer de la nouvelle capitale d'Ahmadou (1er janvier 1891). Le souverain dépossédé nous livra une dernière bataille à Léva, mais, poursuivi à outrance par les spahis du lieutenant Marchand, il fut obligé de se jeter dans le désert, se dérobant ainsi à notre vengeance ou à notre pardon. Débarrassés de la lourde domination qui depuis si longtemps pesait sur eux, les Bambarras reprirent aussitôt possession des territoires qui, jadis, leur avaient appartenu. On leur permit d'élire leurs chefs de canton sous la surveillance de nos officiers de cercles. On les encouragea à cultiver leurs champs et à conduire à nos marchés les produits variés de leur industrie. Sur la rive gauche du Niger, qui dès lors devenait française, régna la paix, et les indigènes reconnaissants firent savoir qu'ils étaient tout disposés non seulement à nous seconder dans nos grands travaux d'utilité publique, mais même à nous suivre sur d'autres champs de bataille.

Or Ahmadou n'avait pas encore renoncé à lutter contre la France. Il faut rendre cette justice aux souverains africains qu'ils ne cèdent aux circonstances qu'à la dernière extrémité, et que beaucoup d'entre eux ont su pousser jusqu'à la mort l'esprit de sacrifice. Notre irréconciliable ennemi avait trouvé un refuge dans le Macina, auprès de son frère Mouniron. Le Macina est une belle et riche province, entre Ségou et Tombouctou, très peuplée, très fertile, et baignée par le Niger et le principal de ses affluents, le Bani. Ahmadou ne se contenta pas de l'hospitalité que lui offrait son frère. Il provoqua contre lui un soulèvement, le fit empoisonner, et se proclama en son lieu et place sultan du Macina, avec Bondiagara comme capitale. Il y organisa aussitôt la résistance, et se disposa à rentrer en campagne, aidé cette fois par les Touaregs sahariens, de plus en plus inquiets de nos projets.

La présence d'Ahmadou dans le Macina constituait un danger pour la France, non seulement parce que l'état de guerre se perpétuait, mais surtout parce que le Niger ne pouvait plus nous servir de voie de pénétration. Archinard résolut d'enlever à Ahmadou le prestige dont il jouissait encore en le chassant du dernier royaume créé par son père, et en le privant du secours des Toucouleurs que le fanatisme musulman et la haine de race retenaient groupés autour de lui. Parti de Kayes le 23 janvier 1893, il se rendait d'abord dans le Nioro pour y régler diverses questions politiques, traversait le Bélédougou, et arrivait le 14 mars à Ségou. Nous y avions installé deux ans auparavant un chef indigène, Bodian, mais qui s'était montré inférieur à ses importantes fonctions. Il fut destitué et l'administration directe remplaça le protectorat. Quelques jours plus tard les Français passaient le Bani à Gao et s'enfonçaient dans le Miniouka, où Ahmadou conservait de nombreux partisans. Les deux principaux villages, Kentiéri et M'pesoba, étaient emportés, le premier après un bombardement, le second à la suite de l'envoi à 6 000 mètres d'un seul obus qui avait éclaté, sans que les défenseurs de la citadelle eussent aperçu la colonne. Aussitôt et de tous les côtés, arrivèrent les soumissions. A Djenné il fallut recourir à la force, mais la ville fut emportée après deux jours de combats acharnés (11-12 avril). On arrivait à Mopti le 17 et le 28 à Bandiagara qu'Ahmadou abandonnait sans résistance, poursuivi par le capitaine Blachère et le lieutenant Marchand, qui ne parvenaient pas à l'atteindre.

Le Macina était conquis. Archinard pensa qu'il était peut-être prématuré de le réduire en province française. Il aima mieux installer à Bandiagara, sous notre protectorat, ou plutôt sous notre surveillance, un autre frère d'Ahmadou, Aguibou. Il espérait que la diversité des intérêts nous assurerait de sa fidélité. Il est vrai qu'une garnison fut laissée à Bandiagara qui devint en même temps le siège d'un résident français, le capitaine Blachère. Les prévisions d'Archinard se réalisèrent. Aguibou nous resta fidèle. Il recourut même à diverses reprises à notre protection, en 1894 contre le marabout de Bossé qui l'avait attaqué, en 1896 et 1897 contre les Habés et les Samos qui refusaient de reconnaître sa suzeraineté. C'est avec les contingents fournis par lui que le commandant Destenave réussit à placer sous notre domination divers pays limitrophes, l'Aribinda, le Lipatko, le Yatenga, et étendit l'influence française jusqu'au Mossi et à Say sur le moyen Niger. Le Macina pacifié a repris son antique prospérité. A Djenné, à Bandiagara se sont établis des négociants sénégalais et même européens. Des voies de communication régulières ont été créées. Le Macina est certainement appelé à devenir une des plus riches provinces du Soudan français.

La brillante campagne de 1893 détruisait définitivement l'empire et le pouvoir même d'Ahmadou, désormais réduit à errer d'asile en asile, reculant toujours devant nos officiers. Elle nous ouvrait le chemin de Tombouctou. Elle nous permettait en outre de nous étendre dans la boucle du Niger, c'est-à-dire dans l'immense et magnifique région que borde la rive droite du grand fleuve lorsqu'il décrit un arc de cercle de Segou à Say. Si nous poursuivions nos avantages, il nous était loisible de nous agrandir d'un côté vers le nord en préparant ainsi la future jonction de l'Algérie et du Soudan à travers le Sahara, et de l'autre de nous avancer à l'est dans la direction du lac Tchad, tout en nous prolongeant au sud jusqu'à nos possessions de la Côte d'Ivoire et du Dahomey. Il y avait là tout un programme colonial à réaliser. Ce sera l'honneur de nos gouvernants de ne pas avoir reculé devant l'immensité de la tâche, et, malgré de passagères défaillances, de l'avoir entreprise et poursuivie. Sans doute l'œuvre n'est pas encore achevée, mais les fondements sont posés, et déjà sortent de terre les grandes lignes de l'édifice. Honneur aux ouvriers de la première heure qui n'ont pas reculé devant la responsabilité, et dont plusieurs ont payé de la vie la gloire d'avoir planté le drapeau tricolore dans ces lointaines contrées!

V. — Samory et l'Ouassoulou

Plus redoutable encore qu'Ahmadou se dressa contre nous un nouvel adversaire, Samory, dont la résistance paralysa longtemps nos efforts, et qu'il nous fallut réduire à l'impuissance, avant de dominer en maîtres dans le Soudan. Samory naquit à Sanankoro dans le Bissandougou, vers l'année 1837. Il est impossible de fixer une date plus précise, puisqu'il n'y a pas en Afrique de registres de l'état civil. Il était fils d'un dioula, c'est-à-dire d'un marchand, et, comme les Soudaniens sont très fiers de la pureté de leur race et ne tiennent qu'en médiocre estime ceux qui s'adonnent au commerce, rien ne faisait prévoir qu'il s'élèverait jamais au-dessus de sa condition ; mais il avait de la bravoure et de l'ambition. Il commença par faire la guerre sous les ordres de divers marabouts qui se disputaient la région située sur la ligne de partage des eaux du Niger et des autres fleuves tributaires de l'Atlantique. Bientôt, trouvant préférable de travailler pour son propre compte, il réunit les plus vaillants soldats des armées rivales, heureux de servir sous un chef entreprenant et sans scrupules, et les mena à la conquête de l'Afrique occidentale. Sa grande habileté fut de se poser en chef religieux. Musulman fanatique, et entouré de partisans plus fanatiques encore, il s'imposa par la terreur. Quand il commença ses grandes expéditions, toutes les fois que les vaincus refusèrent d'embrasser l'Islam, les adultes furent exterminés et les enfants convertis de force. Aussi les Africains terrifiés cessèrent-ils bientôt de lui opposer la moindre résistance, et c'est ainsi qu'à travers l'incendie, le viol et le massacre, ce nouveau fléau de Dieu parvint en quelques années à se tailler un empire dans le bassin du Niger.

Le centre de la puissance de Samory se trouvait dans l'Ouassoulou. On donne ce nom à la contrée limitée à l'ouest par la République de Liberia, le Sierra Leone anglais et le Fouta-Djalon français ; au nord par le Soudan français et l'ancien royaume de Ségou, à l'est et au sud par divers États indigènes alors à peu près inconnus. Maître incontesté de ce beau domaine, Samory prend les titres d'almamy et d'émir al Moumeni. Il se donne une cour. Il organise ses États et fait continuer ses conquêtes par ses lieutenants. L'Ouassoulou forme bientôt un vaste empire de 350.000 à 400.000 kilomètres carrés, peuplé d'environ deux millions d'habitants, Peuls, Mandingues, Bambarras, Sousous et Soninkés, violemment rapprochés par la guerre, mais fondus en un corps de nation par le souvenir des dangers courus et des victoires communes. On a longtemps été sans renseignements certains sur ce nouvel État africain, car les sujets de Samory se savaient surveillés et craignaient d'être punis de leur indiscrétion. On a su depuis que l'Ouassoulou comptait cent soixante provinces et dix grands commandements, disposés en secteurs autour des quatre provinces centrales. Samory se réservait l'administration directe de ces quatre provinces qui étaient exemptes d'impôts, mais soumises à l'obligation d'héberger les troupes de passage. Les dix grands commandements étaient attribués soit à des princes de la famille, soit à des généraux assistés d'un conseil de chefs de guerre, de marabouts et de griots. La justice était rendue par des assemblées de village, de province, de gouvernement et par Samory en dernier ressort, mais il ne s'occupait que des crimes d'État ou des causes qui l'intéressaient directement.

L'armée avait été l'objet des soins particuliers du conquérant. Elle comprenait des levées temporaires astreintes à un service d'une durée indéterminée, et des soldats d'élite ou sofas. C'étaient en général ou des volontaires, ou des captifs dressés à la guerre dès leur jeune âge. Chaque gouverneur avait sa garde particulière de sofas, mais Samory les réunissait et les commandait lui-même en cas d'expédition sérieuse. Ils furent d'abord armés de fusils à pierre achetés aux négociants anglais de Sierra Leone et de sabres grossiers, mais peu à peu se répandit l'usage des fusils à tir rapide, car il ne manque jamais de trafiquants avides qui n'hésitent pas, pour un gain usuraire, à compromettre l'avenir. Ce furent surtout les soldats de la garde personnelle de Samory, environ un millier de fanatiques.

dévoués à leur chef et redoutables par leur discipline et leur vaillance, que l'almamy gratifia de ces armes perfectionnées. Il leur donna en outre un semblant d'uniforme, sarreau et pantalon noir, ceinture et chechia rouge. Samory ne s'inquiéta ni des marches qui se faisaient en désordre, ni des bivouacs qui se dressaient à peu près au hasard, mais son instinct militaire lui inspira une manœuvre, dont l'effet fut longtemps irrésistible. Il rangeait ses hommes sur trois, six ou douze lignes de profondeur. Quand la première ligne avait tiré, elle démasquait la seconde qui tirait à son tour, puis se reformait en arrière et rechargeait ses armes, en sorte que le feu n'était jamais interrompu. C'était le principe de la phalange macédonienne appliquée aux nécessités de la stratégie moderne. Cette tactique barbare, mais supérieure à tout ce qui existait en Afrique, explique les succès rapides remportés par les soldats de l'Ouassoulou.

Samory et ses principaux lieutenants pratiquaient l'Islam, mais défiguré par mille jongleries absurdes. Les marabouts n'étaient que des sorciers, mais dont le pouvoir occulte était considérable. Quelques-uns d'entre eux, plus intelligents ou plus instruits, avaient rompu avec ces pratiques ridicules, et s'efforçaient de ramener le peuple à la stricte observation des préceptes du Coran. Ils n'en étaient que plus dangereux, car ils étaient plus fanatiques. Samory les voyait d'un bon œil, leur accordait sa confiance, et écoutait volontiers leurs conseils. Nouveau Charlemagne, il ne dédaignait pas de suivre leurs leçons, et s'exerçait à tracer des caractères, ou tout au moins à donner sa signature. Les étudiants instruits par ces marabouts sont devenus les plus fermes soutiens de l'Ouassoulou. Ils ont reconnu par leur dévouement et leurs services le prix de l'éducation qu'ils avaient reçue.

Tel était cet empire improvisé dans l'Afrique occidentale. Si ses progrès furent étonnants, il arriva vite à son apogée. Sans doute à l'est et au sud s'ouvraient devant lui de mystérieuses contrées, où il pouvait encore grandir, mais à l'ouest il se heurtait à la République de Liberia et à la colonie anglaise de Sierra Leone. Au nord-ouest, par le Fouta-Djalon, le Sénégal et le Soudan, la France se dressait devant lui, qui ne voulait pas laisser grandir dans son voisinage une puissance africaine aussi fortement constituée. Quand nos avant-postes rencontrèrent les sofas de l'almamy, nous ne nous doutions pas de la résistance qu'ils allaient nous opposer, mais, aux premiers coups de fusil, on reconnut de part et d'autre que la partie qui s'engageait était redoutable, et que les deux peuples entraient en lutte non pour se disputer quelques misérables villages, mais pour savoir à qui appartiendrait la suprématie de l'Afrique occidentale. Des deux côtés on se prépara avec ardeur à cette lutte décisive.

VI. — Premières campagnes contre Samory

Samory entra le premier en campagne. Il lança contre le poste que nous venions d'installer à Kita un de ses alliés, Abdallah de Mourgoula, et vint mettre en personne le siège devant Keniera, sur la rive droite du Niger. Un lieutenant de tirailleurs sénégalais, Alla Kamessa, lui fut envoyé, pendant l'hiver de 1881, pour l'engager à abandonner le siège de Keniera. Non seulement l'almamy ne tint aucun compte de ses menaces, mais encore il le retint prisonnier et parla de le décapiter. Alla Kamessa ne réussit à s'échapper qu'après une dure captivité de plus de deux mois. Ce mauvais traitement équivalait à une déclaration de guerre.

Le colonel Borgnis-Desbordes commandait alors dans la région qui s'étendait entre le Sénégal et le Niger, région qui, plus tard, devait s'appeler le Soudan français. Il courut chercher des renforts à Saint-Louis. Il était de retour à Kita dès le 9 janvier 1882. Bien que ses instructions lui prescrivissent de ne pas dépasser ce poste, il n'hésita pas à entrer en campagne contre Samory, et à porter secours aux assiégés de Keniera.

C'était une entreprise hardie. Borgnis-Desbordes n'avait que 120 combattants et 2 canons. Nul secours à attendre des indigènes, qui étaient comme hébétés par la terreur. Le colonel ayant dit à un de leurs chefs qu'il allait armer leurs femmes :

« Tu as raison, lui répondit cet homme, qui ne saisit pas l'ironie. Nos femmes sont plus braves. » Et il ajouta, s'adressant à un des médecins de la colonne : « As-tu un médicament qui puisse nous donner du courage à moi et à mes hommes? » Il ne fallait pas compter sur de pareils auxiliaires. Ils ne seraient devenus dangereux que si nous avions battu en retraite. Borgnis-Desbordes fut donc bien inspiré, lorsque, malgré la faiblesse de son effectif, il se décida à marcher au secours de Keniera.

Le départ eut lieu le 11 février 1882. La petite colonne traversa Mourgoula, Niagassola, Diassa, et arriva le 25 à Falama sur le Niger. Le grand fleuve était franchi en deux heures, et nos soldats précipitaient leur marche dans la direction de Keniera, avec l'espoir d'arriver à temps pour sauver la ville et prévenir un affreux massacre. Ils rencontrèrent bientôt les premiers cavaliers de Samory. En quelques minutes l'action devint générale. Comme aux temps homériques, les hommes des deux partis se provoquaient et s'injuriaient. Le lieutenant Alla-Kamessa apostrophait ses ennemis en langue malinké et l'interprète Mahmadou Alpha galopait au-devant de nos troupes tout en exécutant une fantasia désordonnée. Effrayés par l'élan des Français, par le bruit du canon et l'effet de la mitraille, les Sofas ne tinrent nulle part, et nous abandonnèrent le champ de bataille.

Il était trop tard quand nous arrivâmes à Keniera. La ville venait d'être prise, et le massacre tant redouté avait eu lieu. Les Africains sont impitoyables, et Samory avait abusé de la victoire. « Le spectacle était désolant, écrit un témoin oculaire, le capitaine Pietri. A mesure qu'on s'approchait, il devenait horrible. Dans la plaine, autour du village, on voyait des cadavres et des têtes coupées; un peu plus loin s'élevait un bûcher, amoncellement de cendres, de tisons encore brûlants et d'ossements noircis, où le prophète avait jeté nombre de victimes, lorsque les puits du village avaient été pleins de cadavres. Il variait aussi le genre des supplices, et le bûcher n'empêchait pas qu'on ne coupât des têtes. Nos soldats trouvèrent même des malheureux râlant encore, portant des blessures difformes, et que leurs bourreaux n'avaient pas eu le temps d'achever. Ces horreurs n'étaient pas encore aussi navrantes que la vue de faméliques tout nus, décharnés, vrais squelettes que l'on aurait pu prendre pour de vivantes statues de la faim, et qui tendaient les bras vers nos soldats à leur approche. Les vieilles femmes, les enfants surtout gisaient sans force, exténués, continuant encore leurs plaintes de la veille, et demandant à manger. C'étaient des aveugles ou des infirmes que l'ennemi ne pouvait utiliser comme captifs, et qu'il laissait ainsi mourir de faim. » « Nous avons pu voir des trous profonds, raconte un autre témoin oculaire, le capitaine Delanneau, dans lesquels plusieurs centaines de ces malheureux avaient été jetés pieds et poings liés, pêle-mêle avec de la paille et des fagots enflammés. »

Les vainqueurs n'auraient pas mieux demandé qu'à poursuivre à outrance Samory, mais la colonne expéditionnaire n'était pas assez nombreuse. La retraite sur Kita fut donc ordonnée. Elle ne s'opéra que lentement, car notre arrière-garde fut sans cesse attaquée. Nous n'en avions pas moins, par cette énergique démonstration, arrêté les progrès de Samory et montré aux tribus soudaniennes que nous songions à les protéger et nullement à les conquérir.

Ce fut seulement en 1883 que Samory rentra en campagne. Nous nous étions alors établis à Bamakou sur le Niger. Avant que notre occupation ne devînt définitive, il essaya de nous rejeter en arrière sur le Sénégal. Fort de la connivence d'Ahmadou, le sultan de Ségou, Samory, forma contre nous une véritable coalition et résolut de nous chasser tout d'abord de Bamakou. Les niarès, c'est-à-dire les négociants de cette ville, étaient d'accord avec lui. Ils le renseignaient sur tous nos mouvements. Afin de faire cesser ce dangereux espionnage, le colonel Borgnis-Desbordes ordonna de saisir trois des plus compromis et leur annonça qu'ils seraient mis à mort à la première attaque du chef nègre. Aussi bien, il n'était que temps de prendre ces précautions, car Samory avait déjà filé sur nos derrières, coupant les fils télégraphiques et menaçant nos communications avec Kita et le Sénégal. Deux de ses lieutenants eurent même l'audace de nous provoquer, et nous attaquèrent presque sous les murs de Bamakou.

Le 2 avril 1883, des spahis envoyés en reconnaissance étaient vivement ramenés en arrière par des masses compactes. Avec leurs chevaux fatigués, s'ils avaient eu l'imprudence de fuir, ils étaient perdus, et ce premier échec aurait augmenté la confiance des soldats de l'Ouassoulou ; mais nos hommes tinrent bon. Ils n'opérèrent leur retraite que lentement et toujours en bon ordre jusqu'à ce qu'ils fussent secourus par une colonne sortie de Bamakou. Le lendemain, une vraie bataille s'engagea à Oneyaka. Les Français n'étaient en tout que cent. Ils furent aussitôt tournés et enveloppés. Obligés de se former en carrés, leur situation fut un instant critique. « Plus d'un se préparait à vendre chèrement sa vie, a écrit l'un d'eux, de Poly, et je ne crois pas exagérer en disant que chacun de nous pensait déjà ne pas tomber vivant entre les mains de sauvages, qui n'ignorent aucun des raffinements de la cruauté. » Malgré les feux de salve, malgré la mitraille, les Sofas ne reculaient pas. Nous fûmes obligés de battre en retraite. Sans l'énergie des officiers et le dévouement des spahis, cette retraite se serait convertie en désastre, car nos fantassins étaient épuisés de fatigue. Quelques-uns d'entre eux avaient même quitté le carré, et attendaient la mort. Ils furent tous ramenés par les spahis et arrivèrent enfin à un marigot, où la défense devint plus facile. Les pertes de l'ennemi étaient effroyables. Le sol était jonché de leurs cadavres, mais les Français avaient reculé. C'était pour Samory un véritable succès.

Pendant quelques jours, notre situation fut très précaire. Les convois de Kita n'arrivaient plus. Nos reconnaissances étaient repoussées. D'un instant à l'autre, il fallait s'attendre à l'irruption dans nos lignes de nouveaux ennemis, les soldats d'Ahmadou. Borgnis-Desbordes comprit qu'il fallait jouer le tout pour le tout, et hardiment il prit l'offensive.

Le 12 avril, la colonne expéditionnaire entrait en campagne. Elle brûlait sur son passage de nombreuses huttes de paille déjà construites par l'ennemi en prévision de la prochaine occupation de Bamakou, et, sur tous les points, repoussait les Sofas de Samory. A la nouvelle de ces succès inespérés, plusieurs centaines de Bambarras auxiliaires venaient grossir nos rangs, pillards plutôt que combattants, mais néanmoins utiles pour garder les communications et assurer les subsistances. Après chaque affaire, on les voyait se jeter sur les objets abandonnés par l'ennemi. Ils s'acharnaient surtout après les chiens que traînaient avec eux les gens de l'Ouassoulou. Ils les égorgeaient sans pitié et en faisaient le plat de résistance de leurs festins. La chair de ces chiens, nourris de glands frais, est en effet assez savoureuse, et plus d'une fois nos troupiers partagèrent sans répugnance les plaisirs gastronomiques de leurs auxiliaires improvisés.

Le 19 avril, grand combat à Nafadié et victoire des Français. Le 22, incendie du village de Diougoufara; le 23, incendie de Samaco. Les gens de Samory étaient décidément refoulés, et les armes françaises retrouvaient leur prestige. Borgnis-Desbordes rentra à Bamakou sans être inquiété, et s'occupa aussitôt de rétablir notre ligne de ravitaillement. On installa un poste nouveau à Koundou, et, dans toutes les directions, non seulement nous fûmes dégagés, mais encore libres de nous porter sur les points menacés. Notre domination sur le Haut-Niger se trouva dès lors assurée. Bon nombre d'indigènes se rapprochèrent de nous, et de nos deux principaux ennemis, l'un, Ahmadou, craignant pour sa propre sûreté, s'enfuit à Yamina, l'autre, Samory, rentra dans l'Ouassoulou, annonçant à tous que dorénavant il resterait sur la défensive.

VII. — Siège de Nafadié

Ce n'était qu'une vaine promesse. Deux ans plus tard, en avril 1885, Samory, inquiété par nos progrès, se ruait de nouveau contre nos établissements. Les indigènes horriblement foulés depuis de longues années par les ambitieux ou les fanatiques de l'Afrique occidentale, commençaient à accepter la domination réparatrice et la protection efficace de la France. L'almamy, qui se sentait ébranlé dans la possession de ses conquêtes, crut devoir recourir aux armes, et lança ses Sofas contre nos postes isolés. Près de 20.000 hommes se jetaient à l'improviste sur nos soldats, et le colonel Combes, leur nouveau chef, ne pouvait leur opposer que 220 fusils ou sabres. Malgré la disproportion des forces et grâce au courage de nos hommes, la France pourtant allait encore remporter une série de glorieux succès.

Les faits les plus saillants de cette nouvelle campagne sont les deux batailles du Kommodo et de Kokoro et surtout le siège de Nafadié. La première victoire, celle du Kommodo, fut remportée par le capitaine Louvel. Les Sofas avaient disposé une embuscade dans les forêts qui bordent les rives de ce cours d'eau mais elle fut signalée. Louvel établit son unique pièce de 4 de façon à couvrir de feux la vallée du fleuve, et elle y fit d'affreux ravages. Une charge à la baïonnette décida l'affaire. Les Sofas furent rejetés dans le Kommodo et impitoyablement décimés. On remarqua un caporal de tirailleurs qui s'installa sur une branche d'arbre, alluma sa pipe, et méthodiquement abattit seize ennemis. Le succès aurait été plus complet si nous avions eu de la cavalerie pour poursuivre les fuyards, mais le champ de bataille nous restait, et il était couvert de 300 morts et de 100 blessés.

Comme on ne savait pas ce qui se passait à Nafadié, défendu seulement par vingt-cinq hommes, et que d'ailleurs on manquait de munitions, Louvel ordonna la retraite dans cette direction. Les cavaliers de Samory reprirent aussitôt le contact, et les Français furent obligés de marcher pendant la nuit et par des sentiers difficiles. Ils réussirent néanmoins à ne pas se laisser déborder et opérèrent leur jonction avec la petite garnison menacée. Le capitaine Dargelos, commandant le poste, n'avait pas perdu son temps. Il avait dégagé les alentours de Nafadié, l'avait entourée d'un mur en pisé, et avait commencé à creuser un puits, mais il n'y avait pas d'abri pour les hommes, et la place, commandée par des hauteurs voisines, était un vrai nid à balles. En outre, on n'avait de biscuit et de viande fraîche que pour deux jours, du maïs que pour trois jours, et une provision d'eau enfermée dans des jarres que pour vingt-quatre heures. Impossible de s'ouvrir un passage à la baïonnette, car il y avait des malades et des blessés. Il n'y avait plus qu'une ressource : s'enfermer à Nafadié et y attendre l'arrivée des renforts, mais ils étaient encore à plus de cent kilomètres de distance. Nos hommes prirent aussitôt leurs postes de combat et installèrent leur unique canon dans l'ouverture de la porte qui servait d'embrasure. Samory était déjà arrivé. Il ordonna l'assaut qui ne réussit pas. Les assaillants décimés par nos feux de salve lâchèrent pied après avoir subi des pertes effroyables, mais Samory s'obstina dans sa résolution, et, plutôt que d'abandonner la place, construisit quatre camps retranchés sur chacune des faces de Nafadié, et un cinquième sur la route de Niagassola, par où pouvaient arriver les renforts.

La situation devenait critique. Il ne restait plus aux Français que quarante cartouches par homme, et ils n'avaient plus d'eau. Un orage les sauva. Une trombe d'eau s'abattit sur Nafadié. On recueillit le précieux liquide dans tous les récipients disponibles, et on put de la sorte assurer un rationnement de dix jours, mais il fallut subir des températures de 44 degrés pendant le jour et de 35 pendant la nuit, sans parler de l'odeur des cadavres accumulés autour du fort et qui dégageaient des miasmes dangereux. L'heure s'approchait où, par lassitude, par manque de munitions, par découragement, les Français seraient forcés de se rendre à un ennemi impitoyable.

Le colonel Combes, commandant supérieur de la région, connaissait le danger, mais les forces disponibles étaient alors dispersées de Kayes à Bamakou, sur une étendue de cinquante kilomètres, et il était impossible de les concentrer. Combes courut au plus pressé. Avec seulement 15 cavaliers, 127 fantassins et un canon, il n'hésita pas à se mettre en marche. Le 10 juin il arrivait en vue de Nafadié. Les Sofas essayèrent de l'arrêter, mais ils furent enfoncés et la jonction s'opéra. Il n'était que temps ! Les défenseurs de la place étaient alors réduits à toute extrémité. Tous étaient malades. Les puanteurs du charnier leur avaient communiqué une sorte de peste. D'ailleurs les munitions allaient manquer, et les masses ennemies étaient toujours dans le voisinage. Combes ordonna l'évacuation immédiate, et, très hardiment, prit l'offensive.

Les Sofas ne tinrent nulle part. A Korfoulandi, à Kissakolé, à Oudoula, à Boumako, à Foulabé, à Dounkouto, sur le Kokoro, partout ils furent enfoncés, et c'étaient de vraies batailles. A Oudoula les Français faillirent tomber dans une embuscade. Sans un cheval qui flaira les ennemis ils étaient perdus. A Dounkouto furent mis hors de combat 320 tués et 600 blessés. Sur les bords du Kokoro ils furent entourés par trois armées, et ils étaient perdus sans une charge impétueuse du capitaine Peroz. Sans doute Samory perdit dans cette journée 650 tués et 1.800 blessés, mais de notre côté le neuvième de l'effectif avait été mis hors de combat.

Cet important succès nous ouvrait le chemin de Niagassola. Le colonel Combes ravitailla la place, lui donna pour commandant le capitaine Peroz, et revint au Sénégal sans être inquiété. Aussitôt Samory se rapprocha de Niagassola et en commença le siège. Pendant trois mois il s'obstina à cette attaque, et s'il ne réussit pas à s'emparer de ce poste, il en ravagea les environs. L'excès des misères subies par les indigènes finit par les soulever. De toutes parts ils se ruèrent sur les Sofas, et, conduits au feu par nos tirailleurs, les forcèrent à décamper. Samory se lassa le premier de cette lutte sans issue. En quelques semaines il avait livré trois batailles et vingt-sept combats. Jamais il n'avait pu entamer les Français. Ces défaites répétées le découragèrent. Peut-être voulait-il, après avoir essayé de la guerre, recourir aux négociations, ou bien chercha-t-il simplement à gagner du temps et à concentrer ses ressources pour une lutte suprême. Il laissa donc entendre qu'il ne demandait qu'à entrer en accommodement avec la France. Nous aurions été bien inspirés en poursuivant nos avantages, mais il n'a jamais manqué dans notre pays d'adversaires de l'expansion coloniale. Mal instruits ou trompés sur les véritables intentions de Samory, nos gouvernants d'alors consentirent à un rapprochement. Ils renouvelaient ainsi la faute commise jadis en Algérie lorsque, en signant avec Abd-el-Kader le traité de la Tafna, nous avions légitimé son pouvoir et augmenté ses forces.

VIII. — Négociations inutiles

Le capitaine Tournier fut envoyé à Samory en qualité de plénipotentiaire à la fin de 1886. Il fut d'abord accueilli avec une certaine froideur. De bonne foi Samory se croyait aussi puissant que nous. Il nous prenait pour une peuplade intelligente, essaimée dans les îles et sur le littoral de la Méditerranée, et douée d'un génie inventif, mais nous étions, pensait-il, peu nombreux, très paresseux, et obligés de recourir aux services des noirs. Aussi finirait-il, malgré nos armes perfectionnées, par nous jeter à la mer. Le traité qu'il consentit à signer après de longues hésitations, à Kéniébakoura contenait des clauses très avantageuses pour lui. Sans doute il nous abandonnait certains territoires et promettait de vivre en bons rapports de voisinage avec les Français, mais nous le laissions maître absolu de l'Ouassoulou. Tournier n'obtint qu'une seule concession, l'envoi à Paris, où il pourrait se rendre compte de nos ressources, du fils préféré de Samory, le prince Karamoko.

Le traité de Kéniébakoura ne pouvait être considéré par la France que comme une trêve passagère, et il était urgent d'envoyer dans l'Ouassoulou une nouvelle mission. Elle fut confiée au capitaine Péroz. Cette nouvelle mission était d'autant plus nécessaire que Samory, aussitôt après le départ de Tournier, avait lui-même rompu le traité en envoyant ses collecteurs lever les impôts dans le Bidigo, province qui, depuis trois années, était sous notre protectorat. Il poussait l'insolence jusqu'à enlever la population de plusieurs villages dans le cercle de Niagassola et ne rendait les prisonniers qu'après avoir brûlé leurs maisons. Il haussait le ton de ses prétentions, et déjà ses émissaires parcouraient le Fouta-Djalon et ébauchaient un commencement de coalition avec Ahmadou, et surtout avec un prophète qui venait de surgir, Mahmadou-Lamine, et essayait de soulever contre nous le Sénégal. Il n'était que temps de sortir de cette situation ambiguë qui n'était ni la paix franchement acceptée, ni la guerre ouverte.

Le capitaine Péroz, assisté par le lieutenant Plat chargé de dresser la carte du pays et par le docteur Fras qui ramasserait des collections scientifiques, rejoignit Samory dans sa nouvelle capitale de Bissandougou en février 1888. Ce n'était qu'une réunion de cabanes semblable à tous les villages nègres, mais propre et bien aérée. La résidence de Samory se composait d'un double rang de cases défendues par un rempart percé de trois portes. Une vaste tour carrée, sorte de donjon féodal, dominait toutes ces cases. Les nombreuses femmes de l'Almamy logeaient dans cette tour. On y avait ménagé une salle de réception. On remarquait encore une grande mosquée, surmontée par un toit en charpente ingénieusement agencé. En avant s'étendait une place rectangulaire, plantée d'arbres, où, chaque vendredi, Samory donnait audience ou assistait à des fantasias.

Les négociations furent rondement menées. Elles étaient difficiles à conduire. Péroz avait des instructions précises mais dures. Il devait demander à Samory la cession de la rive gauche du Niger, le protectorat de la France sur le reste de ses États, un traité de commerce et le droit de ravitaillement. Un instant tout sembla compromis. Grâce à l'énergie de Péroz qui croyait à l'imminence des hostilités et avait commencé à se fortifier pour vendre chèrement sa vie, on finit par s'entendre. Samory se laissa intimider, et signa un nouveau traité à Bissandougou (25 mai 1887) par lequel il acceptait comme limite de ses États le Tankisso, affluent de la rive gauche du Niger, et plaçait l'Ouassoulou sous notre protectorat, c'est-à-dire que, du jour au lendemain, la France acquérait une situation prépondérante dans le Soudan occidental. Tout d'abord, et bien qu'il ait témoigné son dépit à Péroz en l'empêchant de revenir par une autre route que celle de l'arrivée, et en n'assurant son ravitaillement que sur une ligne d'étapes convenues, il sembla consentir à loyalement exécuter les clauses du traité, mais au fond du cœur il gardait l'amer ressentiment de la défaite et n'attendait qu'une occasion pour reprendre ses avantages.

IX. — Autour de Sikasso

A défaut des Français dont il ne pouvait briser la résistance, l'Almamy songea à s'agrandir aux dépens de ses voisins, les souverains indigènes dont les États s'étendaient à l'est et au sud de l'Ouassoulou. Celui contre lequel il tourna le premier sa redoutable activité fut le maître de Sikasso, Tiéba, un aventurier poussé lui aussi par les circonstances et par son ambition à fonder un empire dans le Soudan. Ce fut une guerre d'extermination. Samory s'avança contre Sikasso brûlant et ravageant tout sur son passage, mais il se heurta sous les murs de cette citadelle soudanienne à un de nos plus brillants officiers, le capitaine Binger, envoyé en exploration pour étudier la terra incognita qui s'étendait dans la boucle du Niger, entre Say, Tombouctou, Ségou et la mer. La région traversée était fertile, mais dévastée. Villages ruinés, cases éventrées, champs abandonnés, rares indigènes errant parmi les décombres, partout où les Sofas avaient passé, les ruines étaient accumulées, et les fauves, seuls maîtres de la brousse, venaient chaque nuit hurler près des feux du bivouac. Samory ne se doutait seulement pas de l'atrocité de sa conduite. Il s'était mis en tête d'enlever à tout prix Sikasso et avait fait construire autour de la ville menacée des bastilles d'investissement, palanquements en branches entrelacées, à l'abri desquels les tireurs observent l'ennemi en faisant feu par les vides que forment les branches tordues. L'Almamy avait alors une cinquantaine d'années. C'était un bel homme, aux traits un peu durs, au nez long et émacié, ce qui lui donnait une expression de finesse, et aux yeux mobiles, mais il ne regardait jamais en face son interlocuteur. Assis dans un hamac, il tenait à la main un morceau de bois tendre, avec lequel il se nettoyait constamment les dents. Il parlait avec volubilité, mais savait très bien rester distrait et indifférent, quand il ne voulait pas répondre directement à une question.

Binger aurait voulu jouer le rôle de médiateur entre les chefs africains, mais Samory avait juré de prendre Sikasso, dût-il rester plusieurs années sous les murs de la place. A toutes les représentations de notre compatriote « envoie-moi quelques Français, disait-il. Je prendrai la ville et la paix sera aussitôt signée ». Quant à Tieba il était d'autant plus résolu à prolonger la résistance que Sikasso n'était pas entièrement bloqué, et que ses sujets, exaspérés par les cruautés des Sofas, commençaient à se grouper en bandes et à courir la campagne. Non seulement Binger ne triompha pas de l'obstination des chefs nègres, mais il s'attira les défiances des deux partis, et Samory ne voulut plus le laisser partir. Au moins profita-t-il de son séjour forcé pour se rendre compte du caractère de l'Almamy, de ses méthodes de gouvernement et de ses ressources.

On avait exagéré en France la puissance de Samory. Au lieu des 50 000 soldats qu'on lui attribuait, Binger ne compta jamais que quelques milliers de Sofas, assez mal armés. Il avait, il est vrai, réussi à se créer rapidement un assez vaste empire, et il possédait les qualités nécessaires pour entraîner et fanatiser des nègres, mais la terreur était son principal instrument de règne. Pas de budget, pas d'organisation financière, aucune rétribution pour les services publics ; mais comme il faut à l'Almamy un train de maison, et un harem où se pressent des captives venues de tous les points de l'Afrique, comme il doit récompenser ses soldats et ses lieutenants, tout le monde pille à l'aise et la grande ressource est le commerce des esclaves. A-t-on besoin d'argent, on exécute une razzia. Samory est moins un fondateur d'empire qu'un marchand d'esclaves. C'est le grand maquignon du Soudan.

Pendant que Binger observait ainsi l'Almamy, le temps se passait et rien n'avançait. Notre officier finit par déclarer qu'il se passerait de l'autorisation de Samory et continuerait son voyage. Samory aurait bien voulu le retenir, mais il n'osa pas commettre une pareille infraction au droit des gens, et ne lança personne à sa poursuite. Il se renferma dans ses bastilles devant Sikasso, espérant triompher de la résistance de son adversaire. Son espoir ne se réalisa jamais. Sikasso fut sauvée par l'intervention d'un de nos officiers, Quiquandon, et Tiéba resta notre fidèle allié jusqu'à sa mort en 1893. Quant à l'Almamy, furieux de son échec, il jura de se venger et se tourna de nouveau contre la France.

Alors commence une obscure période, que remplissent les intrigues cachées ou les attaques ouvertes de Samory. Tantôt il essaye d'intéresser à sa cause les ennemis de la France, et leur donne l'appui de son influence, de ses ressources, au besoin de ses Sofas ; tantôt il attire nos officiers dans d'obscures embuscades et les fait assassiner par ses affidés ; ou bien il entre directement en campagne, mais pour se faire battre par les commandants des forces françaises au Soudan, en 1891 par Archinard à Ouiougoudou et à Faraba, en 1892 par Humbert à Somliko et à Diennouko, en février 1893 par Combes, au mont Toukkoro et en novembre 1893 par Bermier à Faragorou et à Koloni. Le résultat direct de ces opérations fut que Samory, toujours vaincu, comprit qu'il lui fallait renoncer à ses projets contre la France. Il abandonna l'Ouassoulou, et se retourna brusquement à l'est vers le pays de Kong et l'hinterland de la Côte d'Ivoire, pays riches et peuplés, où nous n'avions encore ni postes, ni résidents, et où il espérait trouver une compensation à ses déboires, et peut-être même fonder un nouvel empire. Là encore il allait se heurter contre la France.

Grâce à nos victoires contre Ahmadou et Samory, le terrain se trouvait donc dégagé, et nous pouvions continuer notre marche en avant, attirés que nous étions vers cette mystérieuse capitale de l'Afrique, vers ce Tombouctou, dont la possession semblait assurer à tout jamais notre domination dans une importante partie du continent noir. Une politique prudente aurait peut-être conseillé l'abstention, mais des perspectives indéfinies de gloire et de conquête s'ouvraient devant nous. L'occasion se présentait de prendre une éclatante revanche à tous nos déboires. Fidèles à notre rôle civilisateur, nous étions en outre appelés à initier des peuples nombreux à tous les progrès de la vie moderne. Hésiter plus longtemps était impossible. En avant donc dans la direction de Tombouctou !

CHAPITRE VI

OCCUPATION DE TOMBOUCTOU ET DE LA BOUCLE DU NIGER

I. — Premières reconnaissances

Tombouctou la mystérieuse, où nul Européen ne réussit à pénétrer avant notre compatriote Caillié en 1827, passa longtemps pour la ville la plus considérable de l'Afrique Centrale. Bien que son occupation par les Français n'ait pas été l'action la plus importante de nos récentes conquêtes au Soudan, les cœurs ont battu et les imaginations se sont éveillées quand nous apprîmes que cette capitale africaine était tombée entre nos mains. Poussés par leur esprit d'aventure et bien servis par leur chance coloniale, nos soldats y sont entrés presque sans résistance, et s'y maintiennent sans trop de difficultés. Cette prise de possession est peut-être l'épisode le plus inattendu de notre épopée africaine.

Pendant que nous luttions péniblement contre les Toucouleurs d'Ahmadou ou les Sofas de Samory, d'intrépides explorateurs, profitant du grand fleuve qui s'ouvrait devant eux, se confiaient à ses eaux et poussaient droit devant eux. Le difficile avait été de faire arriver jusqu'au Niger des navires français. C'est à l'enseigne de vaisseau Froger que revient l'honneur d'avoir le premier déployé sur le fleuve nos couleurs nationales. Morceau par morceau, une canonnière, le *Niger*, fut transportée au prix de fatigues inouïes de Médine à Bamakou. Elle mesurait 10 m. 60 de longueur. Son poids était de 7.550 kilos, et elle avait coûté 6.700 francs. Froger, chargé du transport, déploya de rares qualités d'énergie et de persévérance, car il n'avait pour auxiliaires que des nègres indolents, et le voyage dura quatre mois. Arrivé à Bamakou, il s'aperçut que des pièces importantes avaient été égarées. Il remonta néanmoins l'embarcation, remplaça, par des tuyautages de fortune, les morceaux qui manquaient, et la canonnière fut mise à l'eau. Elle ne dépassa pas Koulikoro, à quarante kilomètres en aval de Bamakou. Ce n'en était pas moins un premier succès et de bon augure pour l'avenir.

La construction d'une seconde canonnière fut décidée. Pour éviter les frais de transport le chantier fut installé à Bamakou même, sous la direction du lieutenant Caron. Le nouveau bateau de 25 mètres de long et de 5 mètres de large, jaugeait cent tonneaux. Le 4 avril 1887 le commandant Gallieni présidait au baptême de la canonnière et lui donnait le nom bien mérité de *Mage*, un de nos meilleurs et plus réputés officiers. « Honneur à vous, mes chers compatriotes, disait-il, qui avez reçu la mission, enviée de tous, d'aller montrer les couleurs de la République sur le Niger aux villes inconnues qui en bordent le cours. Nos vœux les plus ardents vous accompagneront dans votre voyage et nos cœurs de patriotes se réjouiront quand nous recevrons la nouvelle de votre arrivée au but tant désiré. » Le vœu de Gallieni s'est réalisé. Le *Mage* est arrivé jusqu'au port de Tombouctou, et le grand fleuve nous fut soumis du jour où nous entrâmes dans la mystérieuse cité, où si peu d'Européens avaient encore abordé.

Le 1er juin 1887 Caron partit avec le *Mage* de Manambougou à quarante kilomètres en aval de Bamakou. Il arriva sans accident à Diafarabé, où l'on célébra joyeusement l'anniversaire du 14 juillet, et entra dans ce qu'on pourrait appeler le Delta Nigérien. Le Niger en effet, de Diafarabé à Tombouctou, forme trois dilatations, qui embrassent une région fertile entre toutes, car elle est régulièrement fécondée par les eaux et par les alluvions du fleuve. Il y a donc dans la vallée du Niger, comme dans celle du Nil, de grandes facilités pour l'élevage et la culture. Sur les rives poussent à l'envi de magnifiques forêts où l'on récolte le caoutchouc, la gutta-percha, le karité et une incroyable variété de bois précieux. Les mines d'or du Bourou et du Boundé, le fer du Bani, l'antimoine de Houmbour sont dans le voisinage. Il n'est pas de régions au monde aussi favorisées par la nature, et qui se prêtent mieux au commerce ; mais on n'avait sur la contrée que des renseignements confus et contradictoires. Aucune carte d'ensemble. Ce sera l'honneur de nos compatriotes, et particulièrement du lieutenant Caron d'avoir débrouillé ce système hydrographique et d'avoir poursuivi son œuvre avec une persistante sérénité, sans se soucier des obstacles politiques.

Ainsi, lorsqu'il pénétra dans le Macina, territoire soumis à Tidiani, neveu de notre vieil adversaire du Sénégal, Al Hadji Omar, Caron se heurta contre un des ennemis les plus déterminés de la France. Il n'hésita pourtant pas à le prévenir de son arrivée et lui annonça sa visite dans sa capitale de Bandiagara. Tidiani nous détestait, mais il n'osa pas repousser les ouvertures de notre représentant. Caron se dirigea donc sur Bandiagara et arriva dans cette citadelle du fanatisme musulman après un voyage des plus pénibles (24 juillet). Tidiani pourvut à tous ses besoins, mais l'accueillit avec une grande froideur et répondit à sa proposition d'alliance par un refus mal déguisé, car il redoutait notre intervention. Comme il ne régnait dans le Macina qu'en s'imposant par la terreur, il craignait que les Bambarras et les Peuls opprimés ne se révoltassent ou recourussent à notre protectorat. Après une semaine de pourparlers inutiles, Caron se décida à quitter Bandiagara, et rejoignit sa canonnière.

De Bandiagara au lac Déboé le pays, saccagé par la guerre, était inhabité. L'équipage avait la plus grande peine à trouver le bois nécessaire au chauffage de la machine. On n'avait en effet emporté que huit tonnes de charbon, et il fallait chaque jour descendre à terre pour y couper du bois, au risque de s'attirer une mauvaise affaire avec les riverains excités contre nous par Tidiani. Le 9 août les Français arrivaient au lac Déboé, nappe d'eau magnifique sur les rives de laquelle se pressaient de nombreux villages, mais Tidiani avait mis partout les populations en éveil, et jamais les indigènes ne voulurent approcher de nos compatriotes, ni écouter leurs paroles de paix.

En sortant du lac Déboé (15 août) les Français entraient dans un pays soumis aux Touaregs, dont le chef, Almivar, avait délégué son autorité à un certain Rihaia, qui s'était installé à Tombouctou et faisait peser sur les indigènes une intolérable tyrannie. Aussi ne demandaient-ils pas mieux qu'à entrer en relations avec le lieutenant Caron, mais ils étaient surveillés, et les Touaregs se montraient nettement opposés à notre intervention. Bientôt même ils prirent une attitude menaçante. De nombreux détachements armés de lances et montés sur de rapides méharis couraient dans la plaine. Des captifs, conducteurs d'ânes, stationnaient aux bords du fleuve, comme s'ils n'attendaient qu'un signal pour emporter le butin. Caron, qui ne voulait pas tomber dans un guet-apens, rompit toute communication avec la terre, et refusa de laisser monter à bord aucun Touareg, mais il continua imperturbablement sa route jusqu'à Koriumé, non loin de Kabara, le port de Tombouctou (17 août). Les chefs de la ville lui firent alors savoir qu'ils repoussaient l'intervention de la France dans leurs affaires, et ils prirent une attitude menaçante. Caron ne pouvait que s'incliner. Il donna l'ordre du retour. Le 17 septembre, après un voyage fort pénible et dans lequel il fallut se résigner à brûler le chaland qui suivait la canonnière afin d'alimenter la machine, car l'inondation empêchait de faire à terre la provision de combustible, l'expédition rentrait à Diafarabé, et le 6 octobre à Manambougou. Partout elle recevait un accueil enthousiaste. Les riverains apportaient des vivres et félicitaient les voyageurs. Il était néanmoins grand temps d'arriver. Les barreaux des grilles s'étaient effondrés et le bois brûlait sur les cendriers. Quant à l'équipage, Français et indigènes étaient exténués.

Les résultats obtenus étaient importants. La latitude de Tombouctou avait été déterminée avec précision. Près de 800 kilomètres avaient été levés, entièrement nouveaux. Le lac Déboé ne ressemblait plus au lac tel qu'il figurait sur les anciennes cartes. De nombreux pays, jusqu'alors inconnus, avaient été indiqués pour la première fois. C'était toute une révolution géographique. Les explorateurs rapportaient une ample moisson de renseignements sur le commerce de la région, la faune, la flore, le régime des eaux, etc. Malgré la défiance de Tidiani et les provocations des Touaregs, les Français avaient rempli leur mission sans tirer un coup de canon. C'était une prise de possession pacifique du pays qui préparait et annonçait la prise de possession définitive.

Ces heureux résultats furent confirmés par la nouvelle reconnaissance opérée en 1889 par le lieutenant Jayme. Parti de Koulikoro le 16 septembre, il arrivait le 3 octobre à Koriumé et le 4 à Kabara. Forcé de battre en retraite par suite du manque de combustible, il était de retour à Koulikoro le 25 octobre. Il avait en trente-neuf jours parcouru 1.000 kilomètres, et, comme l'écrivait le rapporteur de la Société de Géographie, démontré que la voie du Niger était tout à fait praticable à la navigation.

II. — En marche vers Tombouctou

Quelques années pourtant se passèrent encore avant que la France se décidât à intervenir directement. Ces retards furent heureux, car nous arrivâmes au moment opportun. Le pays était alors désorganisé et ruiné. Les conquérants qui avaient passé par Tombouctou n'avaient signalé leur passage que par des ruines et des dévastations. Les Touaregs surtout, les derniers occupants, avaient mis la région en coupe réglée, et leur chef, Salsabile El Tenguériguiff, venait deux fois par an à Tombouctou pour y percevoir l'impôt, comme en une ferme à exploiter. L'esclavage était devenu la grande industrie locale; aussi la famine menaçait-elle. Comme d'un autre côté la prospérité du Soudan était liée à celle de son principal marché et que les Français n'avaient espoir de se maintenir au Soudan qu'en étant les maîtres de ce marché, l'occupation de Tombouctou s'imposait à bref délai. Si, d'ailleurs, on tardait davantage, et si on laissait les Touaregs nous braver dans ce suprême asile, bientôt s'organiserait un foyer de résistance qui gagnerait le Sénégal, la Guinée et s'étendrait jusqu'à la Méditerranée.

Le lieutenant-colonel Archinard, qui connaissait déjà le pays, fut chargé de conduire l'opération (1894). Il combina une triple marche. Deux colonnes commandées par Bonnier et Joffre, c'est pour la première fois que paraît dans l'Histoire ce nom glorieux, suivraient la voie de terre, et une flottille sous les ordres de l'enseigne Boîteux descendrait le Niger. En octobre commença la marche en avant. Les Touaregs n'avaient pas cru à cette hardie démonstration, et n'avaient fait aucun préparatif de défense à Tombouctou, mais il fallut se rendre à l'évidence quand on apprit que les canonnières françaises avaient été signalées à Saréfiré. On était alors à la fin de novembre. Les Touaregs firent battre le tambour et appelèrent la population aux armes. On obéit, mais à contre-cœur, car on ne voulait ni se compromettre, ni risquer sa vie pour des maîtres détestés. Le 5 décembre nos canonnières arrivaient à Kabara, le port de Tombouctou. Elles furent accueillies par des volées de flèches et de lances et même par des coups de fusil. Nos hommes ripostèrent par des feux de salve qui eurent bientôt dispersé les assaillants. Les Touaregs s'enfuirent aussitôt dans le désert qui commence aux environs immédiats de la ville et les habitants de Tombouctou, très décontenancés, rentrèrent chez eux. Que faire? Leur chef, Hamdia, et les cadis prêchaient la résignation. Ils envoyèrent une lettre d'excuses à Boîteux, très embarrassé lui aussi par son succès. « Nous te faisons savoir que ce qui s'est passé dans la journée n'a pas été résolu par nous. Nous n'y avons pris part que contraints par les Touaregs. » Ils le prévenaient en même temps qu'ils s'adressaient à leur ancien suzerain, l'Empereur du Maroc, et le suppliaient d'attendre sa réponse avant de prendre une détermination. C'était demander l'impossible. Boîteux ne pouvait s'accommoder du bon vouloir de ce souverain, qui semblait retrouvé pour la circonstance. D'ailleurs, si les Touaregs avaient abandonné la ville, ils pouvaient revenir d'un moment à l'autre et se venger, par un massacre général, de ceux de leurs anciens sujets qui se seraient jetés dans les bras de la France. Par prudence et par humanité il fallait prendre une décision. Boiteux n'hésita pas, et ordonna la marche directe sur Tombouctou par le marigot de Kabara (15 décembre 1893).

C'était vraiment une entreprise extraordinaire. Deux chalands armés de canons-revolvers, et montés par sept Européens et douze tirailleurs sénégalais, marchaient à la conquête d'un empire. Il suffisait de jeter des pierres aux assaillants pour les exterminer, mais les audacieux ont toujours plu. On les laissa s'avancer, sans seulement essayer un simulacre de résistance. A peine eurent-ils débarqué qu'ils improvisèrent une redoute et attendirent les événements. L'hésitation ne fut pas longue. Frappée d'admiration par le tranquille courage de nos hommes, la masse de la population ne cacha pas son désir de les bien recevoir. Les chefs de la ville les plus influents, et parmi eux le marabout Kerati, firent savoir à Boiteux qu'ils ne demandaient pas mieux que de l'accueillir, mais à condition qu'il entrerait tout de suite, et prendrait ses dispositions pour les protéger ou contre un retour offensif des Touaregs, ou contre le soulèvement des intransigeants. Boiteux ne pouvait plus reculer sans s'exposer à un désastre. Il accepta donc les propositions des chefs indigènes, entra tout de suite à Tombouctou, et se fortifia sur le point le plus élevé de la ville. Il avait déjà commencé un premier retranchement au sud. La ville se trouvait donc gardée tant bien que mal, et il pouvait attendre les deux colonnes Bonnier et Joffre, qui s'avançaient à marches forcées.

Dix jours se passèrent dans un calme relatif, mais les Touaregs n'avaient pas renoncé à la partie. Cachés en embuscade dans les fourrés et derrière les monticules de sables qui s'étendent de Kabara à Tombouctou, ils attendaient une imprudence des Français pour se jeter sur eux et les accabler sous le nombre. Le 25 décembre, l'enseigne de vaisseau Aube, accompagné d'un peloton de dix-neuf hommes, se rendait de Kabara à Tombouctou pour renforcer la petite garnison. Nos soldats, encore dans le premier enivrement de la victoire, n'avaient pris aucune précaution et marchaient presque à la débandade. Arrivés à un endroit désert, trop justement nommé Our-Oumaïra, la place où l'on n'entend pas, ils furent tout à coup arrêtés par une masse de Touaregs, et, malgré leur résistance désespérée, égorgés jusqu'au dernier. Boîteux avait entendu les coups de fusil et les appels de ses compagnons d'armes. Il accourut à leur aide, mais trop tard pour les sauver. Il ne put que les venger, et refoula les Touaregs dans le désert.

III. — Le guet-apens de Tacoubao

Ce grave échec remettait tout en question. Les Français n'étaient donc pas invincibles, et dès lors n'était-on pas fondé à espérer la prochaine extermination de cette poignée d'hommes, braves sans doute, mais trop peu nombreux pour résister à tout un peuple ? Déjà s'agitaient à Tombouctou les partisans des Touaregs, et ceux-ci, fiers de leur succès, insultaient la ville dont ils fermaient les avenues, et annonçaient leur prochain retour et de terribles vengeances. Ces menaces inquiétaient les gens de Tombouctou, car ils se sentaient compromis. Ils préférèrent à un danger certain la chance de l'inconnu, et, plutôt que de s'exposer à de nouveaux massacres, firent savoir à Boîteux qu'ils l'aideraient à défendre la ville. En effet ils organisèrent des bandes de volontaires, et, sous la conduite des Français, n'hésitèrent pas à faire le coup de feu contre leurs oppresseurs de la veille.

Les Touaregs avaient néanmoins pour eux la supériorité du nombre et de l'armement. Ils avaient déjà coupé la communication avec Kabara. Ils avaient même tenté contre la flottille une surprise de nuit, et, s'ils avaient été repoussés, ils avaient tout de même annoncé qu'ils finiraient par avoir raison de leurs adversaires. Déjà le blocus se resserrait autour de la ville, et les vivres commençaient à manquer. La situation devenait inquiétante. Dès le 6 janvier 1894 on avait été obligé de recourir au système des rations. Par bonheur, le 6 janvier, la colonne Bonnier entra en ville après s'être ouvert par force le chemin de la place, et termina ainsi cette extraordinaire aventure. N'est-ce pas en effet un vrai roman que cette conquête d'une capitale, défendue par toute une armée, et que ses conquérants, une poignée de dix-neuf hommes, réussissent à maintenir vingt-cinq jours dans l'obéissance, jusqu'à ce qu'ils soient enfin dégagés par leurs camarades? Certes, des exploits de ce genre, accomplis par nos vaillants troupiers, nous consolent de beaucoup de tristes épisodes de notre histoire intérieure!

Pourquoi nous faut-il, après ce brillant fait d'armes, enregistrer une défaite à tous les points de vue lamentable, non seulement parce qu'elle compromettait les résultats acquis, mais plus encore parce que, facilement, nous aurions pu l'éviter? Dès le lendemain de son arrivée, le 11 janvier 1894, la colonne Bonnier, afin de consolider sa position à Tombouctou, organisa contre les Touaregs, qui tenaient encore la campagne, une colonne expéditionnaire, dont il prit le commandement. Il emmenait avec lui le commandant Hugueny, les capitaines Regard, Livrelli, Tassard, Semarie et Nigote, et les lieutenants Garnier, Bouveret et Sardat. Le départ eut lieu le 14 janvier. Les Touaregs ne tinrent nulle part. Sur le soir nos hommes arrivèrent à Tacoubao et se disposèrent à y passer la nuit. On forma le carré, on installa les sentinelles, et l'état-major, groupé au centre, passa gaiement la soirée. A minuit s'éteignaient les derniers feux. La lune était splendide, et, jusque vers les quatre heures du matin, elle inonda la région de ses clartés. A ce moment des coups de feu éclatent à l'improviste. Les sentinelles, qu'engourdissait sans doute la fraîcheur du matin, sont surprises et égorgées. Une masse de Touaregs se ruent contre nos soldats, renversent les faisceaux de fusils, et massacrent, en poussant de grands cris, tous les Français qu'ils rencontrent. Personne n'était sur ses gardes. En quelques minutes l'œuvre de carnage était accomplie. Alors commence le sauve-qui-peut. Le capitaine Nigote parvient à se relever, quoique blessé. Avec trois Européens et douze Sénégalais il forme un groupe, et réussit par sa ferme attitude à en imposer à l'ennemi, mais quatre-vingt-deux des nôtres, dont huit officiers, manquaient à l'appel. C'était un vrai désastre. Il n'y avait plus qu'à se replier sur Tombouctou, et qu'à y attendre la troisième colonne, celle du colonel Joffre, qui, heureusement, était annoncée.

IV. — Joffre a Tombouctou

L'heure de la vengeance sonna bientôt. Quelques jours après son arrivée, le 14 février 1894, le colonel Joffre, avec l'esprit de décision et la prudence qui devaient, vingt ans plus tard, assurer sa victoire de la Marne, surprenait à son tour les Touaregs à Kiti, entre les lacs Faguibine et Fati, et leur infligeait une sanglante défaite. C'était en quelque sorte la rançon du sang. Il se rendait ensuite à Tacoubao, y trouvait les cadavres de treize Européens auxquels il rendait les derniers honneurs, et rentrait en triomphe à Tombouctou. Peut-être eut-on le tort de vouloir rester sur la stricte défensive, car nos ennemis s'enhardirent jusqu'à venir piller nos protégés aux portes mêmes de la ville. Pour franchir les quelques kilomètres qui séparent Kabara de Tombouctou, une escorte était devenue indispensable. Aussi le commerce était-il comme paralysé et les négociants désertaient en masse jusqu'à Rhergo, sur le bas fleuve, en dehors de notre action. Mieux aurait valu revenir franchement en arrière que supporter plus longtemps l'arrogance des Touaregs. C'est ce que comprit le nouveau gouverneur du Soudan, général de Trentinian, qui ordonna la reprise immédiate des hostilités.

L'action fut vivement menée. Le commandant Réjou refoula les Touaregs de l'ouest, les Kelantassar et les Tenguérigiffs, qui, plus entreprenants que les autres tribus, avaient établi comme le blocus de Tombouctou, et, pour mieux démontrer les intentions de la France, créa sur la rive gauche du Niger les deux postes de Ras el Mâ et de Sompi (1895). Ce coup de vigueur produisit une vive impression. Non seulement les Touaregs ne reparurent plus dans notre voisinage immédiat, mais ils commencèrent à entrer en relations pacifiques avec nous. Ils laissèrent même le lieutenant Hourst descendre en paix le Niger, lors de sa belle exploration de 1896, et, malgré les excitations de notre adversaire Ahmadou qui s'était réfugié sur leur territoire, à Doungo, n'osèrent plus rentrer en campagne. La sécurité semblait alors absolue. En mars 1896 le gouverneur du Soudan français arrivait à Tombouctou en descendant le Niger. Il n'avait pour escorte que trois hommes. Le Père Hacquard, des Pères Blancs, arrivait tout seul. Tout paraissait donc tranquille, mais en réalité les Touaregs n'attendaient qu'une occasion pour recommencer la lutte.

Les plus remuants d'entre eux, les Aouellimmiden, crurent la rencontrer le 19 juin 1897, quand ils surprirent et massacrèrent à Rhergo un détachement de spahis commandés par les lieutenants de Chevigné et de Saint-Ygest. Chevigné venait pourtant par un traité formel (mai 1897) d'obtenir la reconnaissance du protectorat français sur tout leur territoire. On a prétendu que c'étaient surtout des Touaregs du nord, qui, dans un raid rapide, s'étaient portés d'Aïn-Salah à Rhergo, mais les Aouellimmiden étaient probablement leurs complices. Le colonel Klobb fut chargé de punir les dissidents. En mai 1898 il balayait la rive droite du fleuve, et attaquait les Igouadarou de la rive gauche qu'il refoulait au delà du coude de Bourroum. Vainqueur des Aouellimmiden à Hâ, à Gao, aux îles Sankaï, à Dongoy, il forçait les ennemis à reconnaître les uns après les autres notre suprématie, et une chaîne de postes fortifiés, dont le plus important est celui de Bamba, nous assurait le libre parcours du grand fleuve. Quelques tribus récalcitrantes, les Kel-Antassar, les Kel-Gerris, les Kel-Gossi, les Logomatou refusaient encore de s'avouer vaincues, mais une forte colonne, sous le commandement des capitaines Voulet et Chanoine, descendait le Niger pour traverser le pays des Aouellimmiden et gagner le Damerghou, pendant que des troupes parties de Dori refoulaient les Touaregs de la Boucle au delà du fleuve. De nouveaux postes étaient créés à Gao, Ansongo et Zinder au Niger (1890). La question militaire semblait donc tranchée, et Tombouctou, couverte de tous côtés par d'énormes territoires, soumise à la France et protégée par une chaîne de postes fortifiés, redevenait la capitale d'un empire africain.

V. — Conséquences de l'occupation de Tombouctou

A l'heure actuelle l'ordre est rétabli. On commence à bâtir des maisons nouvelles. On répare les anciennes, et elles en avaient besoin, car c'étaient des huttes plutôt que des maisons, construites en terre, et charpentées avec des troncs de rôniers. Aussi étaient-elles pour la plupart écroulées ou croulantes. Les rues ne sont pas encore aussi soignées, aussi correctes qu'en Europe, mais ce sont déjà des rues. Les marchés ont lieu maintenant à des jours déterminés et sont abondamment pourvus. Tombouctou est donc en progrès. La vie reprend. Un bel avenir se prépare.

L'occupation de cette ville a été diversement appréciée en France et à l'étranger. En France il ne manque pas d'esprits timorés pour lesquels tout pas en avant représente un danger, et tout accroissement de territoire est considéré comme une calamité publique. Sous prétexte que le gouvernement n'avait pas ordonné la prise de Tombouctou, ces politiques de haut vol n'ont eu que des paroles de blâme à l'adresse de l'enseigne Boîteux et des colonels Bonnier et Joffre : mais l'honneur du drapeau était engagé, et nous ne pouvions plus reculer. Ce qui d'ailleurs prouverait que nous avons été bien inspirés en plantant notre drapeau à Tombouctou, c'est que les Anglais n'ont pas caché leur dépit et que les Allemands ont eu la naïveté de nous conseiller l'évacuation de la ville. « Toute la population, écrivait un de leurs explorateurs, et non pas le moins autorisé, Gehrardt Rohlfs, jusqu'à l'Atlantique à l'est et au sud de l'Atlas, sera exaltée par la nouvelle de la prise de Tombouctou par les Français... Ils n'auront plus maintenant à combattre seulement le Touat par le nord, mais ils vont trouver dans le sud des hordes fanatiques. Pour remédier à un tel état de choses, il faut qu'ils évacuent volontairement Tombouctou, qu'ils déclarent que la ville n'a été occupée que provisoirement pour rétablir la loi, et qu'aujourd'hui, le calme et l'ordre régnant à nouveau, ils abandonnent leurs conquêtes. » Notre conclusion n'est-elle pas dès lors tout indiquée? Puisque nos ennemis nous conseillent l'évacuation, gardons-nous de les écouter et restons à Tombouctou. Nous nous en trouverons bien au triple point de vue commercial, militaire et politique.

En effet Tombouctou occupe une position commerciale incomparable. Des deux côtés à la fois, par le Sahara et par le fleuve, à dos de chameau et par les bateaux, arrivent dans cette ville des produits variés. Par la voie saharienne ce sont les articles manufacturés d'Europe, les étoffes, les armes, les munitions, les objets mobiliers et surtout le sel. Quant au commerce par la voie fluviale ce sont des plumes d'autruche, de l'ivoire, de l'or en poudre, du caoutchouc, des laines, des gommes, du coton, et surtout des esclaves, car, en dépit des théories, l'esclavage existe encore de fait, et ne paraît pas à la veille de disparaître. Ces diverses cargaisons végétales, animales ou humaines sont transportées par les grosses barques de Djenné. Le commerce par terre est plus considérable que le commerce par voie fluviale, mais on a déjà commencé à désobstruer le marigot qui reliait Kabara à Tombouctou, et, sans être grand prophète, il est facile de prévoir le moment où s'amarreront aux nouveaux quais de Tombouctou non seulement les canonnières françaises ou les lourdes barques de Djenné, mais des paquebots chargés de marchandises. Lorsque, d'un autre côté, le Sahara sera sillonné par des locomotives et que les Touaregs, transformés en paisibles hommes d'équipe ou en gardes-barrières, voire même en gendarmes, assureront la tranquillité des régions qu'ils dévastaient jadis, Tombouctou redeviendra fatalement la capitale commerciale du Soudan. Ne venons-nous pas d'apprendre, que grâce à l'initiative du gouverneur de l'Algérie, Lutaud, des communications postales aériennes avaient été établies, et qu'il suffisait d'une trentaine d'heures pour recevoir à Tombouctou des nouvelles d'Alger (1917).

Au point de vue militaire, l'occupation de Tombouctou, en nous donnant la ligne du Haut et du Moyen Niger, constitue une base d'opérations excellente dans les pays sahariens. De là nos colonnes peuvent rayonner sans trop de fatigue dans toutes les directions. Au moyen de petits vapeurs nous tenons en respect tous les riverains du fleuve, depuis sa source jusqu'aux comptoirs anglais, et rien n'est plus facile que d'assurer le ravitaillement de Tombouctou par cette voie. Rien que par notre présence dans cette ville, nous sommes donc les maîtres du Soudan tout entier.

Au point de vue politique enfin, Tombouctou coupant en deux l'immense zone qui s'étend du Maroc au Soudan, et séparant deux populations de mœurs différentes, que nous pourrons plus facilement surveiller, Sahariens et Soudanais, il est probable que la ville verra renaître son antique prospérité. Les femmes de Tombouctou ont longtemps exercé dans toute l'Afrique l'empire de la mode. Elles sont encore jolies et n'ont pas cessé d'être légères, galantes même. Bientôt elles rendront à leur ville natale son vieux renom d'urbanité et de courtoisie. L'Université de Tombouctou, la Sonanké, exerçait jadis une grande influence. C'était presque un proverbe dans le monde musulman que les conversations, tenues sur les bancs de la Sonanké, dictaient l'opinion dans toute l'Afrique occidentale. Encouragés et soutenus par nous, les professeurs de la Sonanké restaurée pourront reprendre la direction intellectuelle de toute la région. En 1880, quand il visita Tombouctou, le docteur autrichien O. Lenz, prononçait ces mémorables paroles, auxquelles on ne prêta alors qu'une médiocre attention : « Si Tombouctou se retrouvait sous l'influence d'un gouvernement fort, elle prospérerait de nouveau. L'antique querelle entre Touaregs et Foulbés qui la divise et la paralyse sera terminée lorsqu'une troisième puissance, un peuple d'Europe, viendra s'immiscer dans ses luttes. »

Ce peuple est venu et sa domination a été tout de suite acceptée. Tombouctou redevient la capitale commerciale, militaire et intellectuelle de l'Afrique du nord-ouest, et, grâce à nous, règne enfin la paix dans ces régions, si longtemps malheureuses. N'est-ce pas le rôle qui convient à la France, et, parce que nous avons déjà fait à Tombouctou, n'avons-nous pas le droit de répondre à nos détracteurs que, quand ils le veulent, les Français savent coloniser ?

VI. — Les missions Binger et Monteil

Une fois installée à Tombouctou, la France allait-elle s'arrêter ou continuer la marche en avant ? Dans ces pays que n'a pas encore suffisamment pénétrés la civilisation européenne, qui n'avance pas recule. D'ailleurs l'élan était donné. Il fallait continuer l'œuvre si bien commencée ou renoncer à toutes nos espérances. On se décida à aller de l'avant !

L'action de la France se dirigea tout d'abord dans la boucle du Niger. On nomme ainsi les pays compris entre la rive droite du fleuve et une ligne qui s'étendrait de Bamakou à Say ; vastes espaces à peu près inconnus que sillonnaient des montagnes hypothétiques et des cours d'eau supposés. A vrai dire on marchait à peu près au hasard ; mais la voie était ouverte : on s'y engagea.

Les explorateurs précédèrent les conquérants. Pour être moins brillante leur œuvre n'en fut pas moins pénétrante et durable.

Le premier et peut-être le plus méritant d'entre eux, fut le capitaine Binger. Il avait été chargé, en 1887, d'explorer l'immense région, tout à fait inconnue, qui s'étend entre le Haut Niger et la Guinée. Il devait partir de Bamakou et descendre à la côte vers Grand-Bassam. Ce voyage, qui dura du 20 février 1887 au 11 mai 1889, peut se diviser en cinq étapes. Dans la première, de Bamakou à Sikasso, Binger, avec seulement 12 hommes d'escorte, arriva à Sikasso, où notre allié Tieba était alors assiégé par Samory. Ce dernier aurait désiré le concours de Binger, mais notre compatriote n'avait pas oublié que sa mission était avant tout pacifique. Il se déroba aux avances intéressées de son hôte et se remit en route. Une seconde étape le conduisit à Kong, à travers un pays horriblement dévasté par les Sofas de Samory, le Kénédougou. Il y arriva le 8 février 1888, monté sur un bœuf, et escorté par plusieurs milliers d'indigènes, avides de contempler le premier Européen qui ait pénétré jusqu'à eux. Binger aurait désiré, dans une troisième étape, s'avancer jusqu'à Say sur le Niger à travers le Mossi, mais une fois arrivé dans la capitale, à Oughadougou (15 juin 1888), il fut si mal accueilli par le sultan Naba-Sanon, qu'il crut prudent de rebrousser chemin vers le sud. Une quatrième étape le conduisit d'Oughadougou à Kong par le Gouroumsi, le Mampoussi, le Dagomba et le Goudja. Le voyage dura deux mois. Il fut très pénible. Les indigènes cherchèrent à plusieurs reprises à assassiner les membres de la mission. D'ailleurs les ressources matérielles commençaient à leur manquer, et ils étaient accablés de fatigue. Le résident d'Assinie, Treich Laplène, avait été envoyé à leur rencontre avec un convoi de ravitaillement, mais il n'avait pas réussi à les rejoindre et on les croyait tous morts, quand ils rentrèrent à Kong, mais à bout de forces (5 janvier 1889).

Binger n'avait plus qu'à rentrer en France, mais il ne voulut le faire qu'en frayant une voie nouvelle, de Kong à Grand-Bassam. Après avoir fait signer au maître de Kong, Karamoko-Oulé, un traité de protectorat (10 janvier 1889), il se dirigea vers la côte, et, chemin faisant, imposa la protection de la France aux souverains du Dakkara (26 janvier) et de l'Anno. Le 28 février il arrivait à Attakrou sur la Komoë, et descendait le fleuve en pirogue malgré les rapides, mais il était fort malade. Recueilli à temps par la canonnière *le Diamant* qui faisait la police du fleuve, il arriva à Grand-Bassam (20 mars), et, de là, rentra en France.

Cette exploration avait été féconde en résultats : 4.000 kilomètres d'itinéraires topographiques avaient été relevés, et près de 50.000 indiqués par renseignements. D'énormes lacunes géographiques avaient été comblées et des erreurs rectifiées. On avait des indications précises sur le relief du sol, sur la direction des cours d'eau affluents du Niger, de la Volta, de la Komoë. On avait rassemblé de nombreux documents sur la géologie, la flore, le climat, l'ethnographie. On avait signé des protectorats, sur la valeur desquels il était peut-être prudent de ne pas s'abuser, mais enfin l'hinterland d'un vaste pays avait été reconnu, et nos établissements de la Côte d'Ivoire étaient théoriquement reliés au Soudan. Binger fut donc un précurseur, un véritable fondateur d'empire, et il avait obtenu ces merveilleux résultats sans tirer un coup de fusil.

Le capitaine Quiquandon continua utilement l'œuvre de Binger. Il avait été une première fois, en 1887, envoyé dans le Bélédougou. En avril 1890, il reçut la mission de pénétrer jusqu'à Sikasso, afin de gagner à notre cause le roi Tieba. Il y arrivait le 3 juin 1890, y était fort bien accueilli, et signait un traité de protectorat. Pendant ce temps, deux de ses auxiliaires, le docteur Crouzat et le lieutenant Spitzer, s'enfonçaient dans le Mossi qui, naguère, s'était montré réfractaire à notre influence. Ils réussirent non pas à le soumettre à notre protectorat, mais ils reconnurent la contrée, et y recrutèrent quelques partisans. Désormais les routes d'accès étaient indiquées, et tout se préparait pour une prise de possession prochaine.

Au commandant Monteil était réservé l'honneur d'inspirer le respect de notre pavillon à ces remuants indigènes. On lui avait confié une double mission : celle d'atteindre le Mossi en jalonnant la route par des traités, et celle d'aller de Say sur le Niger au Tchad en déterminant la limite d'influence reconnue par le traité anglais du 5 août 1890. Le succès était difficile, car on s'engageait dans un pays à moitié occupé par des fétichistes très attachés à leurs sorciers, moitié par des Musulmans récemment convertis et possédant encore l'ardeur des néophytes. En outre, tout en s'inclinant devant la supériorité des Européens, les indigènes tenaient à leurs coutumes, et il importait de ne pas les froisser par ignorance, surtout dans le Mossi, pays où s'étaient conservés intacts les usages d'une très ancienne civilisation noire. Monteil surmonta ces obstacles et réussit pleinement dans sa mission. Parti de Bordeaux le 20 septembre 1890, escorté seulement par le surveillant militaire Badaire et par une vingtaine de Sénégalais, il arrivait à Kayes le 28 octobre, à Ségou le 23 décembre, à San où il signait un premier traité qui prédisposait en sa faveur tous les chefs ou lettrés musulmans qu'il rencontrerait sur sa route, à Kinian où se trouvait encore Quiquandon, et à Samoraghan (3 mars 1891). Il poursuivait sa marche par Bonna, Kimberi, Lanfiera (avril 1891) et arrivait enfin le 20 avril à Ouaghadougou, la capitale du Mossi. Le docteur Crozat venait d'y être accueilli plutôt fraîchement. Monteil plus heureux réussit à signer un traité de protectorat, puis il s'enfonça dans le Liptako, région tourmentée par la guerre civile. Il obtint pourtant la signature de traités avec les chefs de Dori (mai 1891), de Yaghia (juillet), et du Torodi (juillet). Il arriva enfin à Say où il retrouva le Niger qu'il avait quitté à Ségou dix mois auparavant. Il ne s'agissait plus que de reconnaître la ligne qui, de Say à Barraoua sur le Tchad, limiterait au sud notre sphère d'influence dans le Sahara.

Le 27 août 1891 Monteil se remettait en marche. Après avoir traversé, non sans peine, le Djerma, le Maouri et le Kabbi, il arrivait dans les royaumes musulmans de Sokoto et de Kouka. Il y était bien reçu, notamment à Kouka, où des cavaliers, revêtus d'armures ouatées, lui firent une entrée triomphale, mais il n'obtint pas de promesses fermes, et dut bientôt comprendre qu'il n'avait qu'à battre en retraite. Par une résolution hardie, et afin de tracer un nouvel itinéraire, il ne voulut pas revenir par le même chemin et poussa droit au nord dans la direction de Tripoli. Il s'engagea sans hésiter dans une caravane, et s'enfonça dans le désert. Cette traversée resta dans son souvenir comme une des plus poignantes émotions de sa vie de voyageur, surtout quand il pénétra dans la partie la plus sinistre de l'immense plaine, le Tintouna. « La caravane se déplace en silence dans un recueillement sépulcral, a-t-il écrit. Tout prête à l'illusion du néant. Le sens ne connaît plus la distance; la lumière se diffuse sans préciser les contours de l'objet. On voit des diables dans le Tintouna, disent les Arabes. Ces diables, je les ai vus! »

Le 25 octobre 1892, Monteil arrivait enfin à Mourzouck, en pays relativement civilisé, et de là gagnait Tripoli. Il avait de la sorte, non seulement rempli sa double mission, mais encore relié les itinéraires de Barth à ceux de Binger, et par conséquent l'Atlantique à la Méditerranée. C'était une œuvre grandiose, et, de même que la plupart de nos explorateurs, il l'avait accomplie sans jamais recourir aux moyens brutaux de force ou d'intimidation.

VII. — Annexion du Mossi et du Gouroumsi

Il était nécessaire, pour consolider notre domination, de rendre effectifs les divers traités de protectorat signés par Binger, Crozat ou Monteil. Le commandant Destenave fut chargé de cette mission. Assisté par deux brillants officiers, Voulet et Chanoine, il s'installait définitivement dans le Mossi (1897) et s'emparait du pays voisin, le Gouroumsi. Cette double conquête non seulement complétait l'œuvre de Binger et de Monteil, mais de plus, elle ruinait les espérances des Anglais et des Allemands, qui auraient voulu arriver au Niger, les premiers par l'hinterland de la Côte d'Or et les seconds par le Togoland. Une mission anglaise, commandée par Donald-Stewart, était déjà parvenue à Dagomba, mais elle rencontra Voulet à Tenkodogo (7 février), et, s'inclinant devant le fait accompli, renonça au Mossi. Quant aux Allemands, ils firent également contre mauvaise fortune bon cœur, et des traités de délimitation déterminèrent la nouvelle frontière.

Pendant ce temps, une colonne française, venue du Dahomey, sous les ordres des lieutenants Baud et Vermesch, opérait sa jonction à Tigba dans le Gourma avec Voulet et Chanoine (16 février 1897). Le Dahomey, la Côte d'Ivoire et la Guinée étaient dès lors réunis au Soudan, et il ne restait plus qu'à réduire à notre protectorat ceux des indigènes qui étaient encore indépendants. C'est ce à quoi s'employa le commandant Destenave qui installa à Dori, point de passage pour les pillards touaregs ou peuls, un poste français, et fit occuper la ville de Say (19 mai 1897), d'où s'enfuit précipitamment notre vieil adversaire du Soudan, Ahmadou. De la sorte fut déclaré français tout le pays qui s'étend de Bandiagara à Say.

Quelques indigènes dans le Mossi n'acceptèrent pas sans protester l'extension de notre puissance. L'un d'eux, le marabout Modibo-Diagourou, proclama même la guerre sainte, mais il fut poursuivi à outrance et réduit à demander la paix. La résistance d'un pays voisin, le Kénédougou, fut plus sérieuse. Elle se concentra à Sikasso, l'ancienne capitale de notre allié Tieba, mort en 1893 et remplacé par Babemba, qui, subissant des influences hostiles, devint au contraire notre ennemi. On essaya de le ramener par la douceur, mais le capitaine Morisson, envoyé en mission près de lui, ne réussit qu'à exaspérer sa haine, et, quand il quitta Sikasso (1er février 1890), ce fut pour tomber dans une embuscade où il n'échappa au massacre que par une marche forcée de 90 kilomètres.

Chargé de venger l'injure faite au drapeau, le commandant Audéoud organisa une colonne de 1.160 tirailleurs, 80 spahis, 32 officiers et 58 soldats français, sans compter de nombreux porteurs. Il arrivait sous les murs de la citadelle noire, le 15 avril 1898. C'était une grosse ville, peuplée d'environ 30.000 habitants, et protégée par trois enceintes : d'abord un mur de 10 kilomètres de circuit, 5 mètres de hauteur, et 7 d'épaisseur ; puis une seconde muraille intérieure bâtie autour d'un mamelon abrupt surmonté d'un fort, puis le diafoutou ou résidence royale, entouré d'un mur de 6 mètres de hauteur. 10.000 fantassins et 2.000 cavaliers défendaient ces imposantes fortifications, et ils paraissaient disposés à résister à outrance. Le 20 et le 25 avril, deux attaques manquées. Le 1er mai, assaut général par les trois brèches pratiquées. Les deux premières enceintes sont enlevées, mais le diafoutou se dresse encore inviolé. L'assaut recommence après quelques heures de repos. Babemba et les plus braves de ses soldats se font tuer, mais ils vendent chèrement leur vie, car 46 des nôtres avaient été tués, dont les lieutenants Gallet et Lamy, et 102 blessés.

Sikasso passait pour imprenable ; aussi la chute de cette place eut-elle un grand retentissement. Le pays tout entier se trouva pacifié et réuni au Soudan. La paix française devint une réalité. Lorsque quelques tribus de pillards, les Bobos, voulurent empêcher Valet et Hugot de reconnaître la route directe entre Ségou et le bassin de la Volta, une simple démonstration, suivie d'un combat assez vif à Mausaïa, suffit pour débarrasser la région de ces hordes gênantes (1899). L'ordre n'a pas été troublé depuis cette époque, et tout permet d'espérer qu'à la période de l'occupation, a succédé celle de la mise en valeur de nos nouveaux domaines.

Les explorateurs, en effet, prennent de nouveau la place des conquérants. Aux brillants coups de main, succèdent les patientes investigations, mais l'œuvre de nos découvreurs n'en est pas moins féconde et profitable à l'expansion coloniale.

VIII. — Missions Toutée et Hourst

La boucle du Niger était à peu près reconnue, mais le grand fleuve n'avait encore été ni remonté, ni descendu dans tout son cours. On savait bien qu'il existe en quelque sorte trois Niger, dont les caractères sont nettement distincts : à savoir deux fleuves tropicaux coulant à pleins bords, dont le premier va de la source à Tombouctou, et le second de Say à la mer. Quant au troisième, de Tombouctou à Say, c'est un fleuve ayant juste assez d'eau pour ne pas disparaître dans le sable. De ces trois Niger nous en possédions deux, de la source à Tombouctou, et de Tombouctou à Say, mais nous les connaissions encore mal, et il était nécessaire d'explorer le troisième, car les Anglais nous avaient déjà précédés à l'embouchure et il importait d'assurer par une occupation effective la jonction entre nos établissements de la côte et le Soudan. De là, diverses explorations, dont les plus célèbres furent celles du capitaine Toutée en 1894 et du lieutenant Hourst en 1896.

Le capitaine Toutée avait été chargé de remonter le Niger depuis son embouchure jusqu'à Tombouctou, mais, comme il lui fallait d'abord passer par les territoires anglais, on craignit qu'il ne se heurtât à des difficultés soulevées par les fonctionnaires ou par les colons de la Grande-Bretagne. On lui enjoignit donc de s'engager dans le Dahomey, de rejoindre le Niger au sud de Boussa, puis de le remonter. Toutée avait pour compagnons le lieutenant Targe, le sous-lieutenant de Pas et l'adjudant Doux. Ils partirent en décembre 1894 et arrivèrent le 15 février 1895 à Badjibo sur le Niger, où ils fondèrent le fort Aremberg. Seize jours d'une navigation pénible les amenaient à Boussa, après avoir dépassé des rapides jusqu'alors réputés infranchissables. Toutée arrivait à Say après avoir traversé une région infestée par les Touaregs et par les partisans d'Ahmadou. Il se frayait un chemin à coups de fusil, et arrivait à Zinder (5 juin), puis à Tibi-Farca, où il retrouvait les Français. Sa mission était donc terminée au point de vue politique. Comme les ressources lui manquaient, il ne songea plus qu'à rejoindre son poste. Il redescendit donc le fleuve, toujours salué par la fusillade des gens d'Ahmadou, mais réussit à arriver sans encombre à la côte.

Le voyage du lieutenant Hourst s'accomplit en sens contraire, c'est-à-dire de Tombouctou à la mer. Parti de Tombouctou le 22 janvier 1897 sur un chaland démontable, en aluminium, *le Davoust*, de 12 mètres de long, et deux autres chalands en bois, l'un de 16 mètres, *l'Aube*, et l'autre de 9 mètres, le *Le Dantec*, il emmenait avec lui l'enseigne Baudry, le lieutenant Bluzet, le docteur Taburet, le Père Hacquart, 20 Sénégalais et 10 interprètes. Après un séjour chez les Arabes de Kaglfa qui l'accueillirent fort bien parce que le bruit s'était répandu qu'il était le neveu de l'illustre Barth, Hourst entra sur le territoire des Touaregs Aouellimmiden, qui, excités par des marabouts fanatiques, ne cachèrent pas leur hostilité, mais le lieutenant eut la sagesse de ne pas répondre aux provocations d'énergumènes qui suivaient la flottille sur les deux rives du fleuve. Cette prudence porta ses fruits, car, à l'arrivée à Goal, leur chef, l'aménokal Madidou, proposa la paix et tint parole. Même réception à Ansango et bonne entente avec les Touaregs Kel-es-Souk. Ce n'étaient pas d'ailleurs les Touaregs qui inquiétaient nos compatriotes, mais bien plutôt les difficultés de la route. Les chalands étaient emportés par un fort courant sur un lit de cailloux invisibles. A chaque instant rapides ou bancs de sable. A Labezonga, les bateaux faillirent sombrer. A Ayorou, il fallut se frayer un chemin à travers un véritable archipel. A grand'peine on arriva à Say (7 avril), et on s'y heurta aussitôt à de graves embarras.

En effet, notre irréductible adversaire Ahmadou campait dans le voisinage, à Doungo. et il avait rallié à sa cause de nombreux partisans. Or, il était indispensable de réparer les bateaux, et Ahmadou ne laisserait pas à nos hommes un moment de répit. On fut donc obligé de s'installer dans une petite île et d'y improviser une citadelle, qu'on nomma Fort Archinard. C'est là que, pendant cinq mois et demi, séparés du monde extérieur, sans secours, sans ravitaillement, entourés d'ennemis acharnés, nos Français firent preuve d'une endurance extraordinaire et parvinrent à se remettre en état de continuer la route.

Départ du fort Archinard le 15 septembre. Traversée relativement aisée du Dendi, dont les chefs, admirateurs du vrai courage, font bon accueil à la mission. Arrivée à Yaouri, où jadis s'était noyé Mungo-Park, et descente du fleuve à travers les rapides, avec une vitesse de douze nœuds, d'abord jusqu'à Boussa, puis aux pays qui dépendent de l'Angleterre, Leaba, Tamburan, Badjibo, Geba, Asaba. On déboucha enfin dans l'Océan, et, le 29 octobre, on débarqua à Porto-Novo.

La mission Hourst avait obtenu des résultats considérables. Cinquante feuilles de l'hydrographie du Niger avaient été dressées. On avait pris plus de mille photographies, et recueilli avec le phonographe des conversations et jusqu'à des chants indigènes. D'importantes collections d'histoire naturelle avaient été réunies. On savait qu'entre Koulikoro et Ansango existait sur le Niger un bief navigable en toute saison. On avait entamé des négociations avec des tribus jusqu'alors réfractaires, surtout avec les Touaregs. C'étaient en un mot les premières pierres du futur empire colonial franco-africain qui avaient été posées.

Dans la pensée des hommes d'État qui, soucieux de la grandeur de la France, avaient formé le projet de lui donner la suprématie en Afrique, ce n'est pas au Niger, mais au lac Tchad, et au besoin jusqu'au Nil que devaient être poussées nos acquisitions. Puisque nous avions réussi à rejoindre au Soudan et au Sénégal la Guinée, la Côte d'Ivoire et le Dahomey, pourquoi ne pas réunir également nos possessions du Congo, de l'Oubanghi et du Chari? De là diverses expéditions, dont nous résumerons les principales.

IX. — Missions Cazemajou, Voulet, Chanoine

En 1897, le capitaine du génie Cazemajou fut chargé d'une triple mission, reconnaître le pays entre Say et Barraoua, qui avait déjà été parcouru par Monteil, étendre la domination française dans la direction du lac Tchad, et rechercher si, comme le bruit s'en était répandu, il y avait des survivants à la mission Flatters. Après avoir traversé le Niger à Karimana (20 décembre 1897), Cazemajou prit aussitôt la direction de Zinder, en passant par Argoungou et par Sokoto, dont le sultan lui accorda la permission de visiter l'Adar. Il s'engagea en effet dans l'oasis de Thaoua, où il acquit la triste conviction que tous les membres de la mission Flatters avaient été massacrés, et regagna Zinder (14 avril). Il y reçut d'abord un bon accueil de l'émir Serky, mais cet accueil masquait une trahison depuis longtemps préparée. Soit que l'émir supposât que Cazemajou avait l'intention de traiter avec son ennemi Rabah, soit plutôt qu'il ait écouté de perfides conseils, sa mort fut décidée. On creusa au milieu de la case royale un trou profond recouvert de roseaux, et les Français, invités à un palabre, entrèrent sans défiance et tombèrent dans la trappe (5 mai 1898). Cazemajou et l'interprète Olive furent assommés à coups de bâton et, palpitants encore, enterrés dans le trou béant. Cinq hommes de l'escorte et l'interprète Badié-Diema, saisis au marché, furent traîtreusement massacrés. Le caporal indigène Kaenby-Kaita, avec les sept hommes qui lui restaient, s'enferma dans le campement et organisa la résistance. Ils n'étaient qu'une poignée d'hommes et Zinder comptait 10.000 habitants. Ces braves repoussèrent trois assauts, firent plusieurs sorties, brûlèrent les faubourgs, refusèrent toutes les propositions de l'émir, et ne se décidèrent à quitter la place que lorsque les munitions leur firent défaut. Poursuivis à outrance, ils se défendirent à l'arme blanche et arrivèrent enfin à Ilo (8 juillet), exténués de fatigue et couverts de gloire. De pareils traits d'héroïsme méritent d'être mis en pleine lumière. Ces braves mercenaires, si fidèles à leur drapeau d'adoption, ne promettaient-ils pas à notre armée indigène de solides compagnons et des chefs dévoués !

Deux brillants officiers qui avaient déjà fait leurs preuves en Afrique, car ils furent, sous les ordres de Destenave, les véritables conquérants du Mossi, Voulet et Chanoine, furent chargés de venger Cazemajou. Avec les lieutenants Lallier, Joalland, Peteau, le Dr Henric, les sergents Leroy et Bouthel, le maréchal des logis Thourot, et une nombreuse cavalerie auxiliaire, ils partirent de Kayes le 29 août 1898. Arrivés à Djenné en octobre, ils se partageaient en deux colonnes. Voulet descendait le Niger en compagnie du lieutenant-colonel Klobb, chargé de contenir les Touaregs, et Chanoine prenait la voie de terre et traversait la boucle du Niger par le Macina et le Mossi. Ils se rejoignaient, le 2 janvier 1891, à Sansanné-Houana, près de Say, et entraient en campagne au mois de mars. Le corps expéditionnaire comptait alors 20 spahis, 30 Sénégalais, 700 auxiliaires et un millier de porteurs. Dès le mois d'avril commencèrent à circuler de sourdes rumeurs. Le lieutenant Peteau avait demandé à retourner en arrière, et s'était plaint d'abord aux autorités locales, puis à Paris, d'abus de pouvoir commis par les chefs de la colonne. Il les accusait de recourir, pour le recrutement des porteurs, à de coupables manœuvres. Le capitaine Chanoine était spécialement représenté comme un autre Samory, sans cœur et sans pitié. Les accusations, en se précisant, prirent du corps. Une enquête fut ordonnée, et le lieutenant-colonel Klobb chargé de poursuivre et au besoin d'arrêter les officiers coupables. Klobb partit aussitôt (18 avril 1899), avec le lieutenant Meynier et une cinquantaine d'hommes d'escorte. Il prenait contact avec la colonne Voulet, le 10 juillet, près de Zinder, et priait le capitaine de le rejoindre. Alors s'ouvre une tragédie, par bonheur sans précédent dans notre histoire coloniale. Que se passa-t-il? Voulet et Chanoine éprouvèrent-ils un accès de cette folie toute spéciale qu'on a proposé de nommer la Soudanite, et qui se traduit par une singulière exagération de sentiments, ou bien, froissés de la mesure prise à leur égard, se crurent-ils, dans leur naïf orgueil, de taille à jouer en Afrique le rôle de fondateurs d'empire? Toujours est-il que Voulet se porta à la rencontre des Français, les rencontra le 12 juillet à Dankori, et commanda le feu. Klobb fut tué raide, Meynier blessé et l'escorte dispersée. Chanoine le rejoignit et prit fait et cause pour lui. Ils s'installèrent tous deux à Mayri et cherchèrent à retenir leurs hommes; mais les sergents Thourol et Bouthel s'enfuyaient bientôt et retrouvaient à Nafoula les débris de la colonne Klobb. Les tirailleurs, honteux de leur défection, se révoltaient à leur tour, tuaient Chanoine dès le 16 juillet, et le lendemain Voulet qui avait cherché à s'enfuir, était atteint par eux et fusillé.

La mission se reconstituait aussitôt sous le commandement du lieutenant Pallier. Elle occupait Zinder le 29 juillet et y punissait les assassins de Cazemajou. Pallier ne crut pas devoir aller plus loin, et revint sur ses pas par Dosso, mais il laissait à Zinder Meynier et Joalland qui prirent sur eux de continuer la marche vers le Tchad et d'opérer leur jonction sur les bords du lac, s'ils le pouvaient, avec la mission Foureau-Lamy qui, par le Sahara, s'avançait alors vers le Tchad, et avec la mission Gentil qui, par l'Oubanghi et le Chari, suivait la même direction. Ils arrivèrent sur le bord du lac le 23 octobre, soumirent la province du Kanem et opérèrent leur jonction à Goulfeï avec la colonne Gentil. Dès lors leur activité allait se déployer sur un nouveau théâtre, et ils y rendirent d'éclatants services que nous aurons à raconter plus loin.

La domination française s'est, dans ces dernières années, consolidée dans ces régions. En 1903, le capitaine Moll, accompagné par les capitaines Carpinetty, Tilho et Gaillard, le Dr Gaillard et l'administrateur Hummel, y opérait une importante reconnaissance topographique à l'effet de déterminer la frontière anglo-française. Parti de Kotonou en décembre 1902, il arrivait par le Dahomey sur le Niger le 15 janvier 1903, et terminait l'année suivante l'important travail dont il avait été chargé. Près de 1.600 kilomètres de frontières furent alors délimités et le sultanat de Zinder, avec ses dépendances de Moungo, Gaummel, Machéna, Zocoricolo, Borzari et Mango, fut rattaché à la France. Ce sont là de beaux résultats rapidement obtenus, à peu de frais, et sans verser une goutte de sang. On n'en peut pas dire autant de toutes les conquêtes, ni même de toutes les explorations en pays inconnus ou peu connus !

X. — Au nord de Tombouctou

Tombouctou occupe dans l'Afrique occidentale une position stratégique tellement importante qu'on peut la considérer comme le foyer d'où rayonne dans toutes les directions l'action française. Nous savons déjà comment les premiers efforts de nos explorateurs et de nos soldats se portèrent au sud-est, vers la grande boucle du Niger. Au nord, vers le Sahara et le Maroc, à l'ouest vers la Mauritanie, s'étendaient plusieurs régions presque inconnues où semblait s'imposer notre prochaine intervention. De Tombouctou en effet partent ou y aboutissent plusieurs routes de caravanes qui conduisent à la sebka d'Idjil, à Taodeni, au Sud Algérien, à la Tripolitaine et aux pays occupés par les Senoussis. Tombouctou est donc le point de départ pour ainsi dire forcé de toutes les colonnes de découverte et de conquête qui sillonnent le désert, et c'est dans cette ville que se concentrent toutes les ressources et qu'aboutissent tous les efforts. Aussi y furent organisées les premières compagnies de méharistes, ces intrépides soldats, Français ou indigènes, qui, montés sur de rapides dromadaires, n'ont pas hésité à braver les ardeurs d'un soleil dévorant, les affres de la soif, et se sont élancés à la conquête du désert. Honneur à ces braves, Valée, Bonnel de Mézières, Radet, Lelorrain, Dinaux, Theveniaut, Motylinsky, Arnaud, Cartier et tant d'autres que nous ne pouvons nommer, car nous risquerions d'oublier par mégarde tel ou tel officier méritant, tel ou tel explorateur aussi brave que distingué ; mais quel déploiement d'énergie, de froide bravoure ! quel dévouement au drapeau, même de la part de ces auxiliaires improvisés qui se sont associés à notre fortune !

Voici par exemple le capitaine Cauvin, déjà connu par une excursion dans le Damerghou, en 1901, contre les Touaregs qui, sous les ordres de Denda, pillaient la contrée entre l'Aïr et le Zinder. En août 1902 on l'envoie dans l'Aïr jusqu'à Agadès où il n'arrive qu'après une marche pénible. Il reçoit alors l'ordre d'opérer sa jonction à Taodeni avec le commandant La Périne qui arrive d'Aïn Salah. « La région que nous traversons, a-t-il écrit, est bien le désert dans toute sa beauté et toute son horreur. A perte de vue et pendant des jours de marche nous ne rencontrons pas un être vivant, pas un brin d'herbe. » Il arrive enfin à Taodeni, où n'a encore pénétré nul Européen, mais ce n'est qu'un village en ruines. Et quel retour par le puits d'Ounan jusqu'à Araouan ! Il faut marcher à pied, car tous les animaux sont malades, et on parcourt en vingt-quatre heures jusqu'à quatre-vingt-cinq kilomètres ! Enfin on arrive, mais dans quel état ! Dans une seconde randonnée, après avoir occupé Bemba, à 200 kilomètres à l'est de Tombouctou, Cauvin se rend à Timaoun, dans l'Adrar, où il arrive après quatorze jours de marche, puis à Tessalit, à 90 kilomètres de Timaoun, chez les Touaregs Ifoghar, puis à Mabrouck et enfin à Bemba, après avoir en deux mois et demi de courses ininterrompues parcouru 1.500 kilomètres, dont les deux tiers en pays inconnu. Ce ne sont pas là de ces exploits retentissants, qui restent dans la mémoire des hommes, mais ce n'est que justice de rendre hommage à l'énergie, à la prodigieuse endurance, et au dévouement inlassable de ces héros du devoir.

Quant aux courses militaires, aux raids victorieux accomplis par nos troupes, ils sont pour ainsi dire quotidiens. Mentionnons, en 1906, la jonction de nos troupes de Gao sur le Niger avec celles d'Agadir dans l'Aïr sous le commandement de vaillants officiers, Posth et Théral ; en 1908, l'importante expédition du capitaine Colonna de Leca qui traversa le Sahara de Bilma au Tchad ; en 1909, la création de postes à Araouan et à Kidal el Mareb, pour venger la mort du capitaine Grodemange, tué dans un combat d'ailleurs victorieux au puits d'Acharat; en 1910, la poursuite et l'anéantissement au nord d'Araouan, par les capitaines Cancel et Lamoureux, d'un rezzou marocain venant d'Iguidi. De 1911 à 1912 c'est le colonel Roulet qui donne une vive impulsion aux opérations militaires. Il avait à refouler au Nord les attaques des dissidents, et au Sud à organiser les territoires occupés. Il suffit à cette double tâche. Il entra lui-même, sans coup férir, à Oualata, à 950 kilomètres de Tombouctou, pendant que son lieutenant, Galet, protégeait les caravanes qui vont chercher le sel à Taodeni. Lalande poursuivait les ennemis pendant 1.200 kilomètres jusqu'au puits d'Oum el Assel. Boeswilwald parcourait en trois jours les 400 kilomètres qui séparent Taodari d'Araouan, et Lelorrain occupait, à 600 kilomètres au nord de Tombouctou, le puits d'El Gattara. Ces succès continus étaient aussitôt rendus définitifs par la création de postes à Taodeni, Félik, Ounan, Mabrouck, Le Ksaïb, et la paix était désormais assurée dans les secteurs jusqu'alors remuants d'Araouan et d'Oualata.

En résumé, grâce aux Français, le désert s'anime. Lorsque une voie ferrée reliera décidément Alger à Tombouctou, quand l'Afrique du Nord-Ouest sera tout à fait terre française, n'aurons-nous pas le droit de nous rappeler en souriant la raillerie, au moins inopportune, de ce ministre anglais, Salisbury, qui trouvait bon d'abandonner le Sahara au coq Gaulois, pour qu'à son aise il y grattât du sable ! Soit ! Mais le sable cache parfois des trésors, et pourquoi le coq Gaulois ne les découvrirait-il pas dans ce Sahara, qui n'est plus une terra incognita, et qui bientôt récompensera de leurs efforts persévérants et nos soldats, et nos colons, et nos négociants !

CHAPITRE VII

L'AFRIQUE FRANÇAISE OCCIDENTALE

La Guinée, ou plutôt l'Afrique occidentale, si on la considère dans son ensemble depuis l'embouchure de la Gambie jusqu'à celle du Niger, est un immense versant qui s'appuie au nord-est sur les montagnes qui bordent le Niger et au sud-ouest sur l'Atlantique. La côte porte différents noms (Rivières du Sud, Sierra Leone, Liberia, Côte d'Ivoire, Côte d'Or, Togoland, Dahomey, Nigeria) et appartient à différents peuples (Français, Portugais, Anglais, Libériens, Allemands) ainsi que l'hinterland qui en dépend. La France n'est pas la moins bien partagée de ces puissances, car elle y possède trois importantes colonies : Guinée continentale et Fouta-Djalon, Côte d'Ivoire, Dahomey. Bien qu'annexées récemment, ces possessions ont pris une grande importance, et forment un tout compact, futur embryon d'une France africaine.

I. — Rivières du Sud

Au sud de la Gambie, fleuve anglais, et jusqu'à Sierra Leone, autre possession anglaise, le littoral, à l'exception d'une bande de terrain qui dépend du Portugal, appartient à la France. On a toujours nommé cette région les Rivières du Sud. Rien ne faisait prévoir l'importance de ces établissements. Notre pavillon ne s'y montrait que de loin en loin, et encore était-il porté surtout par les marchands de chair humaine. C'était même le seul commerce florissant, car les produits guinéens, à l'exception de l'ivoire et de l'huile de palme, étaient alors en France à peu près ignorés. Depuis 1870, la situation s'est améliorée, et vraiment quand on songe aux progrès si rapidement obtenus, on ne peut s'empêcher de rendre hommage au labeur obstiné et à l'énergique persévérance de nos négociants et de nos soldats.

La Casamance est la plus septentrionale de ces Rivières du Sud. Les indigènes, Féloupes et Balantas, nous opposèrent une longue résistance. Il fallut, pour les réduire, plusieurs expéditions dirigées par Lepelletier en 1848 et 1849, par Penaud en 1851, par Protat en 1859, et par Pinet Laprade en 1860; mais on rendit justice à leur valeur et on n'usa pas à leur égard des droits de la guerre. Cette clémence fut habile, car elle provoqua de nombreuses adhésions. Aussi les progrès de la colonie n'ont plus cessé, et Sedhiou, la capitale, est devenue une véritable ville avec constructions à l'européenne et vastes entrepôts.

Sur quatre cents kilomètres de côtes le Rio Nunez, le Rio Pongo, la Brameya, la Mellacorée, la Manéa, la Forebia et la Forekaria servent en quelque sorte de façade à la belle et riche province du Fouta-Djalon. Pendant longtemps quelques négociants marseillais, les Régis et les Pastré, furent les seuls à fréquenter ces comptoirs à peu près ignorés, et les indigènes Bagos, Nalous, Landamans ou Sousous, repoussaient notre domination. En 1885, après une expédition dirigée par les commandants Néron et Aubert contre Catinou, un repaire de pirates qui infestaient la contrée, un traité a été signé avec les roitelets locaux et les indigènes se sont habitués à notre protectorat. Boké, sur le Rio Nunez, Boffa, dans le Rio Pongo et Benty dans la Mellacorée sont devenus importants. Konakry sur le promontoire de Timbo, en face de l'archipel de Los Idolos, est même devenue une véritable capitale. Toute cette région est donc appelée à un sérieux avenir.

Jaloux de ces progrès, les Anglais et les Allemands ont essayé de les entraver. Les premiers ont élevé des prétentions sur certaines parties de notre territoire. Après de longues et pénibles négociations qui, à diverses reprises, faillirent ne pas aboutir, car les diplomates ne connaissaient pas suffisamment les lieux, un traité définitif fut signé le 21 janvier 1905, par lequel on adoptait pour frontière une ligne entre la Mellacorée et la grande Scarcie, la grande Scarcie jusqu'à son confluent avec la Kora, et le dixième parallèle jusqu'à son intersection avec la ligne de partage des eaux du Niger. Tout le haut Niger restant à la France, toute cause de conflit se trouvait écartée. L'Angleterre a fait récemment une autre concession. En échange de certains avantages commerciaux, elle a cédé à la France, par la convention d'avril 1904, l'archipel de los Idolos. Ces îles sont au nombre de six, trois grandes : Tamara, Factory, Roume, et trois petites : Corail, Bame, Kid. Leur importance est médiocre, mais elles tenaient sous leurs canons la rade de Konakry. La capitale de la Guinée française était exposée à un coup de main ou à un bombardement. Ce fut de la part des Anglais un acte de sagesse que de renoncer à cette menace éventuelle, et la sécurité de Konakry fut désormais assurée.

Les Allemands, plus encore que les Anglais, jalousaient nos établissements de Guinée. En 1884, au mépris de tout droit, ils avaient prononcé l'annexion de la Dubreka, de la Bramaya, du Kabitaï et de la Koba. Cette prise de possession que rien ne justifiait pouvait devenir, dans un avenir plus ou moins éloigné, la source de complications et de conflits. Il est vrai que l'Allemagne, mieux informée, reconnut ses torts (24 décembre 1887). La côte de Kerry, ainsi que l'avaient dénommée nos peu scrupuleux voisins, ne figura plus sur la liste officielle des colonies allemandes. On lui céda en échange les comptoirs de Porto-Seguro et Petit Popo.

La France n'a donc pas à regretter d'avoir mis la main sur ce magnifique domaine d'exploitation. Elle le regrettera d'autant moins qu'il nous conduit directement à de belles contrées, dont la possession consolide et assure définitivement notre puissance dans l'Afrique occidentale.

C'est en effet de l'une des Rivières du Sud, de Boké sur le Rio Nunez, que partirent en 1879 deux négociants marseillais, Zweifel et Moustier, qui avaient résolu de découvrir les sources du Niger. On en était réduit aux conjectures sur ce fleuve encore mystérieux. Les uns croyaient qu'il se perdait dans les sables du désert, d'autres qu'il alimentait le lac Tchad, ceux-ci en faisaient une des sources du Nil. Afin de résoudre ce problème, nos intrépides négociants n'hésitèrent pas à se lancer en pleine terra incognita. Ils arrivaient à Rotombo le 8 juillet, et à Falabah le 16 août, après avoir traversé, non sans difficulté le territoire des Timnés, le Limbah, le Kouranko et le Soulimania. La grosse difficulté était l'alimentation de l'escorte, car les porteurs menaçaient à chaque instant les explorateurs de les abandonner s'ils ne subvenaient pas à tous leurs besoins, ce qui était à près impossible dans un pays rempli de tribus défiantes ou hostiles. Arrivés à Tantafarah le 19 septembre Zweifel et Moustier virent se profiler à l'horizon les montagnes d'où sortait le fleuve, mais le roitelet du village, Foreh Voleh, ne voulut pas les laisser aller plus loin. Moitié par superstition, car les Africains croient réellement à l'existence de démons protecteurs de la source, moitié par jalousie commerciale, car ils ne veulent pas que les blancs entrent en relations avec les tribus sauvages qu'ils exploitent à leur gré, les souverains locaux s'opposent à toute marche en avant. A grand'peine nos explorateurs réussirent-ils, du haut du pic Koula, à découvrir la chaîne du Loma avec le mont Tembi, où le Niger, au dire des indigènes, prenait sa source. La découverte était donc incomplète, mais nos compatriotes avaient en partie déchiré les voiles qui enveloppaient l'origine du grand fleuve africain. Ils avaient en outre jeté les fondements de la puissance française dans un pays qui, en effet, nous appartient aujourd'hui. Ce furent des précurseurs. Il faut leur en savoir gré.

II. — Le Fouta-Djalon

Dans un autre pays, le Fouta-Djalon, nous pûmes plus facilement pénétrer, puisque nous possédions déjà les portes et les chemins d'accès, nos Rivières du Sud. On a dit du Fouta-Djalon que c'était la perle de nos possessions africaines. C'est en effet un pays superbe, et comme le point de rencontre de trois régions distinctes d'aspect, de races, de production,

Sénégal, Soudan et Guinée. De là son importance. Elle n'avait pas échappé à nos explorateurs. En 1818 et en 1826 Mollien et Caillié en avaient signalé les richesses. En 1850 et 1851 le capitaine Hacquard avait pénétré jusqu'à la capitale Timbo et visité des régions que n'avait encore visitées aucun Européen. En 1860 le lieutenant Lambert, le futur héros des dernières cartouches de Sedan, et un simple particulier, Olivier de Sanderval, avaient entrepris la reconnaissance régulière de la contrée, mais ce n'étaient-là que des efforts isolés ; ce fut seulement en 1881 que fut organisée une mission officielle sous la direction du Dr Bayol, qui réussit à faire signer par l'Almamy de Timbo un traité de protectorat. Bayol aurait voulu profiter de son séjour pour visiter les sources du Niger, mais il fut arrêté par la maladie, et se contenta de reconnaître celles de la Gambie et du Rio Grande, après avoir traversé le Bambouck où il constata la présence de gisements aurifères.

En 1887, le lieutenant-colonel Gallieni, héritier des projets de Faidherbe, organisa une nouvelle mission sous la direction du capitaine Oberdof. La mission perdit son chef à Tombé, mais son lieutenant, Plat, arriva à Timbo, et fit signer par l'Almamy un traité par lequel il confirmait la protection de la France sur tous ses États. Chemin faisant, avaient été reconnues les sources du Sénégal et reliés les itinéraires du Soudan à tous ceux qui avaient leur point de départ sur la côte. La même année 1887 le lieutenant Levasseur parcourait la région comprise entre la Falémé et la Gambie. Le capitaine Audéoud, parti de Siguiri sur le Niger, descendait le Tankisso, passait à Timbo et débouchait à Benty sur la côte, démontrant ainsi la possibilité d'unir nos établissements du Soudan à ceux des rivières du Sud. En 1888 nouveau voyage d'Olivier de Sanderval au Fouta, mais par une autre route que celle qu'il avait d'abord suivie. En 1890 exploration du pays par l'administrateur Lamadou.

III. — L'œuvre de Ballay

En 1890 arriva en Guinée l'homme qui devait profiter des travaux et des découvertes de ses devanciers et fonder définitivement la puissance française dans ces parages. Ballay avait d'abord été chargé d'une mission dans les Rivières du Sud. Nommé gouverneur en 1891 il eut le grand mérite de croire à l'avenir de l'œuvre qu'il entreprenait et de consacrer à cette œuvre tout ce qu'il avait de persévérance et d'ardeur. C'est lui qui fut le véritable fondateur de Konakry, lui qui démontra la nécessité de relier par un chemin de fer la Guinée au Niger, lui enfin qui mit un terme aux guerres civiles, et substitua au gouvernement incohérent des Almamys l'administration régulière et bienfaisante de la France. Il a succombé à des fatigues surhumaines, mais au moins lui a-t-on rendu justice, et sa statue se dresse aujourd'hui sur une place de Konakry pour attester que, si la France est parfois oublieuse des services rendus, elle sait néanmoins les reconnaître à l'occasion.

Le Fouta-Djalon, quand arriva Ballay, était loin d'être soumis. Les Almamys, inquiets du voisinage de la France qui venait de conquérir le Soudan, ne cachaient plus leurs défiances et ne recevaient qu'avec peine ceux de nos compatriotes qui, sur la foi des traités, s'engageaient dans le pays. En 1890 le capitaine Brosselard-Faidherbe, chargé de procéder à des reconnaissances préliminaires pour l'établissement d'une voie ferrée, avait été arrêté par les Sofas de Samory. Beeckmann et Charles, envoyés par Ballay, avaient été plus que fraîchement accueillis. En 1891-92 Madrolle et Paroisse n'avaient pu gagner le haut pays. L'administrateur Alby en 1892 et le capitaine Baurès en 1895 n'avaient pas réussi à reconnaître la meilleure route commerciale de l'Atlantique au Niger. Ballay, sans se laisser décourager, revint à la charge. En 1896 il envoyait auprès de l'almamy Bokar-Biro un de ses collaborateurs les plus dévoués, l'administrateur Beeckmann. Notre compatriote se heurta à mille difficultés. Toutes les routes se fermèrent devant lui. Ses convois de ravitaillement furent pillés. Il fallut recourir à la force brutale. Les capitaines Aumar et Muller entrèrent à Timbo (3 novembre 1896) sans avoir eu à tirer un coup de fusil, et l'Almamy atteint le 14 décembre à Podéraka fut réduit à s'enfuir dans la montagne et aussitôt remplacé par un de nos partisans. Ballay, pour assurer la tranquillité, fit alors savoir que désormais il n'y aurait plus qu'un seul almamy pour les trois provinces de Timbo, Bouria et Kolar, et que toutes les autres provinces, ou diwals, jouiraient de l'autonomie sous le protectorat de la France (1898). C'était l'application aux roitelets africains des procédés du Sénat romain. Cette habile politique porta bientôt ses fruits. Le calme s'établit et n'a pas été troublé. Ballay put dès lors donner tous ses soins à l'administration dont on lui avait confié la direction.

La grande idée de Ballay consistait à joindre la Guinée au Soudan par une voie ferrée qui partirait d'un point de la côte sur l'Atlantique et gagnerait le Niger. On avait d'abord songé à prendre pour point de départ Benty sur la Mellacorée, mais le rapide développement de Konakry changea les dispositions du gouvernement. Konakry fut donc choisi et on désigna provisoirement Farana comme point terminus. Dès 1896 le capitaine du génie Salesse levait à grande échelle le plan général de la future ligne, aidé par le capitaine Millet, l'adjoint du génie Naudé et cinq sous-officiers. Les premiers travaux de construction ne furent entrepris qu'en 1900, mais très rapidement poussés. Lorsque nous apprendrons que les locomotives transportent de Konakry au Niger voyageurs et marchandises, ce jour-là, et il ne peut guère tarder, le Fouta-Djalon sera définitivement acquis à la France.

Bien que consacrant à cette grande œuvre le meilleur de son temps et ses principales ressources, Ballay ne négligeait pas pour autant l'exploration de la contrée. En 1898 il organisait la mission Maclaud chargée de relever la topographie et d'étudier les populations et les courants commerciaux. Maclaud réusit à relier entre eux les itinéraires de ses prédécesseurs, avec ceux des administrateurs du Sénégal. Il rapporta de ce voyage 3.500 kilomètres d'itinéraires nouveaux, des observations astronomiques et météorologiques, des échantillons de roches et des collections de tout genre. Ce fut un véritable conquérant pacifique.

Des conventions avaient déjà été signées qui fixaient nos frontières avec l'Angleterre et l'Allemagne. Restait à déterminer l'hinterland de la république nègre de Liberia. Le traité du 8 décembre 1892, signé par Hanotaux, assura à la France la possession de tout le Haut Niger. Nous renoncions au protectorat du Garoway, mais nos droits étaient reconnus sur les territoires compris entre le Cavally et le San Pedro. La Guinée française formait désormais une masse compacte. Il est probable que la communauté des intérêts fondra bientôt en un peuple homogène les diverses tribus qui ont accepté notre protectorat. Ces splendides résultats n'ont pas été acquis, il est vrai, par des conquêtes retentissantes : ils n'en sont pas moins sérieux, et, par là même, durables.

IV. — Occupation du littoral de la Côte d'Ivoire

La Côte d'Ivoire entre le Liberia et la Côte d'Or anglaise est une de nos plus récentes, mais non pas la moins prospère de nos colonies. Elle est divisée en deux régions distinctes : la première part des montagnes qui servent de ceinture au Niger et descend par gradins successifs vers la mer. C'est une région saine et fertile, mais assez mal connue, car les indigènes s'opposèrent longtemps aux voyages des Européens. La seconde commence aux dernières ondulations de la grande chaîne et se prolonge jusqu'à la mer. Elle est constituée par des lagunes et des marécages, et de plus la côte est rendue dangereuse par une barre variant de force et d'intensité avec la hauteur des bancs sur lesquels se brise la mer. Comme cette région est riche et fertile en produits de tout genre, les Européens l'ont depuis longtemps fréquentée, mais sans s'y établir à poste fixe. C'est sur cette côte que, d'après des traditions dont le souvenir s'est perpétué, les Dieppois et les Rouennais avaient, dès le xive siècle, fondé de florissants comptoirs. Bien que le pavillon français y ait été déployé, non sans honneur, aux xviie et xviiie siècles, vers 1830 il n'y paraissait plus que par exception. Quelques armateurs de Nantes, de Bordeaux ou de Marseille se risquaient bien, de temps à autre, dans ces mers dangereuses, mais ils n'y trouvaient ni postes fortifiés pour les protéger, ni comptoirs pour préparer leurs affaires. Assinie était détruit, Grand Bassam abandonné, Annekou n'avait subsisté que cinq à six ans. La situation était donc mauvaise. Elle paraissait même désespérée, car nous avions à lutter non seulement contre l'hostilité des indigènes, mais encore contre la concurrence de rivaux mieux outillés et depuis longtemps établis dans la région. La partie pourtant n'était pas perdue, et nos négociants, surtout des Marseillais, les Régis et les Borelli, avec une persévérance qui les honore, allaient rendre à la France, dans ces parages, le rang et l'importance dont, très à tort, elle s'était dépossédée.

Bien que ces lointaines possessions, jusqu'à la fin du second Empire, n'aient tenu aucune place dans les préoccupations gouvernementales, et aient en quelque sorte vécu au jour le jour, elles n'étaient pourtant pas abandonnées. Quelques tentatives isolées, celles des Verdier de la Rochelle, prouvaient même la bonne volonté de nos négociants, mais ce qui manquait encore c'était l'élan général et surtout la confiance en l'avenir. Grand Bassam commençait pourtant à devenir le grand marché d'huile de palme de la région, et Assinie celui de la poudre d'or. Il eut été relativement aisé de fixer ce commerce important dans nos deux comptoirs. Il paraît que des nécessités budgétaires nous forcèrent à renoncer à ces beaux projets. En 1877 Assinie et Grand Bassam furent abandonnés et bientôt (janvier 1874) cédés, Grand Bassam à la maison Verdier de la Rochelle, et Assinie avec son fort et ses vieux canons à la maison Swanzy de Londres. Il est vrai que nous faisions réserve expresse de nos droits : ce n'en était pas moins une piteuse reculade.

Un simple particulier, qui n'était même pas aidé par une maison de commerce, nous avait pourtant indiqué la politique à suivre, puisque, livré à ses propres ressources, il faillit doter la France d'une importante colonie. Bonnat avait fondé à ses risques et périls un comptoir sur la Côte d'Or. Cet établissement fut ruiné par les Achantis qui l'emmenèrent prisonnier. Comme autrefois Joseph chez les Pharaons, il devint l'ami et le conseiller du roi, qui le combla de bienfaits, mais l'entoura d'une surveillance d'autant plus jalouse qu'il appréciait davantage les services de son prisonnier. Cette captivité dorée dura huit années. Elle ne fut terminée que par la guerre soutenue par les Anglais contre les Achantis. Bonnat aurait voulu faire profiter la France de ses relations et de son expérience. Il espérait que des capitalistes Français, que le gouvernement lui-même s'associeraient à une entreprise qui présentait de vraies garanties de succès. Son appel ne fut pas entendu. Ayant trouvé en Angleterre l'appui pécuniaire dont il avait besoin, il repartit et se mit à l'œuvre. Très bien accueilli à Koumassie par les Achantis qui ne l'avaient pas oublié (juin 1875), il sut se rendre tellement indispensable qu'il obtint la permission d'explorer un grand fleuve, alors inconnu, le Volta, promettant de rattacher les riverains à la domination des Achantis. Ce voyage fut heureux. Bonnat dressa la carte du fleuve pendant 280 kilomètres, et signa des traités de commerce avantageux avec les roitelets indigènes. La France aurait dû ne pas abandonner un homme aussi vigoureusement trempé et utiliser une volonté que ne lassait aucune déception. Une mort imprévue a brusquement interrompu ces projets grandioses. Les Anglais et les Allemands se sont depuis partagé ses dépouilles, et, dans ce pays qu'il voulait assurer à la France, ont créé deux colonies, la Côte d'Or et le Togoland. Au moins restera-t-il à notre compatriote l'honneur d'avoir frayé la voie.

Une réaction eut lieu. On ne tarda pas à comprendre en France qu'il fallait absolument sortir de la situation humiliante que nous avions nous-mêmes créée, si nous voulions maintenir notre prestige sur ces mobiles et impressionnables populations de

Guinée. Nous avons donc repris possession de nos comptoirs, et divers traités conclus en 1883 avec les roitelets indigènes ont même augmenté notre territoire. En 1890 et 1892 d'autres conventions furent encore signées avec les chefs de la région qui s'étend de la Cavally au Lahou, et des comptoirs furent fondés à Tabou, Béréby, San Pedro, Sassandra et Grand Lahou. Nous avons mieux étudié le pays, la grande lagune d'Ebrié, le port naturel du Petit Bassam, et les rios qui descendent de la montagne, Cavally, Taboué, Akbé, Sassandra, Lahou, Comoi, mais que de progrès à accomplir avant de relier ces possessions à nos comptoirs de Guinée, du Sénégal et du Niger!

Ces progrès se sont pourtant accomplis, et la Côte d'Ivoire est aujourd'hui une de nos colonies les plus solidement assises. Le capitaine Binger doit en être considéré comme le fondateur, et c'est de son arrivée à la côte que date l'ère de sa prospérité. Binger avait été chargé d'opérer la délimitation de la colonie d'accord avec une commission anglaise, mais les négociations n'aboutirent point par suite de la mauvaise volonté du commissaire anglais, Lang. Binger, après avoir consulté ses collaborateurs, les lieutenants Braulot et Gay, le Dr Crozat et Marcel Monnier, résolut alors de reconnaître l'hinterland de la colonie, et c'est ainsi qu'il parcourut plus de 2.000 kilomètres dont 4 à 500 en pays inexploré. Partie d'Assinie la mission remonta par les lagunes la Komoë jusqu'à Nougoua et s'engagea dans la grande forêt intertropicale, si redoutable par ses miasmes, par ses innombrables marigots et par les fauves qui l'habitent. Dans les seules journées du 13 et du 14 février elle eut à franchir jusqu'à cinquante-sept cours d'eau. On nomme cette région boisée l'Indénié. Les populations qui l'habitent sont farouches et craintives, car elles étaient exploitées par des chasseurs d'esclaves, mais Binger les traita si doucement que leurs craintes se convertirent bientôt en indiscrète curiosité. Après quatre-vingts jours passés dans la demi-obscurité de la forêt, Binger retrouva la plaine à Sapia et Bondoukou (29 avril), dont l'Almamy manifesta sa joie de revoir le capitaine, qu'il avait déjà reçu lors de son premier voyage en 1889. Il se rendit ensuite à Kong (27 mai), où il était également entré en 1888, mais il y apprit que Samory tenait la campagne et qu'il était imprudent de s'avancer plus loin. Ce fut alors (11 juin) que la mission se divisa. Le Dr Crozat se dirigea vers le Nord, mais il mourut à Tengrela. Braulot marcha vers Bonna à l'est; Binger et Monnier se chargèrent d'explorer les régions inconnues de Djimini et du Djamala. Ils réussirent à imposer sur leur passage le protectorat français, et, parvenus le 22 juin à Attakrou sur la Komoë, ils furent de là transportés par des pirogues à Grand Bassam, où ils arrivèrent le 23 juillet.

Dans cette rapide reconnaissance Binger n'avait obtenu que des succès. Il avait consolidé l'influence française à Kong et ouvert une voie d'accès vers le Mossi et le Macina. La Côte d'Ivoire n'avait été jusqu'à lui qu'un étroit liséré de littoral : grâce à lui elle devenait une vaste possession rattachée au Niger. Aussi fut-elle bientôt constituée en colonie indépendante, et Binger en devint le premier gouverneur, ce qui n'était que justice et en même temps bonne administration, puisque non seulement on récompensait ses services, mais encore on lui fournissait l'occasion d'en rendre de nouveaux. La colonie en effet n'a pas cessé de prospérer grâce à la bonne impulsion du début. Comme on l'écrivait récemment, on peut la considérer « comme le prototype de nos établissements ».

V. — Lutte contre Samory

Il y a deux parts à faire dans l'histoire de la Côte d'Ivoire : celle des explorations pacifiques, celle des expéditions militaires.

Le premier de ces explorateurs fut le compagnon de Binger, le lieutenant Braulot. En 1893 il se rendait à Kong où il fut bien accueilli, et dans le Barabo, où il visita les colonies récemment créées par des Musulmans à Yorabondi, Sanguehin et Bandagadi. Bien que nouveaux convertis, ces Musulmans ne sont pas des fanatiques. Ils ne demandaient qu'à ouvrir des relations commerciales avec la France. Braulot se disposait à regagner la côte en passant par le Dahomey, mais le pays était agité. Il ne s'obstina pas et revint à Grand Bassam par Zaranon et Yacossé, avec 250 kilomètres d'itinéraires nouveaux.

Le capitaine Marchand, le futur héros de Fachoda, continua son œuvre. Dès 1891, résident à Sikasso près de notre allié, le roi Tiéba, il avait commencé l'étude des voies de pénétration vers le Niger et croyait qu'il était relativement facile d'unir le Bani, affluent de droite du Niger, à la Cavally qui descend au golfe de Guinée, c'est-à-dire d'ouvrir une communication entre le Soudan et la Côte d'Ivoire. On le chargea en 1893 d'une mission pour vérifier son hypothèse. Il débuta par un coup de force, et s'empara de Tiassalé, dont les habitants lui refusaient passage. Il y établit aussitôt un poste. Il pénétra dans le Baoulé, et arriva le 11 novembre à Bouaké, mais, comme les Sofas de Samory lui barraient la route, il poussa une pointe à l'ouest vers Ouassondougou, et, se dirigeant vers Tangrela dans le bassin du Niger, y parvint le 12 février 1894, mais toujours poursuivi par les Sofas. Il reconnut alors que les sources du Bani étaient éloignées de celles de la Cavally de plus de 200 kilomètres et qu'il lui fallait par conséquent renoncer à son projet d'ouvrir une route entre ces deux cours d'eau, mais la Cavally pouvait être remplacée par la Bandama, qui n'est qu'à 80 kilomètres du Bani. Arrivé à Kong, il fut assez froidement reçu et même obligé de créer un marché pour subvenir aux besoins de ses hommes. Il réussit pourtant à s'entendre avec les Dioulas ou marchands, qu'il décida à se diriger vers la côte par le Baoulé, car la forêt n'a plus alors qu'environ 90 kilomètres de largeur, et le pays est fort riche. Marchand conduisit à Tiassalé une première caravane de Dioulas, mais, comme les Sofas n'avaient pas cessé leurs poursuites, il jugea prudent d'aller fonder un nouveau poste à Konadiokofi afin de contenir Samory, dont les progrès devenaient inquiétants. Dans cette rapide exploration, il avait fait à pied plus de 4.000 kilomètres dans une région presque inconnue, fondé deux postes importants, reconnu une voie fluviale vers le Niger, et attiré vers la côte les caravanes de l'hinterland. Moins heureux furent deux négociants, Dantier et Moskowitz, qui avaient cru pouvoir s'aventurer presque seuls dans la direction de Kong (mars 1894). Ils furent arrêtés Dantier par la maladie et Moskowitz par la mort (juin 1894). Aussi bien de graves événements se passaient dans cette direction, et ce n'est pas sans peine que la France triompha de la résistance que lui opposèrent les Sofas de Samory et ses alliés. Chassé par nous de l'Ouassoulou, notre redoutable adversaire s'était rejeté vers le Sud, justement dans l'hinterland de la Côte d'Ivoire, avec l'intention de s'y tailler un nouvel empire, où, pensait-il, jamais les Français ne pourraient l'atteindre. Ses rêves ambitieux allaient bientôt se dissiper! Au début pourtant ses succès furent rapides. Après avoir remporté une première victoire à Séguela, où se trouvait par hasard un officier français, Ménard, qui se fit glorieusement tuer avec les dix tirailleurs sénégalais de son escorte, il s'avança peu à peu au sud-est par la Haute Cavally et la haute Bandama, et menaça directement le pays de Kong. Les indigènes réduits à leurs propres forces tremblaient devant lui, et il allait se trouver le maître incontesté d'un empire que l'éloignement semblait assurer contre toute attaque de notre part. Le moment était donc venu pour la France de montrer que le protectorat n'était pas un mot vide de sens. On résolut de marcher au secours des gens de Kong.

Le commandant Monteil, celui qui venait de s'illustrer par son voyage à travers l'Afrique de Saint-Louis à Tripoli, fut chargé de conduire la colonne expéditionnaire. Il entra en campagne le 28 décembre 1894. Tant qu'on se trouva en pays connu, les porteurs de l'escorte tinrent bon, mais arrivés au dernier poste français, à Koudiokofi, la peur des Sofas l'emporta sur la confiance qu'ils nous accordaient et ils désertèrent en masse. Monteil n'eut plus dès lors avec lui que quatre compagnies de Sénégalais, quelques spahis et deux canons. Malgré les récits effrayants des indigènes, il continua sa marche en avant et remporta une série de victoires, à Lafiboro (3 mars 1895), Sokhah Dioulassou (7 mars), Sobala (11), Farako (10), Satama

(12) ; mais il avait reçu une grave blessure au genou. Nous n'avions plus que 4 000 cartouches et 80 coups de canon à tirer. Tout le pays était soulevé. La situation devenait dangereuse. Monteil a plus tard affirmé que, s'il avait continué la marche en avant, Samory serait tombé entre ses mains. Ce n'est là sans doute qu'une héroïque gasconnade, mais le gouvernement usa de prudence en lui ordonnant de battre en retraite et de regagner le littoral.

Dans cette marche audacieuse nous n'avions remporté que des succès, mais Samory, bien que battu et pourchassé, restait maître du terrain et libre par conséquent, de s'étendre. S'il n'avait pas le prestige de la victoire, il avait au moins celui de la résistance, et commençait à passer aux yeux des indigènes comme le héros de l'indépendance nationale. En outre les Sofas, par leurs défaites même, s'habituaient à la lutte. Ils commençaient à être pourvus de fusils à tir rapide, qui sans doute leur venaient du Libéria. L'équilibre des forces s'établissait donc, et, si on ne commençait pas tout de suite la lutte, les ressources de Samory augmenteraient de jour en jour. On eut le tort en France de ne pas tenir assez compte de ces progrès incessants. On voulut encore recourir aux négociations. Samory était alors campé dans l'hinterland de la Côte d'Or anglaise et du Togo allemand. Il y continuait son fructueux commerce d'esclaves, et, attiré par les profits immédiats de ses razzias, s'étendait de plus en plus vers l'est. Il se trouvait à Kouramsa en 1896 quand on lui annonça l'arrivée d'un plénipotentiaire français, le capitaine Braulot, mais il refusa de le recevoir, affirmant ainsi sa supériorité aux yeux des nègres. Fortement établi dans la région de Kong, il pouvait s'y considérer comme dans un asile inviolable, et, sous la protection de l'inextricable forêt qui le séparait de nos établissemnts, braver toutes nos menaces.

Un nouveau succès augmenta encore sa puissance et ses prétentions. Tant que les Sofas avaient tenu la campagne contre nos soldats, les Anglais avaient suivi avec intérêt les opérations militaires, mais ils commençaient à s'inquiéter de son voisinage. Ils dirigèrent contre lui une colonne commandée par le lieutenant Henderson, mais il fut battu, fait prisonnier, et ne put rentrer à Coumassie qu'en promettant des armes pour sa rançon. C'était un grave échec pour les Anglais et qui surexcita les espérances de Samory. Il augmenta aussi son prestige aux yeux des indigènes, et arrêta pour quelque temps les progrès de la France, car on eut le tort, en haut lieu, de s'imaginer que le barbare, instruit par l'expérience, se contenterait des résultats acquis et chercherait à les consolider par la paix. Une fois encore on recourut aux négociations, et le capitaine Braulot fut de nouveau chargé de mission auprès de l'Almamy (février 1871).

Les nègres s'inclinent volontiers devant la supériorité européenne, mais ils détestent ceux de leurs congénères qui nous servent. Au lieu d'aller seul au-devant de Samory, Braulot se fit accompagner par deux officiers et trente tirailleurs sénégalais, escorte insuffisante pour garantir sa sécurité, mais assez considérable pour exciter les défiances des Sofas. Sa perte et le massacre de l'escorte furent résolus. Saran-Keni Mory, fils de Samory, fut envoyé à sa rencontre sur la route de Kong avec six cents de ses plus fanatiques soldats. Braulot se mit à la discrétion de ces ennemis jurés du nom français, et alors commencèrent des marches interminables à travers un pays désert et sans eau. Les étapes étaient faciles à l'endurance des Sofas, mais elles affaiblissaient nos Sénégalais, habitués à un régime moins rude. La colonne était à bout de forces, et à peu près incapable de résistance, lorsque un matin d'avril, non loin de Boma, sans qu'il y ait eu provocation, les Sofas se jetèrent sur Braulot et le tuèrent à bout portant. L'infortuné se doutait si peu de l'attaque qu'il avait encore la pipe aux dents. Quant aux officiers et aux Sénégalais, ils furent tous égorgés, sauf quelques-uns qui, plus heureux ou plus agiles, réussirent à se sauver dans la brousse. Braulot tombait victime de son imprévoyance et le martyrologe africain, déjà si chargé, comptait un nom de plus.

L'odieux guet-apens de Boma mettait Samory en dehors du

droit des gens. Plus d'hésitation possible! Il fallait en finir avec cet implacable adversaire ou renoncer à la domination de l'Afrique occidentale. Puisque Samory se mettait de lui-même en dehors de l'humanité, il n'y avait plus qu'à le traquer comme une bête fauve, et, au lieu d'agir par petits paquets comme on l'avait fait jusqu'alors, qu'à concerter une manœuvre d'ensemble qui aboutirait à la capture ou à la mort de l'Almamy.

Le commandant Candrelier s'ébranla le premier. Il se dirigea sur l'hinterland de la Côte d'Ivoire. En février 1897 il occupait définitivement l'importante position de Kong, premier succès qui interdisait à Samory tout pas en avant vers le sud et le rejetait soit au nord contre le Soudan, soit à l'ouest contre la République de Libéria. Or plusieurs colonnes françaises, commandées par les colonels Audéoud et Bertin et par les commandants Pineau et de Lartigue avaient déjà, de ce côté, commencé un cercle d'investissement, qui, de jour en jour, se resserrait autour de l'Almamy. La colonne Pineau partie du Soudan français, refoulait les Sofas à Tioroniaradagou, à Tenindieri, et arrivait à Kong, reliant ainsi nos postes de la Côte d'Ivoire au sud, et ceux du Soudan français au nord, c'est-à-dire que Samory n'avait plus d'autre ressource que de se jeter à l'ouest dans l'hinterland du Libéria. La colonne Lartigue l'avait déjà prévenu. Avant de prendre contact, elle avait cheminé deux jours en forêt vierge, subissant des pluies continuelles et traversant les marigots avec de l'eau jusqu'au cou. Les Sofas, surpris par cette irruption imprévue, lâchèrent pied à Doué et à N'ganoé et s'enfuirent dans la direction de la Cavally. Poursuivis à outrance, ils étaient atteints le 9 septembre à Tiafeso, et près de 30.000 indigènes, parmi lesquels les plus vaillants Sofas tombaient entre nos mains.

C'était la débâcle qui commençait. Samory se retira dans la montagne de Doué, d'où il avait déjà été chassé, c'est-à-dire qu'il courait au-devant de la colonne Pineau, tout en étant serré de près par la colonne Lartigue. Sa capture n'était plus qu'une question de temps. Les routes suivies par lui étaient tellement infectées de cadavres que, pour ne pas gagner la peste, Lartigue dut chercher d'autres chemins, mais il apprenait par ses émissaires, que les Sofas, ébranlés dans leur confiance par leurs défaites répétées, commençaient à déserter. Craignant de laisser échapper une proie si convoitée, il prit soin de fermer toutes les avenues du sud et de l'ouest, et vers le nord, sur les traces immédiates de Samory, lança le capitaine Gouraud.

Gouraud se mit en route le 24 septembre. Le 26 il ramassait à Dénifero une centaine de fugitifs abrutis par la souffrance. L'air était comme empoisonné par des cadavres en décomposition. Pas un village ne restait debout. Partout la ruine, l'incendie et la famine. Plus on approche, plus augmente le nombre des traînards, et pourtant ils n'ignorent pas qu'ils mourront de faim, ou seront dévorés par les tribus anthropophages. Le 28, Gouraud arrive dans un immense campement que l'Almamy et les siens ont quitté trois jours auparavant. Des déserteurs apprennent qu'il doit se trouver à une quinzaine de kilomètres en avant, à Guelcman, mais que son armée est toute désorganisée, à l'exception d'une arrière-garde commandée par un de ses fils, Macé-Amara. Gouraud, de même que le duc d'Aumale quand il surprit la smala d'Ab el Kader, n'a pas un moment d'hésitation. Il se décide à jouer le tout pour le tout en pénétrant dans le camp ennemi. C'était un coup d'audace, mais la fortune a toujours aimé les audacieux. Le lieutenant Jacquin et le sergent Bratiere eurent l'honneur de mettre la main sur ce redoutable adversaire, qui d'ailleurs, ne s'attendant pas à la brusquerie de cette attaque, essaya, mais en vain, de s'enfuir.

C'était une grande victoire. La puissance de Samory et des Sofas était à jamais brisée. Près de 5.000 prisonniers, d'énormes approvisionnements, 400 fusils à tir rapide, 80 caisses de cartouches de fabrication européenne, de nombreux bœufs, et le trésor même de l'Almamy tombaient entre nos mains. Désormais la paix française régnerait au Soudan, et personne n'oserait plus nous résister en face dans l'Afrique occidentale.

Le commandant Lartigue était accouru au premier bruit de la capture de l'Almamy. Après avoir détruit ce qu'on ne pouvait emporter et formé avec les prisonniers un immense convoi, il s'achemina vers le Sénégal, montrant aux populations le captif entouré de ses femmes et de ses enfants. On avait en effet annoncé si souvent la prise de Samory que les tribus indigènes n'y croyaient plus. Bien que l'avis officiel de sa prise ait été affiché dans tous nos postes, les nègres se pressaient sur ses pas pour bien s'assurer par eux-mêmes de la réalité de sa défaite. Arrivé à Kayes à la fin de novembre, Samory et sa suite furent installés sur un vaste plateau qui domine la ville. Parqués dans une clôture et surveillés jour et nuit par les tirailleurs qui avaient reçu une sévère consigne, ils expiaient dans la solitude leur mépris de l'humanité et leurs cruautés des derniers jours. Samory gardait ordinairement le silence et passait le temps à égrener son chapelet ou à prendre des tasses de thé. C'est à Kayes, devant la garnison et le peuple assemblés, que le général de Trentinian apprit à Samory que le gouvernement français tiendrait sa parole et lui laisserait la vie sauve, mais qu'on le déporterait avec le plus coupable de ses fils, Saranké Mory, et son conseiller Morinfindia. Seuls deux de ses femmes, un griot et un marabout consentirent à le suivre. Les anciennes favorites et les autres serviteurs demandèrent à rentrer chez eux. Cet abandon désola Samory qui comptait sur un peu plus de reconnaissance. Avait-il donc oublié que les amis sont rares dans l'adversité ?

Embarqué pour Saint-Louis, l'ex-Almamy fut d'abord interné dans un local appartenant à l'autorité militaire. Les nègres se pressaient en foule autour de lui ; mais il affectait de les mépriser et n'aimait à causer qu'avec les blancs. La visite de nos établissements l'intéressa vivement. Lorsqu'il parcourut les salles de l'arsenal, regorgeant d'armes et de munitions en réserve, « jamais je n'aurais attaqué la France, s'écria-t-il, si j'avais connu ses ressources. » Binger se trouvait alors à Saint-Louis. Il alla rendre visite à son ancien hôte de Sikasso. Samory le reconnut et avoua que, s'il avait suivi ses conseils, il n'aurait pas été notre prisonnier. Il l'interrogea ensuite sur les pays parcourus par l'explorateur et confirma la précision de ses renseignements. Binger à son tour lui demanda des nouvelles des chefs jadis connus. Tous étaient morts, et ce rappel des années glorieuses consterna le vieux chef. Il semblait accablé moins par la défaite que par l'abandon des siens. Bien qu'il affectât un beau calme musulman, en réalité il était désespéré. Malgré la surveillance dont on l'entourait il essaya de se suicider, mais ne réussit qu'à se blesser. Transporté à l'hôpital et admirablement soigné, il se montra reconnaissant. Il laissa même entrevoir que, si on le laissait au Sénégal, il se convertirait au catholicisme. On ne crut pas à la sincérité de cette conversion, et, quand il fut guéri, on l'embarqua à Dakar pour le Gabon qui avait été choisi pour son internement. Il alla grossir le nombre des princes dépossédés par nous, que nous avons laissé vivre sous la protection de notre drapeau. Il est mort depuis, méditant dans la solitude les amertumes de la défaite.

Ainsi se termina, grâce à la vaillance de nos soldats et à l'héroïsme de nos officiers la carrière agitée de cet aventurier, qui lutta si longtemps contre nous et ne réussit à maintenir sa puissance néfaste qu'en couvrant le Soudan de ruines. C'était un adversaire irréductible opposé à notre œuvre de paix et de civilisation. Il a expié ce que nous appelons ses crimes, ce que ses partisans appelaient son patriotisme. Débarrassée de ce redoutable ennemi, la France pouvait, dès lors, tourner son activité dans une autre direction et consacrer à la mise en valeur de son immense domaine africain les ressources que les nécessités de la guerre avaient jusqu'alors stérilisées. C'est ce qu'elle a fait.

VI. — Prise de possession de la Côte d'Ivoire

Aussitôt après la disparition de Samory, recommencent en effet les explorations pacifiques de l'hinterland, surtout du côté de la République de Libéria, qui, jusqu'alors, avait été à peu près délaissée. En 1894 le capitaine Marchand avait déjà traversé, sans être inquiété, les immenses forêts qu'habitent les

Gouros et, en 1895, l'administrateur Pobéguin avait reconnu les parties navigables des fleuves qui descendent vers la côte, mais les bassins supérieurs de la Bandama, du Sassandra et de la Cavally restaient inconnus, et la grande forêt tropicale qui commence à peu de distance de la côte gardait tous ses mystères. En 1895 Joseph Eysseric et Coroyé, chargés de reconnaître la région entre Bandama et Cavally remontèrent la Bandama en pirogue jusqu'à Tiassalé, et s'engagèrent dans le pays des Gouros, mais ils furent mal accueillis. La mission fut même attaquée à Elengué, et resta longtemps au pouvoir des indigènes. Ils ne recouvrèrent leur liberté qu'à grand' peine, et regagnèrent Kouadiokofo. Au moins avaient-ils exploré un pays inconnu, dressé la carte de la région et fait une riche moisson d'observations astronomiques, géologiques et ethnographiques.

Pendant qu'Eysseric et Coroyé essayaient de rencontrer la Bandama, l'administrateur Hostains tentait d'explorer la région de la Haute Cavally. Il s'enfonçait, en effet, à travers la forêt jusqu'à Matona, mais était rappelé en arrière par une révolte des indigènes. Le lieutenant Blondliaux fut plus heureux. Chargé de fixer la topographie des régions encore incertaines qui s'étendent entre le Soudan et l'hinterland de la Côte d'Ivoire, il arrivait le 7 mars 1890 à Kourousoudougou, où il reliait son itinéraire à celui de Marchand; mais le pays était dangereux, car les bandes de Samory tenaient encore la campagne. La mission revint en arrière par Baféléton, Guibonrousso, Sokoro. Elle ne trouva sur son passage que des ruines et des sépulcres mal comblés. Les Sofas avaient tout incendié, tout massacré. A Borou il ne restait qu'un idiot pleurant sur les décombres. Aussi des rares indigènes qu'on rencontrait les uns étaient pleins de défiance, les autres, les Lô, les Onobé, les Néguéré, d'ailleurs tous anthropophages, étaient franchement hostiles. Le 26 décembre 1897, à Man, ils attaquèrent la mission. Nous fûmes vainqueurs, mais il était démontré que la pénétration vers le sud n'était possible qu'avec de forts effectifs. Blondliaux donna le signal du retour (1898). C'est dans cette région que se trouve le nœud du système orographique de l'Afrique occidentale, et que prennent leur source les fleuves de Guinée. Nous les connaissons mieux maintenant, car de nombreux levés de détail ont été exécutés, mais il reste encore beaucoup à faire dans cette direction, et le pays n'a pas cessé d'être dangereux.

Dans l'hinterland de la Côte d'Ivoire étaient en effet massacrés, le 16 mai 1898, à Zolou, deux de nos compatriotes, Adrien Pauly et Georges Bailly, qui avaient formé le projet de s'élever au nord du Sierra Leone anglais, de traverser le Libéria, et de gagner la Côte d'Ivoire, soit par la Cavally, soit par la Bandama. Ce désastre ne rebuta pas l'administrateur Hostains qui recommença en 1899, cette fois avec succès, sa tentative de 1897. En compagnie du lieutenant d'Olonne et de Fabre, Hostains arrivait au confluent du Dano et de l'Hana, à 160 kilomètres de la côte, et y construisait le fort Binger (juillet 1899). La mission remontait ensuite la Cavally et s'engageait dans la grande forêt, malgré la résistance des Boos, des Boniaos et des Vayas. Abandonnée par ses guides et sans porteurs, elle était obligée de se frayer la voie par des combats incessants et dans une région marécageuse. Le 7 décembre, elle réussissait pourtant à gagner le N'zo, et de là Beyla, où elle rejoignait la mission Woelfell.

Les lieutenants Woelfell et Mangin, après la défaite de Samory, avaient été chargés de reconnaître les populations encore inconnues de l'hinterland et de partir à la rencontre d'Hostains et d'Olonne (mars 1899). Bien qu'attaqués par les indigènes, ils réussirent à établir un poste à Nonantogloui, dans la région du N'zo, et rejoignirent leurs collègues à Beyla. La soumission définitive de cette région qu'on peut désigner sous le nom de Baoulé, exigea une lutte opiniâtre de deux années, mais elle est aujourd'hui obtenue. Les dernières résistances furent brisées par le commandant Colonna d'Istria et la défaite à Sakassa (21 février 1901) du chef Konanis-Dié. Ce n'est pas payer trop cher la possession d'un pays riche et peuplé, qui s'enfonce dans l'épaisse forêt de l'hinterland jusqu'à environ 150 kilomètres de la côte.

Pendant ce temps, le successeur de Binger, l'administrateur

Clozel, luttait péniblement contre d'autres indigènes, ceux de l'Indénié, très probablement excités sous main par les Anglais de la Côte d'Or, jaloux de nos progrès et inquiets de notre voisinage. En avril 1898, de nombreuses bandes sous pavillon anglais envahirent la province, et mirent le siège devant Asikasso, défendu par l'administrateur Le Filliâtre, par Charlot du Rieu et une quinzaine de miliciens. Clozel partit aussitôt de Grand Bassam avec les renforts disponibles, mais il fut surpris (9 mai), blessé et obligé de battre en retraite. Une seconde tentative de déblocus échoua. Ce fut seulement à la fin de mai que le commandant de Boudoukou, Lamblin, réussit à ravitailler Asikasso, qui ne fut tout à fait hors de danger que le 3 juillet, après trois jours de combat et soixante-trois jours de siège. Il était nécessaire, afin de prévenir le retour de semblables alertes, de fixer la frontière entre la Côte d'Ivoire et la Côte d'Or. La convention du 14 juin l'assura en nous confirmant dans la possession du bassin de la Voltà. Tout motif de litige fut donc écarté.

Les difficultés de l'occupation étaient résolues. Il n'y avait plus à redouter les attaques de Samory. Les tribus rebelles ou récalcitrantes avaient été comprimées. Du côté de Libéria comme du côté de la Côte d'Or, l'ordre était assuré. Le gouverneur Clozel était par conséquent libre de se consacrer au développement économique de la colonie. Il se donna de tout cœur à cette grande œuvre et y réussit. Comprenant que les richesses de la zone forestière ne pourraient être exploitées que le jour où un chemin de fer irait chercher dans les centres de production les richesses naturelles pour les conduire aux ports du littoral, il confia en 1899 au capitaine Houdaille la mission de rechercher un emplacement convenable pour un port et le meilleur tracé d'une voie dirigée sur Kong. En même temps le capitaine Crosson-Duplessis étudiait le prolongement de la voie vers Kong, et le lieutenant Macare trouvait sur la Komoë une chute utilisable pour la force motrice et des scieries mécaniques. Aussi les grands travaux furent-ils tout de suite inaugurés. Un chenal creusé entre Petit Bassam et Abidjean a rendu accessible aux paquebots de fort tonnage le débarquement et l'embarquement des marchandises, jusqu'alors difficiles à cause de la barre qui s'étend sur tout le golfe de Guinée. Sous la direction des capitaines Thomasset et Calmès furent commencés les travaux d'une voie ferrée à travers l'Ebrié. De plus, par le Baoulé et l'Indénié, s'acheminèrent vers la côte des caravanes chargées de caoutchouc et les indigènes, même les plus récalcitrants, s'empressèrent d'acheter nos produits manufacturés. La Côte d'Ivoire est donc en période de développement, et nul ne peut prévoir où s'arrêteront ses progrès.

Il serait pourtant puéril de dissimuler que notre prise de possession n'est pas encore complète, et que l'hinterland cache encore bien des régions à pénétrer, bien des indigènes à combattre. De là, des explorations et des promenades militaires que de récents événements ont peut-être fait oublier, mais qui attestent une fois de plus que le Français, qu'il soit voyageur ou soldat, sait faire œuvre de colonisateur. Un simple résumé chronologique le démontrera : en 1905, missions de pénétration Thomann chez les Bétés de la Sassandra, de Pierre et Combes entre Kong et la mer. En avril 1906, Mourin, après un violent combat, prend d'assaut Bousséda dans le cercle de Beyla, et Thomassin, de Seguela à la côte, explore la grande forêt de la Sassandra, mais en luttant chaque jour contre les tribus d'anthropophages qui s'opposent à sa marche. En 1907, Chevalier explore la grande forêt de l'hinterland et rapporte une ample mission de renseignements sur la faune et la flore. En 1909, le colonel Metz occupe la région encore inconnue de la Haute Sassandra. Cette même année Richaud, chargé d'opérer la délimitation avec le Libéria, s'engage au nord dans une région absolument inconnue, où il lui faut lutter non seulement contre la nature qui lui impose l'obstacle de l'impénétrable forêt vierge, de marigots inondés, de fleuves sans gué, et d'un climat meurtrier, mais aussi contre des populations féroces, vêtues de peaux de singe ou dénuées de tout vêtement, et en pleine anarchie. Aussi lui faut-il non seulement se frayer un chemin dans ces bois dangereux, mais aussi prendre d'assaut des villages indigènes,

N'zassa dans une région forestière très difficile, et Kouamo dont les neuf cents cases étaient défendues par une muraille de huit mètres de haut. De retour à la côte, après avoir parcouru près de 4.000 kilomètres en pays inconnu, il put se vanter non seulement d'avoir découvert des régions nouvelles, mais d'avoir imposé le protectorat de la France à des tribus qui n'en avaient seulement jamais entendu parler.

Richaud n'avait fait que reconnaître la contrée, et les indigènes n'avaient accepté leur défaite qu'à contre-cœur. Dès 1910 et les années suivantes, il fallut de nouveau marcher contre eux. En 1911, le colonel Levasseur réussit à pacifier les bassins supérieurs de la Cavally, du Sassandra et de la Bandama, mais en 1912, une nouvelle agression se produisait dans le cercle de Beyla, et le capitaine Hequet était tué. Sans doute la répression ne tardait pas et les tribus rebelles étaient durement châtiées : mais la pacification restait laborieuse et n'était sans doute qu'apparente. Les missions pacifiques seraient peut-être mieux accueillies : telle la mission H. Hubert, qui, de mars à juin 1914, parcourut toute la Côte d'Ivoire sur un itinéraire de 4.000 kilomètres qui lui permit d'établir la carte géologique du pays, et de la relier au Sénégal et au Soudan. Encourager de pareilles entreprises serait peut-être le meilleur moyen d'assurer à ces pays trop longtemps abandonnés à eux-mêmes une paix heureuse et féconde en résultats, une paix vraiment française. Grâce aux efforts et à la persévérance du gouverneur Angoulvant, ces résultats seraient à la veille, paraît-il, d'être obtenus. On ne saurait trop en féliciter cet intelligent et laborieux administrateur.

VII. — Les comptoirs du Bénin

Sur la partie du golfe de Guinée située entre le Togoland et la Nigeria s'allonge la côte dite des Esclaves ou de Bénin. La France est la première des nations européennes qui ait déployé son pavillon sur ce littoral, et cela dès le XIVe siècle. Il est vrai que nos aventureux compatriotes, Dieppois ou Rouennais, renoncèrent de bonne heure à ces fructueuses expéditions, mais la tradition n'en fut jamais perdue, et nos marins ou nos négociants y reçurent toujours un accueil privilégié, surtout lorsque, en 1786, le Bourguignon Landolphe, celui qui eut l'honneur de donner son nom à la plus répandue des lianes d'où l'on extrait le caoutchouc, fonda sur la côte de Bénin, à l'île Borodo, une factorerie dont les rapides progrès excitèrent les jalousies anglaises. Au XIXe siècle, des négociants marseillais, les Régis, qui n'avaient pas oublié les fructueuses opérations d'autrefois, entreprirent de la renouveler. Ils s'établirent à Wydah, et, bien servis par leurs agents, Provençal, Blanchély, Brue, Cardonnet, Cazes, firent en grand le commerce de l'huile de palme, sans négliger pour autant, malgré les défenses administratives, celui du bois d'ébène, autrement dit de la traite des nègres. Leurs succès furent rapides et incessants. Le plus important des chefs de la contrée, le Dahoméen Ghezo, qui trouvait son intérêt à ménager nos compatriotes, leur donna toute liberté d'agir. De nouveaux comptoirs furent créés à Porto Seguro, au Grand et au Petit Poppo, à Porto-novo, Kotonou, Godomey, Abomey-Calavi, Avrékété et Badagry. Bientôt même, des maisons rivales, les Cyprien-Fabre, les Daumas-Béraud, les Daumas-Lartigue, fondèrent des factoreries : mais Régis ne redoutait pas la concurrence. Il avait d'ailleurs recouru au moyen pratique de toujours rester le maître du marché en accaparant dans le monde entier la seule monnaie ayant cours dans le pays, les petits coquillages appelés cauris. Il ne tenait pas non plus à l'ingérence du gouvernement dans ses affaires, mais Napoléon III, bien informé par nos officiers de marine, comprit qu'il était temps pour la France de prendre pied d'une façon définitive. Dès l'année 1861, il avait nommé des agents au Dahomey et à Porto-Novo avec le titre de vice-consuls. Le 23 février 1863, l'amiral Didelot, inaugurant une nouvelle politique, signait un traité d'alliance et de protectorat avec le roi de Porto-Novo, Mecpou, qui avait arboré notre drapeau. Dès lors, les acquisitions territoriales ne cesseront plus. Dès l'année 1868, Glé-glé, successeur de Ghézo, nous avait cédé en toute propriété Kotonou avec une bande de terrain de six kilomètres de profondeur. Le capitaine

Serval renouvelait ce traité en 1878, et obtenait de plus l'abolition des servitudes humiliantes imposées aux négociants français. En juillet 1885, un nouveau pays, celui des Ouahkis, demandait et obtenait la protection de notre drapeau. Notre influence grandissait donc tous les jours dans la région, et il était facile de prévoir qu'une nouvelle colonie était en voie de formation. En effet, lors du congrès de Berlin (février 1885) qui stipulait l'occupation effective des établissements européens à la côte d'Afrique, la France non seulement fit occuper par de petites garnisons, Grand Poppo, Kotonou et Porto-Novo, mais encore déclara que nos comptoirs du Bénin seraient constitués en colonie du Bénin, et que l'administration de cette nouvelle possession serait confiée à un résident (6 juin 1886).

On se heurta tout de suite à de grosses difficultés : les unes provenant de nos voisins immédiats, les autres amenées par la résistance des indigènes.

Le Portugal, aussitôt après la signature du traité de Berlin, avait, à cause de son comptoir d'Ajuda, notifié son protectorat sur la côte du Dahomey (18 janvier 1886). Un métis, d'origine brésilienne, Julias de Souza, qui cherchait à se tailler une principauté indépendante, envenima tout de suite la question, mais il commit la faute de se brouiller avec son allié, le plus puissant des souverains indigènes, Glé-glé. La France de son côté protesta contre ces prétentions outrecuidantes. Le Portugal, bien conseillé, reconnut son erreur et s'inclina devant l'antériorité de nos droits.

L'Allemagne avait fondé quelques comptoirs sur le littoral du Bénin, et ses négociants y avaient de sérieux intérêts. Par une sorte de cote mal taillée, ils renoncèrent en notre faveur à leurs prétentions sur les rivières du Sud, mais nous leur cédâmes Lomé, Baguida, Porto Seguro, le Petit Poppo et le protectorat des Ouakhis. Ces divers territoires ont formé depuis la colonie allemande du Togoland (1er février 1886).

Quant à l'Angleterre, elle s'était déjà installée au Bénin, et avait essayé d'accaparer le commerce de la contrée. Tout le littoral est bordé par une lagune sablonneuse, en arrière de laquelle s'ouvrent de véritables mers intérieures. On pénétrait dans ces mers intérieures par une coupure où les Anglais avaient bâti l'important comptoir de Lagos. Or, l'Océan, dans un jour de colère, ayant rompu le cordon littoral, d'autres ouvertures se creusèrent, et cette fois en territoire français, à Porto-Novo. Les Anglais profitèrent de ce changement pour prendre pied à Porto-Novo. Protestation de la France et nomination de deux commissions mixtes qui, en 1890 et en 1896, réussirent enfin à déterminer la frontière. Toute cause de conflit étant dès lors écartée, les puissances rivales n'avaient plus qu'à entretenir des relations de bon voisinage.

Avec les indigènes, et surtout avec les plus puissants d'entre eux, les Dahoméens, les négociations ne suffirent pas. Il fallut recourir à la force brutale. Les noirs du Dahomey avaient singulièrement étendu leur domaine par la conquête des royaumes de Iuda et d'Allada, et l'annexion du territoire des Malliés, des Popos, des Nagos, etc. N'ayant plus à redouter de concurrence, ils se livrèrent à leurs caprices sanguinaires, et, par de fructueuses razzias d'esclaves, approvisionnèrent de « bois d'ébène » les comptoirs européens de la côte. Leurs relations avec la France furent longtemps bonnes. Nos nationaux jouissaient même d'un traitement de faveur. Ils étaient invités aux prodigieuses hécatombes par lesquelles ces tyrans africains célébraient leurs jours de fêtes, mais, quand ils se heurtèrent à nos naissantes colonies, surtout quand ils comprirent que les indigènes se rangeaient volontiers sous notre protectorat, ils devinrent nos ennemis déclarés et commencèrent contre nous une guerre d'extermination.

En 1880 le roi Glé-glé, tout à coup, contesta la validité des derniers actes diplomatiques, et, sous prétexte que Kotonou et Porto-Novo étaient des dépendances de son royaume, nous somma de les évacuer. On ne répondit même pas à cette insolente mise en demeure. L'audace du despote africain s'en accrut. Etait-il payé par quelque agent étranger jaloux de notre influence, ou bien s'imaginait-il, dans son naïf orgueil, qu'il lui suffirait, pour être obéi, d'énoncer sa volonté, toujours est-il qu'il ne tarda pas à passer de la parole aux actes, et entra subitement en campagne. Son armée n'était pas à dédaigner. Elle se composait en premier lieu des fameuses amazones, jeunes femmes élevées virilement, et soumises à de violents exercices qui leur donnaient une vigueur égale à celle des hommes. Elles étaient organisées en trois brigades, qui comprenaient chacune des espingolières, armées de fusils à répétition ; des chasseresses d'éléphants avec des fusils à balles explosibles ; des porteuses de rasoirs gigantesques ; des mousquetaires avec des fusils à pierre, et des archères munies d'arcs et de flèches empoisonnées. Habituées à ne pas reculer devant la mort, elles étaient vraiment redoutables. Venaient ensuite quatorze régiments de solfimatas ou soldats réguliers, et, comme réserve, tous les hommes valides en état de porter les armes. Bien encadrés et bien commandés, les Dahoméens avaient fini par exercer dans cette partie de l'Afrique une véritable hégémonie. Ils étaient d'autant plus à craindre que, pour arriver jusqu'à eux, il fallait traverser d'énormes forêts de facile défense.

Glé-glé s'était tout d'abord jeté sur le territoire de notre protégé Toffa, le roi de Porte-Novo. Il avait pillé et incendié ses villages et opéré des razzias dont il vendit les produits à des étrangers qui se trouvèrent à point nommé pour les acheter (avril 1889). L'honneur de la France était compromis. On aurait dû marcher tout de suite contre la capitale du Dahomey, et rappeler le souverain indigène à la stricte observation du traité. On aima mieux recourir aux négociations. Ce fut un tort. Le Dr Bayol, lieutenant-gouverneur des provinces du Sud, se rendit à Abomey en compagnie d'Angot et de Béraud. Il y arriva le 21 novembre 1889, mais fut traité comme le prisonnier plutôt que comme l'hôte de Glé-glé. Trente-trois jours de suite la mission française fut obligée d'assister à de véritables égorgements, où, pour fêter le roi, tombèrent, massacrés comme du bétail, des centaines de prisonniers. Bayol eut cependant assez d'énergie pour demander au roi une explication catégorique, mais sa réponse fut violente, insolente même, et c'est à grand'-peine que le représentant de la France put rejoindre la côte.

VIII. — Conquête du Dahomey

Sur ces entrefaites mourut le roi Glé-glé (31 décembre 1889), aussitôt remplacé par Kondo qui prit le nom de Behanzin. Encouragé par notre inaction, et sans doute informé que le Parlement était hostile aux expéditions coloniales, il se jeta sur nos établissements, surprit Wydah, y fit prisonnier tous les Européens qui se croyaient à l'abri de notre drapeau et se rua à l'assaut de Kotonou (février 1890). Grâce à l'énergie du commandant Terrillon, toutes les attaques furent repoussées, et nos soldats, vainqueurs à Décamey (28 mars) et à Atchopa (20 avril), n'eurent plus qu'à prendre l'offensive, mais ils n'étaient pas assez nombreux et durent attendre dans leurs cantonnements la décision de la métropole. Il n'y avait qu'à envoyer des renforts et qu'à marcher en avant, mais le gouvernement français répugnait à toute démonstration énergique, et les Chambres, poussant à l'excès la prudence, ne voulaient pas de guerre coloniale. Cette fois encore on préféra recourir aux négociations. Behanzin daigna recevoir notre envoyé et nous accorder un semblant de traité, mais, s'il nous abandonnait le territoire de Kotonou, ce n'était qu'à titre provisoire, et moyennant un tribut annuel de 20.000 francs. En outre, nos protégés n'étaient pas suffisamment garantis, et aucune clause relative au commerce n'était stipulée (3 octobre 1900). Or, aux yeux des Africains, négocier et surtout faire des concessions, c'est avouer son infériorité. De bonne foi Behanzin se croyait victorieux. D'ailleurs il ne fermait pas l'oreille à certaines suggestions dont l'avenir devait éclaircir le mystère. Il ne tarda donc pas à élever de nouvelles prétentions, et se prépara avec ardeur à une prochaine guerre.

Pendant ce temps la France groupait, sous le nom de Guinée Française, les trois colonies des Rivières du Sud, de la Côte d'Ivoire et du Bénin, et plaçait à la tête du dernier de ces établissements un lieutenant-gouverneur qui fut à la hauteur de sa mission, et doit être considéré comme le véritable fondateur du Dahomey Français, Ballot (17 décembre 1891).

Dès mars 1892 Behanzin entrait de nouveau en campagne. Il ouvrait le feu contre la chaloupe *Topaze*, à bord de laquelle le gouverneur Ballot remontait le cours de l'Ouémé, et lançait ses bandes contre Kotonou et Wydah. L'insulte était flagrante et la préméditation absolue. Si la France n'agissait pas avec vigueur, c'en était fait de son prestige dans l'Afrique occidentale. De sérieux renforts, près de 4.000 hommes, commandés par le colonel Dodds, furent alors envoyés au secours des places menacées (mai-juin 1892). La colonne expéditionnaire, soutenue par un convoi de ravitaillement organisé avec beaucoup d'habileté par Ballot, quitta Porto-Novo le 17 août 1892, et prit la route de l'Ouémé. Attaquée le 19 septembre, à Dogba, par un fort parti de Dahoméens qu'elle ne réussit à mettre en fuite qu'après une lutte fort sérieuse, elle franchit l'Ouémé à Gbéda, et bouscula l'ennemi à Adégon (4 octobre), à Poguessa (6 et 8 octobre), sur les bords du Koto (12-15 octobre) et à Akpa (20-21), mais elle avait éprouvé des pertes sensibles, car les Dahoméens se battaient avec acharnement, et il fallut attendre des renforts. Lorsque le commandant Audéoud les eut amenés, la colonne reprit sa marche en avant. Elle enleva d'assaut les redoutes élevées sur les bords du Koto (26 octobre), remporta de brillants succès à Muako (2 novembre), à Dioxoné (4), entra dans Kana, la ville sainte du Dahomey (6) et bientôt (16) à Abomey, la capitale. Malgré la résistance parfois héroïque des Dahoméens, malgré leurs armes à tir rapide, malgré les difficultés de la marche à travers un pays desséché et sous un ciel torride, nos braves soldats triomphèrent de tous les obstacles et forcèrent Behanzin à s'enfuir, après avoir brûlé son palais et ceux de ses dignitaires.

Dodds, qui venait d'être promu général, rentra alors à Porto-Novo avec le gros de l'armée, et, trois jours après son arrivée, prononça la déchéance de Behanzin (3 décembre 1892). Restait à exécuter la sentence. Or, Behanzin, retiré dans le nord du Dahomey, à Atchéoribé, chez les Mahis, tenait toujours la campagne. Il croyait à une prochaine restauration, et avait conservé de nombreux partisans. Une nouvelle campagne fut décidée en juillet 1893, et la grande chasse au souverain déchu commença en octobre. Traqué comme une bête fauve, abandonné par ses défenseurs, par ses parents mêmes, Behanzin finit par se rendre sans conditions. Il se constitua prisonnier à Ajégo, au nord-ouest d'Abomey (25 avril 1894). Il fut depuis exilé à la Martinique, puis en Algérie, où il mourut.

Que faire de notre nouvelle conquête? Dodds plaça d'abord le pays entier sous le protectorat de la France et prononça l'annexion pure et simple de Wydah, Savé, Avrékété, Abomey Calavi et Godomey, qui furent constitués en colonie distincte du Bénin (10 mars 1893). Quant aux pays protégés, on reconnut l'indépendance des Mahis et Dassa, et l'ancien Dahomey fut partagé en royaumes d'Allada et de Dahomey. Le souverain de ce dernier royaume fut un frère de Behanzin, Ago-gli-Agbo (13 janvier 1894), mais les souvenirs de l'antique indépendance persistaient et notre protégé ne cherchait qu'à continuer la politique fraternelle. Il devint nécessaire de l'interner à Porto-Novo, de décréter la suppression du royaume, et de le partager en cantons indépendants, dont les chefs furent placés sous l'autorité directe de notre résident à Abomey (12 février 1911). Dès lors le Dahomey et ses dépendances formèrent une colonie distincte, et le nom de Bénin fut supprimé.

La nouvelle colonie était resserrée entre le Togoland allemand et le Lagos anglais. Il était nécessaire de la développer vers le Nord et de la réunir à nos autres possessions de l'Afrique occidentale, ou sinon elle était réduite à l'état d'impasse et comme étouffée entre ses puissants voisins. La reconnaissance et la prise de possession de l'hinterland dahoméen s'imposait donc. Dès l'année 1893 et sous l'intelligente direction du gouverneur Ballot, le chef d'escadron d'artillerie de marine Decœur pénétrait dans le pays des Mahis et y fondait Carnotville, la future capitale du pays. L'année suivante, le 4 novembre, il signait à Zarako avec le roi du Gambari, et le 6 novembre à Nikki avec le roi du Bariba, et cela malgré les intrigues anglaises, des traités de protectorat. Apprenant que les Allemands du Togoland voulaient arriver avant lui sur le Niger, et couper ainsi nos communications avec le Soudan, Decœur précipitait sa marche et arrivait à Sansanné-Mango. Il y avait été précédé par l'Anglais Fergusson et par l'Allemand de Carnap, mais on l'informa que le vrai et unique souverain de la contrée résidait à Fada-N'gourma dans le Gourma. Il y courut et fut cette fois assez heureux pour arriver bon premier et signer un traité de protectorat avec le roi Bautchoudé (20 janvier 1895). Par cette habile négociation était accomplie la réunion théorique du Haut Dahomey avec le Soudan, mais cette réunion ne deviendrait effective que si nous réussissions à nous établir fortement sur le Niger. Decœur avait expédié à l'avance dans cette direction son lieutenant Baud, qui, arrivé à Say dès le 31 janvier 1895, renouvelait le traité récemment signé par Monteil. Nos deux officiers descendaient ensuite la rive droite, encore inexplorée, du Niger, signant partout sur leur passage des traités d'alliance avec les Peuls indépendants. Ils arrivaient à Ilo dont ils s'attachaient le souverain par un traité en règle (18 février), puis à Boussa, et retournaient à la côte par Carnotville. Tout le Haut Dahomey était de la sorte rattaché à notre influence, et nous avions l'heureuse chance de prévenir les Anglais et les Allemands, qui auraient voulu s'étendre à nos dépens.

Il importait de confirmer par des actes cette prise de possession trop rapide pour être solide. Envoyé à cet effet par le gouverneur Ballot, l'administrateur Alby alla d'abord à Parakou et à Nikki, où il renouvela les traités signés par Decœur. Il traita également avec le chef de Sansanné-Mango, et compléta l'œuvre de ses prédécesseurs en rattachant à l'influence française, au sud du Gourma, tous les petits chefs du Haut Dahomey (1895). Pendant ce temps Ballot explorait le pays encore à peu près inconnu qui sépare le Gourma du Niger, contrées sauvages, peuplées de bandits, qui pourtant laissaient passer nos compatriotes sans les rançonner à cause de la fermeté de leur attitude. Le 29 juin 1895 il arrivait à Boussa sur le Niger, ayant ainsi relié par un nouvel itinéraire les nouvelles possessions françaises au grand fleuve africain. La jonction pourtant n'était pas encore suffisante. Une nouvelle mission fut organisée, dont le lieutenant Baud prit le commandement.

Il s'agissait de se rendre à Kong, dans la Guinée Française, en contournant le Togoland allemand et la Côte d'Or anglaise. Parti de Carnotville le 20 mars 1895 Baud signait des traités avec les chefs de Keriki, de Bafilo, de Mampoursi, traversait la Volta Blanche, arrivait à Oua, centre commercial important et point de départ de nombreuses caravanes, puis à Bouna (6 mars), où il apprenait qu'il était impossible de s'avancer plus loin, car les Sofas de Samory coupaient toutes les communications. Baud redescendit alors vers la côte qu'il atteignit à Grand Bassam (12 juin). La marche sur Kong n'avait sans doute pas réussi, mais on avait tracé un itinéraire de 1.500 kilomètres à travers pays inconnus, et la jonction du Dahomey, de la Côte d'Ivoire et du Soudan était un fait accompli. Certes c'étaient là de beaux résultats et rapidement acquis.

Dès l'année 1896 Baud rentrait en campagne. Il voulait pénétrer jusqu'au Mossi, et prouver ainsi la réalité de la jonction entre le Dahomey et le Soudan ; mais il se heurta cette fois aux Allemands qui, furieux d'avoir été prévenus dans l'occupation de l'hinterland, procédaient brutalement en amenant des garnisons à Bafilo, à Kiriki, et sur d'autres points où nous étions déjà installés. La mission de Baud étant toute pacifique, il ne pouvait repousser la force par la force. Il se contenta de protester, et, poursuivant sa marche, confirma les traités signés auparavant avec les maîtres du Gourma, et rallia à Tigba (15 février 1897) la mission Voulet, qui achevait alors la conquête de la boucle du Niger. Pendant ce temps le lieutenant Bretonnet fondait cinq postes au delà de Parakou dans le Gambari, et occupait Boussa (5 février 1897). Les communications étaient donc partout établies et il ne restait plus qu'à tirer parti des richesses naturelles du sol ; mais, afin d'éviter toute complication future, il était urgent de fixer la frontière avec nos remuants voisins, Allemands ou Anglais. De là de délicates négociations, qui ont enfin abouti.

Par le traité du 23 juillet 1897 signé avec l'Allemagne, la

France lui rendait Sansanné-Mango, et renonçait en sa faveur à une partie du littoral jusqu'au Mono, mais elle gardait tous ses droits dans le Gourma ; c'est-à-dire que le Togoland était arrêté dans son extension vers le Nord, et que le Dahomey était relié à la Guinée et au Soudan. En outre deux points contestés sur la côte, Agouné et le Grand Poppo nous étaient définitivement attribués.

Les négociations avec l'Angleterre furent plus difficiles, car le sang avait déjà coulé. Dans le pays des Nikkis resté indécis malgré les traités signés par Decœur et Alby, les soldats des deux nations s'étaient rencontrés. Un administrateur colonial, Forget, avait même été tué (février 1896). Les capitaines Vermesch et Gainer, chargés de faire respecter nos droits, remportaient quatre sanglants combats (7 à 12 novembre 1897) et entraient à Nikki (13 novembre). La prise de cette capitale nous établissait dans le Borgou. De Say à Boussa furent aussitôt créés de nombreux postes et toute la rive droite du Niger nous fut ainsi assurée. Il fallut par malheur compter avec l'Angleterre, dont les procédés à notre égard furent au moins singuliers. Partant de ce principe qu'en territoire étranger tout lui est permis, le cabinet de Saint-James avait agi avec désinvolture. Il n'avait même pas reculé devant le mensonge, prétextant que telle ou telle contrée avait reconnu son protectorat, alors que pas un fonctionnaire anglais ne s'était montré dans le pays. C'est ainsi qu'une première fois, en 1890, trompés par de fausses allégations, nous avions consenti à ne pas prendre possession dans le bassin du Niger de territoires que les Anglais affirmaient avoir occupés. Avertis par l'expérience, nous fûmes cette fois moins crédules, quand il s'agit de régler la question de l'hinterland dahoméen. Nous demandâmes les preuves de la prise de possession anglaise. Ce fut alors qu'on exhiba nombre de documents sans valeur, formules imprimées où des vides, ménagés à l'avance, portaient écrits à la main les noms des chefs et du pays. On les avait présentés aux indigènes comme des certificats d'achat ou de vente, et c'étaient en réalité des traités de protectorat, dont quelques-uns n'étaient authentiques que par des cachets imprimés au moyen de boutons d'uniforme. Un certain Fergusson avait été le principal agent de cette singulière conquête. C'est lui qui avait inondé de ces formules les pays contestés. Vraiment la France avait beau jeu en refusant de s'incliner devant ces instruments diplomatiques à tout le moins inusités. Aussi les conférences furent-elles rompues.

Les Anglais brusquèrent la situation en procédant à l'occupation effective des territoires en litige. En février 1896 ils installaient des postes à Leaba et à Geba. En 1897 ils s'avançaient jusqu'à Kahla el Badjibo, mais les Français avançaient de leur côté. Un conflit devenait imminent. Fidèle au système d'intimidation qui lui a souvent réussi, l'Angleterre déclara qu'elle était prête à soutenir ses prétentions par les armes. Des renforts furent en effet envoyés en Afrique, et une escadre de sept vaisseaux se tint en permanence à Cape Coast Castle. En même temps se déchaînait la presse et nos officiers, traités de « vulgaires brigands », étaient accusés d'avoir brûlé et pillé plus de dix villes anglaises. Que serait-il arrivé si les Français, profitant de leurs avantages, avaient continué la marche en avant? En général nous étions bien accueillis par les indigènes. Ils nous étaient reconnaissants de les avoir délivrés de la tyrannie de Behanzin et des pillages des Dahoméens. Aussi nos officiers circulèrent-ils sans difficulté dans tout l'hinterland, et les chefs se rangeaient avec empressement sous notre drapeau. Notre politique n'était-elle pas dès lors toute tracée? Il fallait aller de l'avant. On préféra traiter. Les négociations furent donc reprises. Elles aboutirent à la convention du 14 juin 1898.

L'Angleterre obtenait en partie gain de cause, puisque nous lui rendions Boussa, et que seule elle restait maîtresse des embouchures du Niger. Par contre le Mossi, le Gourma, une partie du Gouroumsi et du Mampoursi nous étaient attribués. Le Dahomey se trouvait par cela même dégagé de l'étreinte de ses voisins et relié à nos autres possessions soudaniennes. En outre nous nous étendions sur plusieurs centaines de mille kilomètres carrés ; mais n'avions-nous pas sacrifié la qualité à la quantité, et les efforts de nos explorateurs et de nos officiers ne méritaient-ils pas une autre récompense? Des commissaires furent aussitôt nommés pour procéder à la reconnaissance de la nouvelle frontière. Le capitaine Moll pour la France et le lieutenant-colonel Elliott pour l'Angleterre travaillèrent de concert, et toujours de bon accord (1901-1903). Les indigènes constatèrent avec étonnement la cordialité des relations qui s'établirent aussitôt entre blancs ne parlant pas la même langue et ne portant pas le même drapeau. De la sorte, malgré de grandes difficultés de ravitaillement, fut délimitée une frontière de 1.600 kilomètres de développement, en même temps qu'était menée de front l'étude politique, économique et géologique des régions parcourues (1904).

Un remaniement de frontière conclu en 1904 étendit au sud de Zinder notre zone d'influence et facilita les communications avec le Dahomey. Zinder prit tout de suite une grande importance. Dès qu'ils surent que justice leur serait rendue, les cultivateurs indigènes revinrent en masse dans leurs champs. Les femmes se déclarèrent en notre faveur. Les eunuques eux-mêmes, qui se recrutaient par engagements volontaires, demandèrent à rester eunuques de la résidence française. La France a donc le droit de croire à l'avenir de sa nouvelle colonie. Il est seulement fâcheux que, surtout du côté de l'est, le Dahomey soit tellement resserré dans ses limites. Nous le regrettons d'autant plus que c'est uniquement par notre faute que nous avons renoncé aux avantages que nous assurait une prise de possession antérieure. En effet de simples capitaines au long cours, des négociants, des médecins avaient déjà, depuis 1871, étudié la côte qui s'étend du Dahomey à l'embouchure du Niger et même au delà. En 1880 quelques-uns de ces précurseurs, entre autres un ancien officier de tirailleurs algériens, le comte de Sémellé, fondaient en quatre mois six comptoirs à Abo, Onitcha, Iglebé, Lokodja, Egga et Loko. C'était un beau début. Gambetta, dont l'influence était alors prépondérante, avait compris l'importance de l'action engagée et ne marchandait pas son appui. Grâce à lui le commandant Mattei, remplaçait de Sémellé enlevé par une mort prématurée, et créait en quelques mois près de vingt comptoirs, tant sur le Niger que sur la Bénoué. Il arrivait jusqu'à Rabba à cent kilomètres au-dessous des rapides de Boussa, et sur la Bénoué atteignait Ibo, à trois cents kilomètres du confluent. Des traités d'amitié et de protectorat étaient conclus avec les chefs riverains, et une véritable flottille était improvisée. Notre situation était donc excellente, et, sans bruit, mais sûrement, s'organisait une nouvelle colonie.

Nos succès furent sans lendemain, car l'Angleterre se tenait aux aguets. Diverses compagnies anglaises s'étaient formées pour l'exploitation du Niger. Quatre d'entre elles se fusionnèrent en une seule, *National African Company*, qui, bien dirigée par deux hommes de tête et d'énergie, Goldie Taubman et lord Aberdare, ouvrirent brusquement les hostilités contre nos compatriotes, en abaissant d'un quart la valeur de toutes les marchandises, partout où existaient des comptoirs français. C'était une perte considérable pour les Anglais, mais un énorme capital leur permettait tous les sacrifices, et les Français, qui ne pouvaient soutenir la concurrence, se trouvaient ruinés. La mort de leur protecteur Gambetta acheva le désastre. Abandonnés par la France, nos compatriotes renoncèrent à la lutte. En 1884 ils vendaient leurs droits et leur matériel à l'*African Company*.

Le gouvernement anglais prenait aussitôt la compagnie sous sa protection, et déclarait que son territoire devenait partie intégrante du domaine colonial sous le nom de Districts du Niger. Ces districts ont depuis été englobés dans la colonie de Nigeria (1899). Cette fois encore nous avions laissé échapper l'occasion, et nos rivaux profitaient de ce que nous avions été les premiers à découvrir et à exploiter. Pareil fait s'est si souvent reproduit dans notre histoire coloniale, que nous ne nous en étonnons même plus.

La déconvenue de nos négociants était si profonde et la faute commise par notre gouvernement si complète que les Anglais se départirent de leur rigorisme, et se montrèrent magnanimes à bon marché. Ils nous cédèrent par la convention de 1898 deux petits territoires, enclavés dans leurs possessions, où nous pourrions librement déployer notre drapeau : Forcados, sur la côte, à l'embouchure du Niger, et Aremberg sur le fleuve entre Liaba et le confluent de la Mochi. En cas de conflit il serait même inutile d'essayer la défense de ces deux comptoirs. Nous aurions donc pu dominer en maîtres dans le Delta, et nous n'y possédons que quelques hectares de terrain, et encore ne nous les a-t-on cédées que pour un bail de vingt ans. Peut-être serait-il plus digne de renoncer à ces enclaves, qui ne rappellent qu'une fortune passée et des fautes commises.

Qu'il s'agisse de la Guinée, de la Côte d'Ivoire ou du Dahomey, ces trois colonies n'en sont pas moins en pleine voie de prospérité. En ne tenant aucun compte des théories pour nous incliner seulement devant les faits, nous ne saurions trouver conclusion meilleure à cette rapide étude sur l'expansion coloniale de la France dans l'Afrique occidentale.

CHAPITRE VIII

L'AFRIQUE ÉQUATORIALE

I. — Exploration de l'Ogooué

La France n'a longtemps possédé dans l'Afrique équatoriale que le comptoir du Gabon. En 1841 le lieutenant Bouët-Willaumez avait été envoyé dans ces parages pour y tenter la fondation d'un établissement destiné à réprimer la traite des nègres. La négociation fut vivement menée, et, le 18 juin 1843, le capitaine de corvette de Montléon prenait officiellement possession de la baie du Gabon et de la contrée baignée par ses principaux affluents, Komo, Bogoë, Rhamboë, etc. Deux nouveaux traités conclus en 1844 et 1852 avec les principaux chefs de la région étendirent le territoire soumis à notre influence, et quelques explorations furent dirigées dans l'intérieur du pays. La tourmente de 1870 faillit emporter notre nouvelle colonie. Il fut un instant question ou de l'évacuer ou de la céder à l'Angleterre en échange de ses comptoirs de Gambie enclavés dans notre Sénégal. La négociation n'a pas abouti, et c'est fort heureux, car le Gabon est devenu comme l'embryon d'une France nouvelle. C'est du Gabon que sont partis les vaillants explorateurs qui ont étendu notre domaine dans des proportions indéfinies, et furent les fondateurs de ce qu'on a maintenant le droit d'appeler la France équatoriale.

Au sud du Gabon se jette un grand fleuve, l'Ogowaï ou Ogooué, signalé pour la première fois en 1859 par Bellonie-Duchaillu, voyageur américain d'origine française, qui se fit une réputation pour ses chasses plus ou moins fantastiques au gorille. Duchaillu n'avait pu y pénétrer, mais il avait rapporté les récits des noirs, d'après lesquels on commença à en soupçonner l'importance. Quelques-uns de nos officiers de marine, Serval, Genoyer, Aymés reconnurent son cours. Quelques négociants les suivirent, et bientôt les affaires prirent un certain développement, car les riverains accueillaient avec plaisir les Européens qui n'avaient d'autres obstacles à redouter que l'insalubrité du climat et la difficulté des communications. De plus comme ce fleuve versait à l'Océan un énorme tribut, si jamais on parvenait à remonter jusqu'à sa source, on découvrirait peut-être la voie de pénétration la plus sûre jusque dans les profondeurs mystérieuses de l'Afrique centrale. En dehors de ces problèmes géographiques, la région de l'Ogooué présentait encore un grand intérêt comme étude de mœurs et comme marché commercial à peu près vierge à exploiter. C'était d'ailleurs pour les Français comme un point d'honneur que de ne pas se laisser devancer dans un pays dépendant d'une colonie française. Il était donc nécessaire de reconnaître et d'étudier ce fleuve qui pouvait devenir un fleuve français.

En 1872 deux jeunes et énergiques voyageurs, le marquis de Compiègne et Alfred Marche, résolurent de pénétrer par l'Ogooué jusqu'au grand lac Tanganyka découvert par Livingstone, et de rejoindre, si c'était possible, le célèbre docteur alors encore vivant; mais ils se heurtèrent à des difficultés imprévues. Le fleuve était obstrué par des rapides et des cascades, et, de plus, ses rives étaient occupées par les féroces Osyébas qui interdisaient tout passage. Nos compatriotes s'armèrent de patience, et utilisèrent leurs loisirs forcés en explorant la région et en se liant avec les principaux chefs du pays. Grâce à ces roitelets, ils réussirent enfin à équiper plusieurs pirogues et partirent en janvier 1873 pour leur grand voyage. Le 26 du même mois ils franchissaient la passe étroite dite porte de l'Okanda, et arrivaient à Lopé, point extrême où devaient les conduire leurs piroguiers. Ils essayèrent de passer outre, mais les Osyébas les assaillirent et les forcèrent à redescendre le fleuve non sans danger. L'Ogooué n'avait donc pas encore livré ses secrets, mais

Compiègne et Marche n'en avaient pas moins planté le pavillon tricolore dans un pays inexploré, et, comme ils avaient raison de le proclamer, « nous nous étions toujours conduits dans ces régions sauvages de manière à laisser des souvenirs d'humanité, de dignité et de bonne foi, qui contribueront sans doute à faire bien recevoir le voyageur et surtout le voyageur français qui viendra derrière nous ».

Le continuateur de l'œuvre si bien commencée fut un jeune Romain, naturalisé Français, l'enseigne de vaisseau Savorgnan de Brazza. Il avait formé le projet de pénétrer par l'Ogooué dans l'Afrique centrale, espérant que la France n'abandonnerait pas à d'autres peuples l'honneur d'une exploration dont le point de départ était une terre française. Investi d'une mission officielle, et accompagné d'Alfred Marche, du Dr Ballay et du contremaître Hamon, il partit de Bordeaux en août 1875, et ne revint en Europe que trois ans plus tard, mais après avoir ainsi fait des découvertes, dont le retentissement fut considérable.

Il y a deux parts à faire dans les résultats de ce voyage : la première est relative au cours de l'Ogooué proprement dit, la seconde aux régions où conduit l'Ogooué.

Aussi loin que s'avancèrent nos explorateurs, l'Ogooué leur parut à peu près navigable, mais ce n'est pas la grande voie fluviale qu'avaient rêvée ceux qui les premiers la signalèrent. Des rapides en obstruent le cours et il est soumis à des crues périodiques. En outre des îles nombreuses parsèment le courant, tantôt consolidées par des racines, tantôt bancs de sable ou épaves de toute nature. Dans la partie basse les rives sont bordées de palétuviers, de palmiers et de cotonniers, mais elles sont comme doublées en arrière par des marécages ou lacs, d'où s'exhalent des émanations fétides. Les principales tribus dont il parcourt successivement les territoires sont les Gabonnais, Gallois, Bakalais, Okandas, Osyébas, Adoumas, et Batékès

La plupart de ces indigènes étaient de vrais sauvages, toujours en guerre les uns contre les autres, et pratiquant même, mais sans en faire montre, le cannibalisme. Heureusement ils s'inclinaient volontiers devant la supériorité des blancs. Ils admiraient surtout nos connaissances médicales. Les plus accessibles à la civilisation paraissaient être les Batékés. Ils ont des qualités : sobres, courageux, résistants. Ils ne sortent presque jamais de leur pays, sauf pour la chasse ou la guerre, mais dès qu'ils s'habituèrent à nous servir de porteurs, ils n'hésitèrent plus à nous suivre jusqu'au Congo et même jusqu'à l'Atlantique.

Bien que les espérances qu'on avait fondées sur cette voie fluviale ne se soient pas réalisées, ce n'en était pas moins un événement heureux pour notre avenir colonial que la prise de possession par la France du bassin d'un grand fleuve qui nous permettait d'entrer en relations avec des peuples encore inconnus et de pénétrer dans des régions mystérieuses. D'ailleurs si le cours de l'Ogooué était difficile et embarrassé, n'était-il pas possible de trouver dans le voisinage un autre cours d'eau navigable, et, par ce fleuve, de pénétrer plus en avant dans le continent noir ? Savorgnan de Brazza et ses compagnons l'ont cru. Malgré leur désir bien naturel de revenir en Europe pour y rendre compte de leurs premières découvertes, ils ne voulurent pas s'arrêter en si beau chemin. Comme les indigènes ne cessaient de leur parler d'un immense fleuve dont la source se perdait dans les profondeurs de l'Afrique, ils résolurent de partir à sa recherche. Ils risquaient leur vie, tout au moins leur santé, mais ils n'hésitèrent pas, bien décidés à ne s'arrêter qu'après avoir découvert la voie fluviale, dont ils soupçonnaient l'existence. Leurs efforts ont été récompensés, car ils furent comme les révélateurs d'un monde nouveau.

La grande difficulté pour eux était le transport des bagages. En Afrique, comme tout se paye en marchandises plus ou moins encombrantes, il faut, pour tout voyage sérieux, beaucoup de bagages, et, par conséquent, beaucoup de porteurs. Or toutes les tribus dont on traverse le territoire ont leurs exigences et prétendent rançonner les blancs. En outre elles sont en guerre les unes contre les autres, en sorte qu'il faut continuellement changer de porteurs, aucun d'eux ne voulant pénétrer sur un territoire inconnu ou ennemi. De là des lenteurs qui fatiguent, des retards qui énervent, des négociations qui épuisent, et souvent des refus brutaux ou de lâches défections. Dès que nos compatriotes se trouvèrent engagés dans des pays où les relations commerciales et le transport des marchandises n'ont jamais existé, ils eurent à se débattre contre des difficultés quotidiennes, mais leur ferme contenance imposa le respect. Un soir Brazza, alors séparé de ses compagnons, fut cerné par les Batékès. Il n'avait avec lui que trois hommes. Il improvisa un retranchement avec les caisses à bagages, et enterra en avant de la position une caisse de poudre, tout prêt à se faire sauter. Les Batékès crurent qu'il se livrait à quelque exorcisme, et, saisis tout à coup d'une terreur superstitieuse, s'enfuirent en toute hâte.

Comme il fallait avancer à tout prix, Brazza recourut à un moyen que réprimait sa conscience, et qu'il avait jusqu'alors repoussé. Il acheta des esclaves et utilisa leurs services. Dès lors tout alla mieux, bien qu'on avançât avec une lenteur désespérante, car il fallait faire trois voyages pour un c'est-à-dire ne transporter à la fois que le tiers des marchandises.

Lorsqu'on arriva au village d'Okanda les eaux changèrent brusquement de direction. On venait en effet de franchir un versant. Bientôt on rencontra une petite rivière, la N'gansso, qui conduisit à un cours d'eau plus important, l'Alima. Les Batékés affirmaient que, de l'Alima, on gagnait, sans chutes ni rapides, un grand fleuve sur les rives duquel des Européens vendaient de la poudre et des armes. Brazza ne soupçonna pas que ce fleuve était le Congo et ces Européens des traitants Anglais ou Portugais. Certes, s'il en avait eu seulement l'idée, il aurait résolument continué son voyage, et, passant de l'Alima dans le Congo, démontré la praticabilité de la voie découverte, mais, depuis trois ans, il n'avait aucune nouvelle du monde civilisé et ne se croyait pas si près du Congo. D'ailleurs l'attitude des riverains commençait à l'inquiéter, et il craignait de ne pouvoir impunément traverser leur territoire. Aussi n'avançait-il qu'avec une extrême circonspection.

Les riverains de l'Alima se nomment les Apfourous. Ce sont des conquérants établis depuis quelques années dans la région et qui l'exploitent au gré de leurs caprices. Comme la concurrence des blancs les réduirait à l'impuissance, ils étaient résolus à s'opposer à leur entrée dans le pays. Le premier village Apfourou les laissa passer sans les inquiéter, mais bientôt le cri de guerre retentit, et plusieurs pirogues se mirent à leur poursuite. En même temps on en apercevait d'autres qui venaient à leur rencontre, sans parler des deux rives qui étaient garnies d'assaillants. Pendant toute la journée on échangea des coups de fusil. La nuit n'arrêta pas la poursuite et il fallait s'engager dans une passe formidable dominée par de nombreux villages. Les armes à tir rapide eurent vite raison des Africains, mais les munitions diminuaient, et il devenait évident qu'elles s'épuiseraient bientôt. C'eût été une folle témérité que de vouloir forcer le passage. La retraite fut donc décidée et la retraite par terre. On noya sept caisses de marchandises, parmi lesquelles les précieuses collections du Dr Ballay. On ne garda que le strict nécessaire et on se mit en marche à la nuit tombante.

Les débuts de la retraite furent pénibles, car il fallait traverser une forêt marécageuse, véritable bourbier où tous manquèrent de rester. Ils réussirent pourtant à se mettre hors de la portée des Apfourous et parvinrent au pays des Batékès leurs ennemis déclarés, qui se montrèrent relativement hospitaliers. Brazza put sortir du bassin de l'Alima, et pénétra dans celui d'un autre cours d'eau plus important, la Licona, dont les rives étaient occupées par les Anghiés, tribu belliqueuse et mal accueillante. Brazza n'aurait pourtant pas mieux demandé qu'à explorer la Licona, mais la saison des pluies était arrivée, et il fallait songer à rejoindre l'Ogooué. Le 11 août 1878 la petite troupe, épuisée de fatigue, réussit à atteindre le fleuve tant désiré. Elle le descendit avec rapidité, saluée au passage par des acclamations répétées et de bruyantes réjouissances. Les riverains en effet avaient tous accepté le protectorat de la France, et notre pavillon était même tellement respecté qu'il suffisait de l'arborer sur les pirogues d'une tribu pour la garantir des tribus ennemies. Le 2 novembre 1878 Brazza et ses compagnons rentraient au Gabon et, de là, repartaient pour la France, où un accueil enthousiaste les dédommageait de leurs fatigues et de leurs souffrances.

La découverte la plus importante de l'expédition était la constatation du voisinage de l'Alima et de la Licona d'un côté, du Congo de l'autre. Le Congo en effet est barré près de la mer, audessous du point où il reçoit les eaux de l'Alima et de la Licona, par des rapides qui rendent son cours infranchissable. L'Alima et la Licona au contraire sont navigables et la distance qui les sépare de l'Ogooué n'est pas considérable. Dans un terrain propre au transport des marchandises et à travers des collines sablonneuses qui offrent partout des passages faciles, il serait relativement aisé de creuser un canal ou simplement de tracer une route qui permettrait de s'enfoncer rapidement dans l'Afrique centrale. Une voie nouvelle, et dont la France possédait l'entrée, avait donc été ouverte au commerce et à la civilisation.

II. — Arrivée au congo

Encouragé par cet heureux début, Savorgnan de Brazza voulut continuer ses découvertes. Il songeait cette fois à s'engager dans une autre région et à assurer à la France une priorité de droits et d'occupation sur le point le plus rapproché de l'Atlantique, où le Congo commence à être navigable. Ce n'était donc plus dans le bassin de l'Ogooué, mais dans celui du Congo, et surtout dans la région intermédiaire qui sépare l'Ogooué de la rive droite du Congo qu'allaient se porter ses efforts.

Les immenses contrées parcourues par le Congo sont longtemps restées à peu près inconnues. Le Portugal en avait la souveraineté nominale, mais il ne les avait même pas reconnues. De 1828 à 1840 un de nos compatriotes, Damville, réussit à dissiper en partie les ténèbres, mais il s'était trop souvent contenté de renseignements sans consistance. Aussi le Congo était-il resté la terre des légendes. Savorgnan de Brazza allait remplacer la légende par la réalité. Il avait été chargé par le Parlement, par divers ministères, par la Société de Géographie et aussi par le Comité Français de l'Association Internationale Africaine de choisir l'emplacement de deux stations, à la fois hospitalières et scientifiques, dont l'une, sur le Haut Ogooué, servirait de point de départ pour l'exploration de l'Afrique intérieure, et dont l'autre, sur les rives du Congo, deviendrait en quelque sorte le foyer d'où rayonnerait au loin l'action civilisatrice et humanitaire de la France. Bien que souffrant encore il n'hésita pas à se mettre en route, plein d'ardeur et d'espérance, et secondé par deux collaborateurs enthousiastes, Noguès et Michaud. Six mois après son départ, en juin 1880, il fondait à 815 kilomètres du Gabon au confluent de la Passa et de l'Ogooué, la station de Franceville. Il en confiait la direction à Noguès, pendant que Michaud descendait le fleuve afin d'aller chercher le matériel et les marchandises attendues d'Europe. La première partie de la mission avait donc réussi.

Il s'agissait en second lieu de s'établir sur les rives mêmes du Congo. Savorgnan de Brazza n'eut pas la patience d'attendre le retour de Michaud. Accompagné d'un sergent de tirailleurs sénégalais, Malamine, et d'un interprète Batéké, Ossiah, tous deux dévoués à sa personne et confidents de ses projets, il se lança résolument à la recherche du grand fleuve, où il voulait déployer le drapeau de la France. Près de cinq cents kilomètres séparent Franceville du Congo. Brazza accomplit ce pénible voyage sans difficulté. Il fut partout bien reçu, précédé par sa réputation de vaillance et d'humanité. Les Batékés permettaient aux hommes de l'escorte de brûler les fourches dont ils se servaient pour conduire leurs troupeaux d'esclaves.

Les Apfourous, avec lesquels il avait fallu se battre lors du premier voyage, non seulement laissaient passer les Français, mais encore subvenaient à leurs besoins. Les Achicongas ne craignaient pas d'endommager leurs plantations en les accompagnant par centaines à travers leurs champs de maïs et de manioc. Les belliqueux Oubandjis, sommés de choisir entre une cartouche et un drapeau, c'est-à-dire entre la paix et la guerre, se décidaient aussitôt pour la paix. Les indigènes en effet n'ignoraient plus que nous nous présentions à eux non pas en conquérants, mais, au contraire, en apôtres de la civilisation.

Chemin faisant Brazza entendit parler d'un puissant chef africain, Makoko, qui ne demandait qu'à entretenir avec les blancs des relations pacifiques. Il résidait à M'bigé et plus souvent à N'gantchouno, sur les bords du Congo. Brazza n'hésita pas à se rendre auprès de lui, et fut reçu en audience solennelle. Makoko lui prodigua les témoignages de la confiance et même de l'amitié. Non seulement il pourvut à tous ses besoins, mais encore lui promit son concours effectif. Ne connaissant encore les Européens que par la traite des nègres et l'écho des coups de fusil tirés sur le Congo, il était longtemps resté incrédule aux récits que ses sujets lui faisaient de notre conduite. « Sans redouter la guerre, finit-il par dire à Brazza, nous préférons la paix. J'ai interrogé l'âme d'un grand sage, mon quatrième ancêtre, et, convaincu que nous n'aurions pas à lutter contre deux partis, j'ai résolu d'assurer complètement la paix en devenant l'ami de celui qui m'inspirait confiance. »

Il n'y avait plus qu'à profiter de ces bonnes dispositions. Les négociations ne traînèrent pas. Elles aboutirent à la conclusion d'un traité aux termes duquel Makoko plaçait ses États sous le protectorat de la France et lui concédait un territoire, au choix de Brazza, sur la rive du Congo (30 octobre 1880). Tous les vassaux furent convoqués pour ratifier le traité. Lorsque l'acte fut signé, le roi et les chefs mirent un peu de terre dans une boîte et la donnèrent à Brazza, qui fit aussitôt planter le drapeau tricolore devant la case de Makoko. « Voici, lui dit-il, le signe de protection et d'amitié que je vous laisse. La France est partout où flotte cette emblème de paix, et elle fait respecter ceux qui s'en couvrent. » Tous aussitôt de pousser des cris de joie, et, dès lors, Makoko resta notre fidèle allié.

Avant de fonder sur le Congo la station projetée, il était nécessaire de s'assurer des bonnes dispositions des chefs Oubandjis assis sur la rive du fleuve. Tout en reconnaissant la suzeraineté de Makoko, quelques-uns d'entre eux agissaient vis-à-vis de lui comme nos féodaux d'autrefois à l'égard des Capétiens. Un certain N'gantchouno se faisait remarquer par son hostilité. Brazza le prit de haut avec lui, et le menaça de sa colère. N'gantchouno prit peur et convoqua ses collègues des tribus Oubandjis à une entrevue d'où sortirait la paix ou la guerre. Quarante chefs répondirent à son appel, et Brazza leur exposa ses vues pacifiques. Les chefs se laissèrent convaincre et procédèrent à la curieuse cérémonie de l'enterrement de la guerre. On creusa un grand trou et chaque chef y déposa l'un une balle, l'autre une pierre à feu, un troisième y vida sa poire à poudre. Les Français y jetèrent des cartouches. Puis un arbre à croissance rapide fut planté. Brazza fit aussitôt distribuer des drapeaux tricolores, et la flotte des Oubandjis se pavoisa à nos couleurs.

La fondation de la station du Congo était désormais assurée. Brazza n'eut plus qu'à en choisir l'emplacement entre les rivières Rupila et Djoué en amont de la dernière cataracte du Congo, sur les rives d'une large dilatation du fleuve qu'on nomme le lac N'couma ou lac Stanley Pool. C'était un coup de maître. La clef du Congo se trouve en effet non pas à l'embouchure du fleuve, mais à ce lac, attendu qu'en amont commence une voie accessible aux bateaux et qu'en aval se succèdent des cataractes et des rapides infranchissables. La station fut plus tard appelée Brazzaville. Ce n'est qu'un légitime honneur rendu à son fondateur.

Brazza ne voulut pas continuer son voyage sans avoir remis au chef de la région un drapeau tricolore qui le protégerait contre les tentatives d'autres Européens. Il le confia au sergent Malamine. Le brave Sénégalais se montra digne de la confiance que lui témoignait son chef. Le 27 janvier 1881 Stanley, le célèbre explorateur anglais, au service de la Belgique, accompagné de deux Européens et de soixante-dix soldats zanzibaristes, arriva à Brazzaville, et essaya d'ébranler soit par des promesses, soit par des menaces, la fidélité de Malamine, mais il fut obligé de se retirer devant la froide dignité et la ferme attitude de ce modeste serviteur de la France. C'est ce même Stanley qui, ayant rencontré Brazza, eut le mauvais goût de railler ses chaussures éculées et ses misérables vêtements, mais Brazza mit les rieurs de son côté en se proclamant non pas son adversaire, mais l'ouvrier, par d'autres moyens, de la même œuvre.

Rentré au Gabon le 16 décembre 1880, après s'être heurté aux mauvaises dispositions des tribus du Masayango, et déçu dans l'espoir d'y trouver ses collaborateurs le Dr Ballay et l'enseigne Mizon, qu'il croyait arrivés depuis un mois, fort inquiet d'un autre côté sur le sort des stations de Franceville et de Brazzaville qui n'avaient pas encore été ravitaillées, Brazza, malgré sa fatigue, se remit aussitôt en marche pour l'intérieur. Il arrivait à Franceville en février 1881, et y trouvait tout en bon ordre. Une centaine d'indigènes étaient déjà groupés autour du chef de poste, Noguès. Ils avaient commencé des plantations et installé des magasins. Brazza s'occupa ensuite de fonder un nouveau poste sur l'Alima, à son confluent avec le N'gampo (sept. 1881). Aussitôt se développa un grand trafic. Les Batékès, les Adoumas, les Okandas, les Apfourous eux-mêmes s'habituèrent au dur métier de pagayeurs ou de porteurs, et devinrent d'utiles intermédiaires entre nos colons et les tribus de l'intérieur. Les Batékès surtout furent d'inappréciables auxiliaires. Avec un peu de manioc et quelques sauterelles ramassées en chemin, ils calmaient leur appétit. Ils portaient avec aisance des poids fort lourds et se contentaient d'un maigre salaire, environ cinquante centimes par jour, et payés en marchandises. Ils ont depuis haussé leurs prétentions.

Avant de rentrer en France, Brazza voulut encore ravitailler Brazzaville, où le fidèle Malamine continuait à faire respecter le pavillon tricolore. Il voulut même, considérant son expédition comme incomplète tant qu'il n'aurait pas découvert la voie la plus courte entre le Congo et l'Atlantique, ne revenir au Gabon qu'après avoir reconnu le cours d'un fleuve, autre que l'Ogooué, et dont il soupçonnait vaguement l'existence. Cette hardie résolution allait être pour lui l'occasion d'une nouvelle découverte. Entre l'Ogooué et le Congo se jettent en effet dans l'Atlantique divers fleuves, dont on connaissait à peine les noms, Setté, Nyanga, Yumba, Kouilou, Loema, Chiloango, et que personne n'avait explorés. Si par hasard un de ces fleuves était plus rapproché du Congo que l'Ogooué, peut-être fournirait-il la voie de pénétration directe vers l'Afrique centrale, que cherchaient avec tant d'avidité les voyageurs. Brazza résolut de descendre le plus important de ces fleuves, le Kouilou, que l'on nomme encore, dans son cours supérieur, le Niari. Il se mettait en route à la fin de janvier 1882, arrivait le 9 mars sur le Niari, et découvrait, comme une entaille à travers d'énormes terrasses parallèles à l'Atlantique, la coupure qui livrerait un passage facile vers le Congo. Il ne s'agit plus que de descendre le Kouilou pour gagner l'Atlantique ou le Djéré, affluent du Congo, pour arriver à Brazzaville. Ce qui faisait la supériorité du Kouilou sur le Congo, c'est qu'il coulait sur un sol uni et fertile, à travers une région peuplée, et sans un seul rapide, tandis que le Congo, depuis le Stanley Pool jusqu'à la mer, s'épanche par bonds successifs, à la façon d'un gigantesque escalier.

Le 17 avril 1882 Brazza et ses compagnons arrivaient enfin sur le bord de la mer, à Landana. Ils étaient exténués et dénués de tout, mais ils avaient résolu un grand problème géographique. Ils avaient reconnu la dépression de terrain par laquelle on pourrait construire une route ou un chemin de fer reliant un port de la côte avec la partie navigable du Congo. Ils étaient en outre assurés des bonnes dispositions des indigènes. Avec leurs faibles ressources ils avaient ajouté un territoire considérable au domaine colonial de la France, et cela sans violence et par le seul ascendant de leur énergie. Ils avaient donc bien mérité de la patrie. Aussi reçurent-ils un accueil cordial quand ils rentrèrent à Paris le 7 juin 1882, et le rapporteur de la loi qui ratifiait le traité conclu avec Makoko n'était que juste quand il écrivait : « Les avantages de ce traité sont considérables. Le territoire qui nous est cédé est en quelque sorte la clef du Congo... La France, plus voisine de l'Afrique que la plupart des autres nations, plus directement intéressée qu'elles à l'avenir de ce continent par ses possessions de l'Algérie, du Sénégal, du Gabon, par les nombreux comptoirs qu'elle possède sur la côte occidentale, méconnaîtrait gravement ses intérêts les plus certains, si elle se laissait devancer dans le mouvement qui entraîne le monde civilisé vers ces régions hier encore mystérieuses ».

III. — Explorations de Savorgnan de Brazza

L'opinion publique s'était prononcée ouvertement et résolument en faveur de l'œuvre entreprise par Brazza dans l'Afrique congolaise, mais cette œuvre n'était qu'ébauchée. Comme tout le monde, ministres, journalistes, savants, négociants, désirait la continuer et la consolider, comme d'un autre côté Brazza était tout disposé à entreprendre une troisième campagne, on le renvoya en Afrique, mais cette fois avec des ressources suffisantes, le titre de commissaire général et de pleins pouvoirs pour conclure des traités avec les chefs des contrées qu'il devait parcourir. Le 19 mars 1883 il partait de Bordeaux, en compagnie d'un personnel d'élite, choisi par lui-même parmi les trois mille candidats qui avaient sollicité l'honneur de partager ses fatigues et ses dangers. Citons au nombre de ces compagnons de labeur et de gloire le Dr Ballay, Michelez et de Lastours, anciens élèves de l'École des Mines, les lieutenants Decazes et Cordier, Michaud, de Chavannes, Dolisie, Dufourcq, Dutreuil de Rhins et Jacques de Brazza, docteur ès sciences, frère du commissaire général. Le brave Malamine, au premier appel, était aussi accouru et partit sous ses ordres à la conquête de nouveaux pays.

La grande crainte de Brazza était de ne pas arriver le premier au fleuve dont il avait pressenti l'importance, au Kouilou-Niari. Ses inquiétudes étaient fondées. En 1878, en effet, avait été fondée à Bruxelles, sur l'initiative et sous la direction du roi Léopold II, l'Association Internationale Africaine pour l'exploration des contrées encore inconnues de l'Afrique et l'abolition progressive de la traite des noirs. Des missions avaient été organisées afin de créer des stations hospitalières et scientifiques, tant sur les côtes qu'à l'intérieur du continent. Deux ans plus tard, le 25 novembre 1878, avait été créé, toujours sous la direction du roi Léopold, le Comité d'études du Haut Congo, qui devint en 1882 l'Association internationale du Congo, et prit une grande extension lorsque le roi Léopold désigna pour la diriger l'Américain Stanley, qui mit au service de la nouvelle société sa dévorante activité, et sa connaissance toute spéciale de la contrée. Jaloux des progrès de la France, et désirant la prévenir dans ces contrées encore sans maîtres, il avait fondé de nombreuses stations non pas seulement sur les rives du Congo, mais encore dans tous les pays environnants. Or l'importance de Kouilou-Niari ne lui avait pas échappé. Il avait déjà fondé dans le bassin de ce fleuve de nombreuses stations, et il était à craindre qu'il n'en occupât l'embouchure avant que la France n'eût pris possession effective de la région. Brazza connaissait la situation. Il obtint l'envoi immédiat sur la côte d'un vaisseau destiné à planter partout le drapeau tricolore. Cette mission délicate fut par bonheur confiée à un officier distingué, le lieutenant Cordier qui reconnut toute la côte du Loaugo, et déploya partout le drapeau tricolore, à Sette Cama, Nyango, Mayoumba, Louango, Punta Negra. Nous étions de la sorte les maîtres légitimes de l'embouchure du Kouilòu-Niari, et les droits de la France étaient sauvegardés.

Dès qu'il fut au courant de ces heureuses nouvelles, Brazza partit afin de relever le personnel laissé sur le littoral par le lieutenant Cordier, mais revint aussitôt sur ses pas, persuadé que c'était surtout à l'intérieur qu'il était nécessaire de faire valoir et de soutenir l'occupation française en fondant de nouvelles stations et en étendant au loin nos relations. Il se mit donc en route pour Franceville en remontant l'Ogooué (10 juin 1883). La navigation était lente, car le fleuve était à moitié comblé par les bancs de sable et le passage des rapides exigeait le transbordement des marchandises, mais les indigènes étaient fort accueillants. Ils se pressaient autour de celui qu'ils avaient surnommé le père des esclaves et le priaient de s'arrêter sur leur territoire. Brazza se laissait volontiers persuader, et c'est ainsi que furent fondées les stations de Njolé à la porte des rapides, d'Asouka chez les Okandas et de Niati chez les Adoumas. Le 23 juillet la tête du convoi arrivait enfin à Franceville et Brazza constatait avec plaisir les progrès accomplis depuis sa dernière visite. Il se mettait aussitôt en communication avec le Dr Ballay parti à l'avance pour fonder une station sur l'Alima, et surtout pour en concilier ces terribles Apfourous et Oubandjis qui, naguère, nous avaient impitoyablement fermé les avenues du Congo. Ballay, par son tact et sa fermeté, avait réussi à inspirer confiance à ces tribus jusqu'alors récalcitrantes. Il avait fondé une station à Dielé et organisé un service de porteurs entre l'Alima et l'Ogooué. Brazza se rendit donc à Dielé, et il eut bientôt fait d'engager de profitables négociations avec les chefs de la contrée. Il retournait ensuite à Franceville pour y organiser de nouvelles expéditions, et donna à ses lieutenants l'impulsion et la direction dont ils avaient besoin. Deux d'entre eux, de Lastours et Jacques de Brazza, succombèrent à la peine, mais le moment n'était pas venu des regrets stériles. On était alors en pleine période de travail et de création. Mizon traçait un itinéraire de Franceville à la côte. Chavannes fondait la station du Lékéti, centre commercial des Apfourous, au point où l'Alima devient navigable pour les bateaux à vapeur. Dutreuil de Rhins faisait sur six cents kilomètres un levé de terrain sur l'Ogooué. Ballay installait une nouvelle station à N'gantchouno, au confluent du Congo et du Lafini. C'était une prise de possession pacifique du pays. Attirés par notre loyauté et notre scrupuleux respect de tous nos engagements, les indigènes venaient à nous. Peu à peu se formaient entre eux et nous des liens de mutuelle confiance. Il y avait bien sans doute, de temps à autre, quelques froissements, et le commissaire général eut à regretter quelques défaillances, mais l'impression générale était excellente, et tout permettait d'espérer qu'une entreprise si bien commencée ne produirait que de bons résultats.

Profitant du calme général, Brazza résolut d'aller porter à

Makoko la copie du traité ratifié par le Parlement. Le 27 mars 1884 il arrivait à N'gantchouno où le Dr Ballay était déjà installé et dans les meilleurs termes avec les vassaux de Makoko. Ce dernier, prévenu de l'arrivée de Brazza, le reçut avec une pompe inusitée. Quant aux grands vassaux ils se signalèrent par l'exubérance de leur enthousiasme. Ils avaient revêtu leurs plus beaux costumes et apporté leurs fétiches favoris pour les prendre à témoin de l'engagement qu'ils allaient contracter. Makoko, le chef couvert d'un béret rouge et bleu, les bras cerclés de fer et de cuivre avec un épais collier d'or, symbole de son pouvoir, et suivi de toutes ses femmes, embrassa à plusieurs reprises Brazza et ses lieutenants, et ordonna la cérémonie de N'fumci. Tous les assistants se mirent à genoux devant les Français en présentant les paumes des deux mains dans lesquelles nos compatriotes étendaient à leur tour les leurs. Makoko et tous les chefs se déclarèrent ensuite heureux et fiers d'être pour toujours sous la protection de notre drapeau. On sonna aux champs. Makoko reçut la copie du traité renfermé dans une magnifique cassette de cristal et de métal ciselé. Procès-verbal de la cérémonie fut aussitôt dressé, et les chefs prirent possession des cadeaux qui leur étaient destinés.

Quelques jours plus tard Brazza et Ballay descendirent le Congo à Brazzaville, car il devenait nécessaire de raffermir la fidélité des indigènes, que les agents de l'Association Internationale Africaine essayaient d'amener à eux. Il est vrai qu'aucune de leurs offres n'avait été acceptée ; mais les agents de Stanley s'obstinèrent à ne pas vouloir entendre raison. Ils parlaient même d'entrer en campagne. On eut grand'peine à leur faire comprendre non seulement que Brazzaville était terre française, mais encore que tous les vassaux de Makoko étaient sous la protection directe de la France. Ils ne consentirent à se retirer que parce que les indigènes entourèrent Brazza, le comblèrent de prévenances et l'assurèrent de leur dévouement.

Assez inquiet de ce qui se passait sur ses derrières, Brazza laissa à la garde des postes français du Congo un homme qu'il savait assez énergique pour se maintenir seul contre les empiétements de l'Association Internationale Africaine, et revint à Diélé, puis à Franceville, et enfin à Adoume sur l'Ogooué. Tout était tranquille grâce à la bonne administration de deux de ses collaborateurs, Dufourcq qui, bien que malade, avait ranimé la défaillance, et Dolisie qui avait pris sur lui de reconnaître le bassin de Kouilou-Niari, et avait ainsi assuré les droits de la France dans cette contrée, où l'Association Internationale avait déjà pris pied et ne paraissait pas disposée à céder le terrain. Comprenant la nécessité d'assurer à la France la libre disposition de ce fleuve et voulant posséder à l'heure venue des éléments de compensation, Brazza songea alors à s'étendre, aussi loin que possible, sur le Haut Congo. Il passa donc quelques mois à courir d'un point à un autre, tantôt à Loango, tantôt à Vivi, fondant trois nouvelles stations sur l'Ogooué et deux autres dans la direction de Franceville, veillant au ravitaillement, donnant partout des conseils ou des ordres, déployant une activité surhumaine. Pendant ce temps son dévoué lieutenant Dolisie reconnaissait la Sangha et l'Oubandji, signait des traités avec les tribus riveraines et fondait de nouveaux postes. Tout était dans la bonne voie, et on pouvait espérer que, s'étendant de proche en proche, les Français arriveraient bientôt au nord vers le lac Tchad et à l'est vers le lac Tanganyka. A ce moment (15 juillet 1885) Brazza reçut la nouvelle de son rappel en France et de la signature de la Convention de Berlin qui rendait inutile l'action projetée dans le Haut Congo. Il ne s'agissait plus de gagner en vitesse de remuants voisins, mais plutôt de récolter ce qu'on avait semé. Brazza n'avait plus qu'à obéir. Il avait d'ailleurs besoin de prendre un repos longuement mérité. Après une dernière tournée d'inspection aux différents postes, il rentra au Gabon (18 octobre 1885), remit son pouvoir à son successeur et revint en France.

IV. — Congrès de Berlin

Que s'était-il donc passé à Berlin? Le 8 octobre 1884 une conférence internationale, présidée par Bismarck, avait été convoquée dans cette ville. Quinze États, dont l'Association Internationale, y étaient représentés. Il s'agissait « de régler dans un esprit de bonne entente mutuelle les conditions qui pouvaient assurer le développement du commerce de l'Afrique occidentale et prévenir les contestations et les malentendus ». La conférence ouverte le 15 novembre 1884 fut terminée le 26 février 1886. Elle proclamait la liberté du commerce dans le bassin du Congo, appliquait à ce fleuve et au Niger les principes adoptés par le Congrès de Vienne de 1815 pour la liberté de la navigation sur les fleuves internationaux, et définissait les formalités à observer pour rendre effectives les occupations nouvelles sur le continent africain. La première conséquence de la conférence fut la constitution et la reconnaissance par les puissances signataires d'un nouvel État. L'Association Internationale devenait le royaume du Congo, et le roi des Belges, Léopold II, en était nommé le souverain, mais avec cette clause qu'en cas d'aliénation le droit de préemption de la France était formellement réservé. Quant à la France non seulement elle demeurait riveraine du Congo, mais encore tout le littoral depuis l'embouchure du Chiloango lui était attribué, et les bassins du Kouilou-Niari et de l'Ogooué devenaient sa propriété, y compris les comptoirs déjà créés par l'Association Internationale et qui nous étaient rétrocédés moyennant une indemnité de 300.000 francs, et sans parler des immenses territoires de l'hinterland qui n'étaient encore occupés par personne. Toute possibilité de revendication étant désormais écartée, il n'y avait plus qu'à favoriser l'essor du commerce et qu'à entretenir des relations de bon voisinage.

Tous ces résultats avaient été obtenus en trois années, et ils étaient considérables. Le principal artisan de cette belle œuvre fut assurément Savorgnan de Brazza. Il faut lui en savoir gré, et le ranger au nombre des conquérants pacifiques du continent noir. Au point de vue scientifique les bassins de l'Ogooué, de l'Alima et du Kouilou-Niari avaient été complètement explorés. Les rives et le delta du Congo avaient été relevés. Le littoral maritime avait été reconnu. L'hinterland avait même été entamé. Chemin faisant les explorateurs avaient réuni de belles collections d'histoire naturelle, et tous ces travaux avaient été exécutés au cours de travaux imposés par la création de huit stations au Congo, de huit autres dans l'Ogooué et de cinq sur la côte ou dans la vallée du Kouilou-Niari.

Au point de vue politique, la France, qui ne possédait qu'une bande de terrain sur le littoral, devenait maîtresse d'un véritable empire colonial, si plein d'avenir qu'il excitait les convoitises de nos ennemis héréditaires. Les indigènes acceptaient avec plaisir notre suprématie. Les tribus de l'Ogooué, jadis si peu maniables, étaient liées à nous par des traités, dont elles exécutaient volontiers les clauses, car elles y trouvaient leur avantage. Okandas, Adoumas, Batékès, Apfourous, tous ces Africains, que séparaient autrefois des défiances inconscientes, se rapprochaient par la communauté des intérêts, et se fondaient peu à peu dans une sorte d'homogénéité nationale. Un peuple en formation grandissait ainsi à l'école du travail et du devoir.

Au point de vue économique, sans parler de l'ouverture de grandes voies commerciales, n'était-il pas vrai qu'un pays inconnu, dont les richesses naturelles étaient considérables, s'ouvrait aux ardentes investigations des travailleurs ? Un nouveau marché n'était-il pas créé où nos fabricants trouveront pour de longues années de sérieux débouchés ?

Au point de vue social et humanitaire on ne saurait trop faire remarquer que cette œuvre civilisatrice s'est accomplie sans effusion de sang, et que le drapeau de la France n'a jamais été déployé dans la moindre localité de cet immense domaine sans qu'immédiatement les esclaves n'aient été affranchis.

Le Congo français devenait donc une France nouvelle. Savorgnan de Brazza en fut le découvreur et l'initiateur. Ce serait la pire des injustices que de l'oublier. Il n'aurait pas mieux demandé qu'à consolider et qu'à étendre son œuvre, mais il est mort à la peine dans une quatrième et dernière expédition. Nous ne répudierons pas cet héritage de gloire, de civilisation et de profits.

V. — L'HINTERLAND DU CONGO FRANÇAIS

La France équatoriale ou Congo français ne fut longtemps qu'une colonie fermée. Malgré les efforts et le dévouement de Savorgnan de Brazza et de ses collaborateurs, l'opinion publique se désintéressait presque de ces lointains comptoirs. Des tribus insoumises obstruaient les routes qui de la mer conduisaient à Brazzaville ou à Franceville: Au delà, dans la direction de l'Oubanghi et des autres affluents de la rive droite du Congo, s'échelonnaient, à des distances invraisemblables, quelques misérables postes gardés par deux ou trois soldats blancs, quelques factoreries entre les mains d'étrangers ou des missions catholiques sans influence. Faute de moyens de transport commerce nul! Faute de direction scientifique pas de produits sérieux! Sans doute les indigènes nous accueillaient, car ils nous redoutaient, mais de sourdes rancunes couvaient parmi eux et peut-être le jour n'était-il pas éloigné où, associant leurs haines, toutes ces tribus de barbares et d'anthropophages essayeraient, dans un suprême effort, de nous jeter à la mer. Ce n'est pas tout : nous avions encore à lutter contre de redoutables concurrents européens, qui, de trois côtés différents, les Anglais par le Bas Niger, les Allemands par le Cameroun et les Belges par l'Oubanghi, s'apprêtaient à nous disputer la possession d'un hinterland encore indéterminé. Heureusement que, peu à peu, les connaissances se précisent, l'opinion publique se modifie, les Chambres ne marchandent plus leur appui, et, subitement le Congo devient une colonie d'avenir.

La grosse difficulté consistait à bien préciser notre frontière, surtout dans la direction du nord. Si nos concurrents parvenaient à nous couper la route du lac Tchad, ils nous interdisaient toute jonction du Congo avec l'Algérie et le Soudan. Si au contraire nous arrivions bons premiers à cette mer intérieure si convoitée, nous établissions une chaîne de postes français de Brazzaville à Alger, et notre domination africaine se trouvait par là même consolidée. Le Tchad était donc l'objectif désigné à nos explorateurs. De là de nombreuses tentatives pour l'expansion du Congo français au nord et au nord-est. De là des explorations organisées avec soin et conduites avec méthode.

Crampel est le premier de ces hardis pionniers qui portèrent haut et ferme le drapeau de la France dans ces régions encore inconnues. Parti de Lastoursville sur l'Ogooué en 1888 il atteignait l'Ivindo affluent de l'Ogooué, signait divers traités avec les chefs Osyébas, reconnaissait le bassin de la Sangha, signalé pour la première fois en 1885 et en 1886 par Jacques de Brazza, Rouvier et Dolisie, et pénétrait dans des marécages, où végètent des tribus de nains, les Akkas et les Boyagas, mais il était cerné par les indigènes, dangereusement blessé, et ne parvenait à leur échapper qu'en s'enfonçant dans la forêt. Il avait, dans cette course rapide, relevé 2.100 kilomètres d'itinéraires en pays neuf, et signé quatorze traités avec des chefs indigènes.

En 1890 nouvelle exploration de la Sangha par Cholet et Fourneau. En 1891 Brazza, en compagnie de Gentil et de Ponel, exécutait lui-même, à bord du vapeur le *Courbet*, une reconnaissance complète de la vallée, mais il se heurtait bientôt à des territoires sur lesquels l'Allemagne élevait des prétentions, et il importait de ne s'avancer qu'avec prudence. Un autre collaborateur de Brazza, le lieutenant de vaisseaux Mizon, était alors chargé d'aborder d'un autre côté le territoire contesté, l'Adamoua, et d'y appuyer les prétentions françaises par une prise de possession effective. Mizon eut en effet la bonne fortune de pénétrer le premier dans l'Adamoua par le Bas Niger et la Bénoué, et d'assurer ainsi à la France la possession de territoires dont les traités antérieurs n'avaient pas encore disposé. Bien qu'il ait eu à triompher de l'hostilité mal déguisée des Anglais établis sur le Bas Niger, il arriva, le 20 avril 1891, à Yola, la capitale de l'Adamoua, dont le sultan Zébir, malgré ses défiances à l'égard des étrangers, lui fit le meilleur accueil. Il prit alors la direction du sud, pénétra dans la vallée de la Sangha, et, le 7 août 1892, rencontra à Comassa le commissaire général qui s'était porté à sa rencontre. Il avait ainsi déterminé la ligne de partage entre le Niger et le Congo, limité l'hinterland du Cameroun allemand au nord et au sud, et préparé la jonction entre nos établissements du Congo et la région du lac Tchad. C'étaient là de magnifiques résultats et rapidement obtenus.

Dès 1892 Mizon repartait à la découverte. Malgré d'aigres disputes avec les agents de la compagnie anglaise du Niger, il pénétrait dans le Mouri, dont le sultan, Mahomet Boubakar, acceptait le protectorat français, et autorisait nos compatriotes à fonder un comptoir à Maïraïnao. Quelques mois plus tard, en août 1893, Mizon rentrait dans l'Adamoua et installait à Yola un certain Ahmed, en qualité de résident en France.

L'Angleterre et l'Allemagne s'émurent de ces succès inattendus. La compagnie anglaise du Niger prétendit qu'elle avait déjà signé des traités avec les sultans du Mouri et de l'Adamoua, et ses agents, recourant tout de suite à la violence, expulsèrent nos protégés de Maïraïnao et confisquèrent leurs marchandises. Quant aux Allemands eux aussi affirmèrent qu'ils avaient signé des traités avec les maîtres du Mouri et de l'Adamoua, et que, par conséquent, les conventions récentes étaient nulles et non avenues. Que faire? Déclarer la guerre pour ces lointains comptoirs, mais c'était s'engager dans une grosse aventure, où, peut-être, on n'aurait pas été soutenu par l'opinion publique. On préféra recourir à la politique des concessions. Mizon fut rappelé. Les Anglais ne furent pas inquiétés pour leurs actes de violence, et on signa avec les Allemands le traité du 15 mars 1897 qui établissait, mais à leur avantage, la limite du Cameroun et du Congo français, car l'Adamoua et le Mouri restaient en dehors de l'action française. Au moins nos droits éventuels à la possession partielle du lac Tchad étaient-ils reconnus. Nous avions néanmoins dans la circonstance exagéré la prudence. Les Anglais et les Allemands en profitèrent aussitôt pour hausser leurs prétentions, et les Belges, encouragés par notre apparente faiblesse, essayèrent de leur côté de nous barrer les approches du lac Tchad.

VI. — En marche vers le Tchad

Les Belges en effet ne cachaient plus leur désir de s'emparer de tout le bassin supérieur de l'Oubanghi, et de s'avancer ainsi à la fois vers le Nil et vers le Tchad. Heureusement nous n'avions pas tardé à reconnaître l'importance de l'Oubanghi, et, pour ensuite assurer nos droits, plusieurs missions avaient été organisées. Ce ne furent d'abord que des pointes aventureuses, celles de Dolisie en 1885, de Ponel et Muzy en 1889. L'exploration de Crampel en 1890 fut plus sérieuse. En 1890 accompagné par l'ingénieur Lauzière, par Biscarrat, Nebout et Orsi escorté par trente tirailleurs Sénégalais et par cent vingt-huit porteurs noirs, Crampel arrivait à Banghi, où il reconstituait un poste abandonné, remontait l'Oubanghi, déterminait ses principaux affluents, et arrivait bientôt dans le bassin du Chari, le plus important des tributaires du Tchad. Bien accueilli d'abord et invité à se rendre à El-Konti, la capitale du sultan Senoussi, il y était traîtreusement assassiné avec ses compagnons, 5 avril 1891. Nebout, seul survivant de l'expédition, réussissait pourtant à rentrer à Brazzaville en juillet 1891.

L'honneur du drapeau était engagé. Il importait de ne pas laisser les indigènes sous l'impression de ce désastre. Un jeune et ardent explorateur, Dybowsky, fut chargé de venger Crampel. Le 23 octobre 1891 il partait de Banghi avec Nebout, Brunache, Briquez, Bobichon, quarante-quatre Sénégalais et quarante-huit porteurs noirs. Il s'enfonçait droit au nord, et, par une marche habile et hardie, tombait à l'improviste sur les assassins, après en avoir tué ou blessé plusieurs. Il passait même par les armes deux prisonniers, dont les réponses évasives ne l'avaient pas satisfait, et qui furent peut-être deux victimes expiatoires. C'est alors que, pour la première fois, fut prononcé le nom d'un aventurier nègre, Rabah, qui cherchait à se tailler un empire dans la région de Tchad, et qui, dans son désir de se procurer des armes européennes, avait été le principal instigateur du crime. Dybowsky n'était pas assez fort pour marcher contre lui. Après avoir rendu les honneurs funèbres au cadavre de Lauzière qu'elle retrouva, la mission revint sur ses pas, non sans avoir exploré les rivières Ombella et Kemo, et signé des traités avec les chefs Zouli, Yabanda et M'poko. Elle avait en outre fondé divers postes, à Kemo, à Ouadda et à Banghi, qui assuraient la sécurité des marches nouvelles et devenaient comme les pierres d'attente de notre future domination.

Dès l'année suivante, 1893, était organisée une nouvelle expédition commandée par Casimir Maistre, avec Clozel, de Behagle, Brunache, Briquel et Bonnel de Mézières comme lieutenants, et une escorte de cent quatre-vingts Sénégalais ou noirs. De Kemo, Maistre s'engagea dans le pays inconnu qui forme la chaîne de partage entre le Congo et le Chari. C'est une région sillonnée de nombreux ruisseaux et couverte d'une abondante végétation. Les indigènes se nomment les Mandjas. Ce sont des nègres de haute taille, farouches, et qui ont horreur de l'étranger, car ils sont harcelés par les traitants arabes, qui considèrent leur territoire comme un pays de chasse et y font de fructueuses razzias. Aussi nos explorateurs furent-ils obligés de s'ouvrir par la force un passage à travers leurs tribus. Maistre aurait voulu descendre un affluent du Chari, le Gribinghi, pour arriver au Tchad, mais il n'avait pas de pirogue à sa disposition, et, au lieu d'aborder le Baghirmi, dut se rabattre sur l'Adamoua. Il traversa d'abord le pays des Gabéris. Ce sont des indigènes dont la civilisation est relativement avancée, hardis cavaliers, pillards déterminés, mais dont les champs sont bien cultivés, et dont la principale résidence, Laï, sur la rive droite du Logone, est mieux qu'un assemblage de huttes. La mission y reçut un accueil réservé mais convenable. De là, franchissant la chaîne de partage des eaux entre le Tchad et le Niger, nos compatriotes pénétrèrent dans le pays des Lakkas, indigènes paisibles, mais chétifs, et porteurs de tabliers de cuir garnis de queues, qui sans doute ont accrédité la légende des hommes à queue. En janvier 1893 Maistre arrivait enfin à Lamé sur une des branches de la Bénoué, et y signait avec le maître du pays un traité de protectorat. Au delà de Lamé on arrivait dans un territoire déjà occupé par les Allemands. Aussi Maistre se contenta-t-il de passer à Yola, la capitale de l'Adamoua, puis à Ili, sur la Bénoué, d'où il fut, par des vapeurs, ramené à la côte (11 mars 1894).

Certes les résultats obtenus étaient considérables : nous avions reconnu tout le pays entre l'Oubanghi, le Baghirmi et l'Adamoua. Nous avions pris pied dans les bassins du Chari et du Logone et les chefs indigènes étaient liés par des traités. Nous avions donc franchi plusieurs des étapes qui du Congo devaient nous conduire au Tchad, mais nous n'avions pas encore atteint le grand lac, et il était nécessaire de ne pas perdre de temps sous peine d'être devancés par des concurrents plus actifs. Brazza organisa donc une nouvelle mission, dont il confia la direction à Clozel (1894). Il s'agissait de remonter la Sangha et de s'avancer aussi loin que possible dans la direction du Tchad. Clozel arriva au confluent de la Mimbéré et de la Noma, au lieu dit Tendira, et y fonda le poste de Carnot, la future capitale du pays. Il traversa ensuite la ligne de faîte qui sépare les bassins du Congo et du Tchad, et découvrit la rivière Ouom, qui correspondait au cours supérieur du Chari. L'Ouom était navigable et pouvait fournir une voie d'accès au Tchad. Clozel avait ainsi relié entre eux les itinéraires des explorateurs qui l'avaient précédé, mais, cette fois encore, il n'avait franchi qu'une nouvelle étape sans parvenir au but (1895).

Gentil fut plus heureux. Il devait chercher la voie la plus directe entre les tributaires du Congo et les affluents du Tchad. Parti à la fin de 1895 avec une centaine de Sénégalais et un vapeur démonté, le *Léon Blot,* destiné à naviguer sur le Chari, il arrivait en avril 1896 sur le Tomi, et y fondait le poste de Krébedgé. C'était alors le point terminus de notre domination, mais, dans la pensée de Gentil, ce n'était qu'une nouvelle étape dans la direction du Tchad. Afin de mieux assurer la marche en avant, il consacra de longs mois à se concilier les bonnes dispositions des indigènes, et à explorer le pays qui sépare l'Oubanghi du Gribinghi. En juin 1897, lorsque morceau par morceau le *Léon Blot* fut transporté, puis remonté sur la Nana, Gentil se remit en route. Un nouvel arrêt lui fut imposé quand il arriva au confluent de la Nana et du Gribinghi, car il apprit que les Musulmans de la contrée, conduits par le fameux Rabah, s'apprêtaient à lui fermer la route, et il était urgent de ne pas s'exposer au désastre analogue à celui qui avait désorganisé la mission Crampel. Très sagement, il créa un nouveau poste à Gribinghi, envoya un de ses collaborateurs, Prins, au sultan Senoussi, sur le territoire duquel avait été assassiné Crampel, et ne se remit en campagne (20 août) qu'après s'être assuré de ses bonnes dispositions.

On entrait alors en pays inconnu, le Baghirmi, mais l'anarchie y régnait. Le souverain titulaire, Gaourang, résidait à Masségnya, mais le vrai maître de ces contrées dévastées par la guerre était ce chasseur d'esclaves, ce Rabah, qui avait déjà poussé au meurtre de Crampel, et dont l'autorité s'étendait de l'Adamoua à l'ouest jusqu'au Ouadaï à l'est. Ses origines étaient mystérieuses. On n'a jamais su s'il était fils d'esclave ou de descendance royale. Serviteur ou favori d'un traitant d'esclaves, Zobéir, il le servit fidèlement jusqu'à la défaite de ses bandes par les Égyptiens. Suivi des plus braves de ses anciens compagnons d'armes, il s'enfonça dans le sud, où il vécut de rapines jusqu'à 1891, mais bientôt il forma le projet de devenir le maître de l'Afrique centrale. Il s'était déjà emparé du Baghirmi et du Bornou, et avait commencé la conquête du Ouadaï, lorsque notre arrivée dans le bassin du Chari l'arrêta dans ses progrès. Jugeant avec raison que, pour mieux soutenir la lutte, il lui fallait organiser des nouveaux États, il s'établit dans le Bornou, à Dikoa. Rabah avait de réelles qualités d'administrateur. Il réussit à remplacer l'anarchie féodale qui désolait le pays par la dictature militaire et substitua au régime des razzias celui des impôts. Aussi les indigènes, bien que durement traités, s'habituèrent-ils à cette tyrannie nécessaire. Dikoa devint rapidement une vraie capitale, composée de deux villes, l'une extérieure réservée aux marchands, et l'autre intérieure, entourée de fortifications et contenant les palais de Rabah et de ses clients immédiats. On eut dit une de ces villas mérovingiennes si bien décrites par A. Thierry. Rabah s'était efforcé de constituer une armée nationale. Il avait réussi à se procurer un certain nombre de fusils à répétition et des munitions. Aussi se croyait-il en état de braver toute attaque européenne, non seulement celle des Français qui s'avançaient contre lui mais encore celle des Allemands, car Dikoa se trouvait dans la partie de l'Afrique centrale que les conventions antérieures réservaient à l'Allemagne.

Gentil agit avec prudence. Affectant de ne tenir aucun compte de Rabah, il signa avec Gaourang, le possesseur officiel du Baghirmi, un traité de protectorat, et descendit paisiblement le Chari pour arriver enfin au Tchad. Il passa sans être inquiété, devant Koussouri et Goulfeï, villes occupées par les soldats de Rabah, et arriva enfin (30 octobre) au lac sur lequel le *Léon Blot* déploya les couleurs nationales. Il ne pouvait être question de reconnaître cette mer intérieure, car, d'un instant à l'autre, nos communications étaient exposées à être coupées. Aussi Gentil ne resta-t-il que trois jours sur le Tchad, et revint au Baghirmi. Le sultan Gaourang s'empressa de confirmer le premier traité de protectorat et consentit à recevoir près de lui, à Massenya, un résident français. Nous avions déjà signé un traité analogue avec Senoussi, le maître du Dar-Rounga. Nous avions donc obtenu d'importants résultats et singulièrement étendu notre champ d'action, puisque tout le bassin du grand lac était désormais ouvert à nos entreprises.

Il nous manquait la consécration de la victoire : Rabah se chargea de la donner. Exaspéré par la réception que ses anciens tributaires du Baghirmi et du Dar-Rounga avait faite aux Français, il attaqua Gaourang et le chassa de ses États après avoir incendié sa capitale Massenya. Un ancien lieutenant de vaisseau, nommé administrateur de nos nouveaux comptoirs du Baghirmi, Bretonnet, courut à son secours avec une centaine de tirailleurs sénégalais. En même temps que lui, mais dans un but purement commercial, partaient de Béhagle et Bonnel de Mezières, chargés de créer des factoreries le long de la route du Gribinghi au Tchad, et même au delà jusque dans le Ouadaï. Les uns et les autres allaient devenir les victimes de Rabah.

Bretonnet s'était enfoncé en plein Baghirmi, jusqu'à Togbao, persuadé que Rabah n'oserait pas l'attaquer. Il n'avait avec lui que cinq Européens, une soixantaine de tirailleurs et environ quatre cents auxiliaires Baghirmiens. Il ne pouvait évidemment lutter contre les 12 à 15.000 hommes de Rabah, dont 2.700 étaient armés de fusils à tir rapide, et la prudence la plus élémentaire lui commandait la retraite, mais il ne se rendait pas un compte exact de la situation. Il s'obstina et improvisa quelques retranchements autour de Togbao. Une première attaque des réguliers de Rabah fut, il est vrai, repoussée, mais Bretonnet reçut une balle en pleine poitrine. Après un second assaut notre position fut tournée, et, des hauteurs qui la dominaient et qui furent enlevées par les assaillants, partit un feu plongeant qui décima nos troupes. Bretonnet reçut une seconde blessure, cette fois mortelle. Autour de lui tombèrent tous ses compagnons. Quelques-uns des auxiliaires Baghirmiens parvinrent à s'échapper, et portèrent dans le pays la nouvelle du désastre, car c'était un vrai désastre que nous venions d'essuyer, et, si nous n'en tirions pas prompte vengeance, notre situation était compromise, d'autant plus que, quelques jours plus tard, on apprenait un nouveau malheur. De Béhagle, malgré les sages conseils qu'il reçut, avait persisté dans son projet de pénétrer très avant dans l'intérieur du pays. Il arriva en effet jusqu'auprès de Rabah, à Dikoa, mais fut presque aussitôt retenu comme prisonnier, fort maltraité, et finalement pendu par l'ordre de Mebbé, un des fils de Rabah (mars 1899).

VII. — Campagnes contre Rabah

Gentil, nommé commissaire du gouvernement au Chari, avait bien essayé de prévenir la catastrophe, mais le temps lui avait manqué, et d'ailleurs il n'avait à sa disposition que des troupes insuffisantes et très dispersées. Il partit néanmoins avec les capitaines Robillot, de Cointet, de Lamothe, le lieutenant Kieffer, les administrateurs Bruel, Pinel, de Mostuéjouls, trois interprètes arabes et deux cents Sénégalais. Les nouvelles étaient mauvaises. Le bruit courait du massacre de nos compatriotes. Bien qu'aucun courrier ne fut arrivé, les nègres parlaient d'une grande bataille, et leur attitude était suspecte. Gentil n'aurait pas mieux demandé qu'à courir en avant, mais, quand il arriva à Gribinghi, le vapeur *Léon Blot* était en si mauvais état qu'on ne pouvait songer à continuer la marche sans l'avoir réparé. Au moins expédia-t-il au secours de Bretonnet le capitaine Julien avec 150 hommes de renfort. Il était déjà trop tard! Un des survivants du massacre de Togbao, le sergent Samba-Soul, apporta la nouvelle du désastre. Le capitaine Julien s'arrêta aussitôt, improvisa sur les rives du fleuve le fort Archambault, et s'occupa d'y concentrer les renforts. Gentil donna ses ordres en conséquence. Les capitaines de Cointet et Lamothe l'eurent bientôt rejoint. Le capitaine Robillot n'arriva que le 9 septembre. La petite armée se trouva donc réunie à Fort Archambault. La position avait été bien choisie, et la citadelle était à peu près inexpugnable pour des Africains, mais on ne pouvait s'y éterniser, car Rabah était dans le voisinage, et les auxiliaires Baghirmiens, très inquiets sur l'issue de la lutte, commençaient à se dérober. Il était nécessaire de reprendre l'offensive et de démontrer par un coup de force que nous n'avions pas renoncé à nos projets.

En France d'ailleurs la question du Tchad passionnait l'opinion. Deux missions avaient été organisées qui, par des chemins différents, devaient se rencontrer avec Gentil sur les rives du lac, la mission Foureau-Lamy qui arriverait par le Sahara, c'est-à-dire par le nord, et la mission Voulet-Chanoine par le Soudan c'est-à-dire par l'ouest. Gentil par le sud marcherait à leur rencontre. C'est lui qui le premier rentra en campagne. Parti de Fort Archambault le 23 octobre, il descendait le Chari, arrivait à Togbao, où il rendait aux cadavres de nos hommes les honneurs suprêmes, et, sans rencontrer de résistance, arrivait à Kouno, en avant de Koussouri. Rabah nous y attendait avec toute son armée. La bataille s'engagea aussitôt et elle fut sérieusement disputée (29 octobre). Les Africains se servaient avec adresse de leurs fusils à tir rapide et des canons qu'ils avaient enlevés à Bretonnet. Sans le courage de nos Sénégalais ils n'auraient jamais été enfoncés. Encore réussirent-ils à se réfugier derrière les murs de Kouno. Nos tirailleurs durent en brûler les faubourgs et pratiquer des brèches à coups d'obus. Quand ils s'élancèrent à l'assaut, ils furent accueillis par des feux de salve meurtriers. Un de nos officiers, de Possel, fut tué au moment où il essayait d'arracher les palissades. Il fallut se contenter de canonner la place à distance. Il est vrai que les assiégés, démoralisés par les pertes effroyables qu'ils avaient subies, ne tentèrent aucune sortie. La bataille avait duré huit heures, sous un soleil de feu, sans manger ni boire. Sur les 344 Français 46 avaient été tués et 106 blessés. Près de la moitié de l'effectif se trouvait ainsi hors de combat. Certes les morts de Togbao étaient vengés, mais la victoire n'était pas complète. Nos canons étaient hors de service, les munitions faisaient défaut, il ne restait plus que 60 cartouches par homme, on n'avait plus que quatre jours de vivres, et il fallait s'occuper des blessés. Gentil ordonna la retraite sur Fort Archambault, où il arriva sans être inquiété, puis sur Gribinghi, où il rentra le 16 novembre.

Ce fut alors qu'on apprit une déplorable nouvelle. Les chefs d'une des trois missions qui devaient se rencontrer sur le Tchad, Voulet et Chanoine, renonçant à un passé glorieux ou affolés par des rêves de grandeur irréalisables, s'étaient déclarés indépendants et avaient essayé d'entraîner leurs hommes dans cette révolte insensée. La guerre civile était imminente et Gentil n'avait plus sous ses ordres que 270 hommes en état de combattre. Heureusement les officiers coupables furent abandonnés et fusillés par leurs soldats. Les lieutenants Joalland et Meynier prirent le commandement de la colonne et continuèrent à marcher au rendez-vous assigné. Gentil ignorait ces détails, et, quand il descendit de nouveau le Chari pour essayer de rejoindre ses collègues, il redoutait un désastre ; mais l'honneur lui imposait cette marche en avant. Il n'hésita pas et donna le signal du départ.

Pendant ce temps la mission Foureau-Lamy, ou mission saharienne, arrivait au Tchad, dont elle contournait la rive septentrionale. Elle opérait sa jonction, le 18 février 1900, au village de Déguenénindji avec le lieutenant Joalland et cinq jours après, à Goulféï, avec le lieutenant Meynier. De Goulféï les Français remontaient le Chari jusqu'à son confluent avec le Logone, enlevaient Koussouri aux troupes de Rabah, et prenaient contact dès le 2 avril avec l'avant-garde de Gentil, qu'ils rejoignaient enfin à Mandjafia le 11 avril. Cette fois tous les anneaux de la chaîne de nos postes étaient soudés de la Méditerranée au Congo, et, pour asseoir notre domination définitive, il ne restait plus qu'à vaincre Rabah.

Gentil prit alors la direction effective des trois missions, dont il confia le commandement militaire à Lamy. L'ancienne mission du Chari comptait à ce jour 340 combattants, celle du Sahara 271, et celle de l'Afrique centrale 174, en tout 798 hommes, plus 600 Baghirmiens et environ 200 cavaliers auxiliaires. Jamais encore dans l'Afrique centrale n'avaient été concentrées des forces aussi importantes. Rabah de son côté avait réuni la plus grande partie de son armée à cinq kilomètres au nord de Koussouri. Elle comprenait environ 5.000 hommes, 600 chevaux et 4 canons. Elle s'appuyait en outre sur les solides murailles de Koussouri. Après un violent combat d'artillerie qui se prolongea près de trois heures, la colonne Robillot réussit à enlever le point d'appui principal de l'ennemi, mais une décharge imprévue jeta par terre le commandant Lamy, le capitaine de Cointet et plusieurs de nos hommes. Exaspérés par cette résistance, nos tirailleurs se ruèrent à l'assaut de la forteresse. Un triste spectacle les y attendait, plusieurs centaines de morts et de mourants, et parmi eux des femmes et des enfants atteints par nos projectiles ou transpercés par nos baïonnettes. Rabah était au nombre des blessés. Il cherchait à s'enfuir, quand il fut reconnu par un tirailleur, et aussitôt tué et décapité. Près d'un millier d'Africains restaient sur le champ de bataille. Tous leurs drapeaux et les canons pris à Bretonnet tombaient entre nos mains. C'était une grande victoire, mais chèrement achetée,

19 morts, 53 blessés, et parmi ces derniers presque tous nos officiers, Robillot, Gallaud, Meynier, de Chambrun (22 avril 1900).

Un des fils de Rabah, Fadel Allah, s'était cantonné à Logone et avait appelé à lui tous les fuyards. Il importait de ne pas laisser se reconstituer un centre de résistance. Dès le 25 avril le capitaine Reibel commençait la poursuite et refoulait les vaincus dans la direction de Dikoa. On pénétrait alors sur le territoire allemand. Reibel demanda et obtint l'autorisation de continuer la poursuite, mais. quand il arriva à Dikoa, la ville était déjà évacuée, non sans avoir été pillée au préalable. Chassé de ses camps retranchés de Déguamba et d'Iogué, le chef africain réussit à s'enfoncer dans le désert, mais il laissait entre nos mains ses munitions, ses approvisionnements et près de 8.000 prisonniers. Il était donc réduit à l'impuissance. Les chefs Rahbistes se rendaient si bien compte de la situation que, les uns après les autres, ils demandèrent à faire leur soumission et remirent les armes perfectionnées qui les avaient rendus si redoutables. A la fin de mai 1900, tout semblait terminé. Nos alliés du Barghirmi et du Dar-Rounga n'avaient plus à craindre ni razzias ni vengeance rétrospectives. Nous avions conquis; il ne restait plus qu'à organiser.

Le colonel Destenave, chargé du commandement militaire de la région, ne voulut rien entreprendre avant de s'être débarrassé définitivement de Fadel Allah, qui venait de faire une nouvelle incursion jusqu'au Chari. Le 23 août 1901, un de ses officiers, le capitaine Dangeville, surprenait à Goudja, après six jours de marches forcées, les dernières bandes Rahbistes. Fadel Allah était tué dans la bataille, ses soldats obligés de rendre leurs armes et ce brillant succès consolidait notre domination. Destenave poussait aussitôt l'occupation française à l'est du Tchad, dans le Kanem et le Ouadaï. Le 20 janvier 1902 premier combat victorieux, qui dégageait le Kanem à Bir-Alali. En mai seconde victoire. Des postes nouveaux étaient aussitôt créés à Dagano, N'gouri devenu Fort-Millot et Mao. Ces postes étaient approvisionnés par les insulaires du lac Tchad, dont nous obtenions le concours après les avoir battus. Sans doute le colonel Destenave se contenta d'observer le Ouadaï, car il n'avait pas de forces suffisantes pour triompher de la résistance probable des tribus musulmanes, mais toute la région du Tchad était désormais soumise et il put rentrer tranquillement à Fort-Lamy. Aussi bien le difficile n'était pas de retenir dans le devoir les populations conquises, Bandas, paisibles agriculteurs, tisserands ingénieux, et travailleurs enchantés de goûter enfin les douceurs de la paix, ou Mandjas qui ne tardèrent pas à comprendre que la domination française leur apportait la sécurité. Gentil n'eut qu'à occuper quelques positions stratégiques, moins contre eux que contre une attaque éventuelle des derniers partisans de Rabah, Fort-Lamy en face de Koussouri, Forts-Cointet, Bretonnet et Archambault sur le Chari, Crampel et Grinbinghi sur le Grinbinghi. Dès lors tous nos postes se trouvaient reliés du Tchad au Congo et, lorsque Gentil rentra à Brazzaville (2 janvier 1901), il avait le droit d'être fier de son œuvre.

La chute de Rabah et la dispersion de ses derniers partisans établissaient et consolidaient notre suprématie dans le voisinage immédiat du lac Tchad, mais nous y rencontrions déjà des rivaux, les Allemands du Cameroun et les Anglais de la Nigéria. Un premier traité, du 15 mars 1894, avec l'Allemagne fixa tout d'abord au débouché du Chari dans le lac la limite des deux sphères d'influence sur les rives du Tchad. Une seconde convention en 1905 et une troisième en avril 1909 élargirent le domaine de la France sur Koundé, mais cédèrent à l'Allemagne d'utiles débouchés sur le Logone et la Bénoué. De ce côté la question semblait donc réglée, mais les appétits germaniques n'étaient pas encore satisfaits, et bientôt d'autres prétentions allaient se produire. Quant à l'Angleterre, la convention du 14 juin 1898 lui laissa la rive méridionale du lac sur une longueur de 200 kilomètres. A l'exception des 100 kilomètres attribués au Cameroun et des 200 kilomètres, dépendant de la Nigéria, tout le reste, environ 600 kilomètres, constituait notre domaine. Une dernière convention, du 21 mars 1899, reconnaissait en outre à la France tous les territoires entourant ce littoral, Kanem, Baghirmi, Borghou, Ouadaï et même le lointain Tibesti.

Restait à entrer en possession de ces contrées, si prestement concédées et encore si mal connues.

Or, ce n'était pas une tâche facile. A vrai dire, le pays n'avait été que traversé, à peine entrevu. Il n'était encore nulle part occupé sérieusement. A ce labeur utile mais ingrat, se consacrèrent sans trêve ni repos nos explorateurs et nos soldats. Leurs efforts ont été couronnés de succès. Grâce à eux, un véritable empire français a été constitué au centre de l'Afrique, et, tout autour du lac Tchad grandit et se développe chaque jour une France nouvelle.

VIII. — Autour du Tchad

Ce qui compliquait la situation, c'était la difficulté des transports. Les marchandises ne circulaient qu'avec peine à travers ces forêts entrecoupées de fondrières. Elles mettaient près d'un an pour arriver de Loango à Banghi. En 1898 Béhagle avait perdu neuf mois pour amener son monde sur la Bani, point de départ de son voyage vers le nord. Gentil n'avait atteint les Ouaddas que dix mois après son débarquement, et il n'avait été rejoint par son matériel qu'après quatre longs mois d'attente. Dans ces conditions tout commerce devenait bien difficile. Il était nécessaire de créer un système de routes, au besoin de voies ferrées. Il fallait, de plus, relier nos nouvelles possessions à la région du Niger et au Soudan, tout au moins par des pistes bien tracées. Or une pareille œuvre ne s'improvise pas. N'était-ce pas beaucoup de l'avoir entreprise et de la continuer avec persévérance !

Un premier succès fut obtenu par la mission Chevalier, organisée en 1902 par le général de Trentinian. Parti de Brazzaville le 3 août 1902, Chevalier arrivait sur la Kemo à Krébedgé le 31 du même mois, et y créait un jardin d'essai. En quelques semaines 460 espèces ou variétés de plantes utiles étaient ensemencées ou transplantées, et toute une forêt de citronniers, de mandariniers et d'orangers sortait de terre. La mission s'engagea ensuite dans les États du sultan Senoussi. Le pays était horriblement ravagé par la guerre, et les indigènes, décimés par les razzias et la famine, se trouvaient dans un état d'affaissement lamentable. Senoussi fit bon accueil aux Français dans sa résidence de N'délé. Il les invita à une grande revue dans laquelle figurèrent 1.500 soldats. Il leur permit, ce qui était plus utile, d'étudier les productions locales, noix de palmier à huile, fibres de raphia, poivre et café sauvages. Avant d'arriver à Fort-Archambault (22 mai 1904), la mission s'engagea dans une immense lagune de 150 kilomètres de longueur, où s'écoulaient cinq rivières. Le pays était fort giboyeux. Il était bien cultivé par les Saras, nègres de haute stature, à large tête, cultivateurs laborieux, quoique nettement anthropophages. Ils formaient une société policée, avec des chefs, et vivaient dans des villages construits sur des mamelons et fortifiés par des arbustes épineux. Les champs, plantés en sorgho, étaient couverts d'arbres, et ressemblaient à des vergers. A côté d'eux les Bonas, les Sokoros et les Noubas, réfugiés dans leurs cabanes, en forme de ruches, campées sur des rocs inaccessibles, où ils grimpaient à la moindre alerte, vivaient comme à l'époque préhistorique. La contrée tout entière avait jadis été sillonnée par un lacis de canaux qui devait lui donner l'aspect des Pays-Bas. Chevalier pénétra ensuite dans le Baghirmi, région imperméable et sans pente, où se sont établies de véritables colonies de nègres convertis à l'Islam. Notre allié Gaourang s'était installé dans une résidence provisoire, à Tejena. Le pays était d'ailleurs couvert de ruines, qui laissaient une impression douloureuse. Dans des plaines marécageuses, garnies d'arbustes épineux, galopaient des bandes d'autruches. Partout des lianes à caoutchouc, de la kola, du café; au centre de grandes facilités pour la culture du coton, au nord des forêts d'acacias à gomme et une population intelligente, très supérieure aux autres nègres, et déjà pourvue d'une demi-civilisation. L'avenir colonial s'annonçait donc sous d'heureux auspices, et tout permettait d'espérer que dans cette contrée si longtemps malheureuse s'ouvrirait, grâce à la pénétration française, une ère de prospérité.

Une nouvelle mission, celle du capitaine Lenfant, permit de concevoir de vastes espérances. Le capitaine, déjà connu par d'importants voyages sur le Moyen Niger, estimait que le ravitaillement de notre nouvelle colonie par le Niger était possible. Il croyait qu'en remontant le fleuve et son affluent la Bénoué, on trouverait une voie de communication avec le Logone, affluent du Chari, et par conséquent avec le Tchad. On le chargea de vérifier son hypothèse. Parti de Bordeaux en 1902, il arrivait bientôt sur la Mayo-Kébi, affluent de la Bénoué, et la remontait jusqu'au village de Lata. Vingt kilomètres à peine séparent Lata des marais du Tanbouri qui se jette dans le Logone, mais une haute chute ou plutôt un escalier de cascades, d'une centaine de mètres, coupe en deux tronçons cette route et nécessite un portage. De Lata à Gouroumsi, premier village du Tanbouri, il ne peut donc être question de navigation, mais les marais du Tanbouri conduisent directement, surtout à l'époque des hautes eaux, au Logone et au Chari, et comme depuis Forcados, enclave française sur le Niger, jusqu'à Lata, et depuis le Tanbouri jusqu'au Tchad, il n'y a ni bancs de sable, ni rochers, et que des bateaux à vapeur de 60 à 100 tonneaux y peuvent naviguer à l'aise, c'est fatalement par cette dépression de la Mayo-Kébi et du Tanbouri que passera la voie commerciale reliant les deux bassins du Niger et du Tchad. On a déjà calculé qu'il suffirait de soixante et dix jours environ de Bordeaux au Tchad au lieu de cinq mois par le Congo, et que la tonne ne coûterait comme transport que 500 francs au lieu de 1.500 francs par le Congo. L'adoption de cette voie entraînera donc une grande économie de temps et d'argent. C'est toute une révolution économique qui se prépare, et à l'avantage de la France.

Les environs immédiats du lac Tchad furent également mieux étudiés. A vrai dire on n'avait que des notions assez confuses sur cette mer intérieure. Grâce aux reconnaissances exécutées en 1903 par Fourneau et Largeau qui, sur la canonnière *Léon Blot*, en visitèrent les îles, et constatèrent les premiers que « la terre et le ciel buvaient les eaux du lac » ; en 1905 par d'Adhémar et Audouin, en 1909 par Freydenberg et surtout grâce aux importants travaux du commandant Tilho, on sait aujourd'hui que le Tchad n'est nullement le résidu d'une ancienne mer, mais qu'il mérite à peine le nom de lac. C'est l'épanouissement très variable d'une nappe d'eau fluviale coulant vers le nord-est. Sa profondeur moyenne n'est que d'un mètre cinquante centimètres. Bien qu'il soit comme étendue quarante fois plus considérable que le lac de Genève, son volume d'eau est quatre fois moindre. Il est de plus sujet à des débordements et à des rétrécissements presque périodiques. On ne peut donc le considérer que comme un immense marécage, mais dont on pourra utiliser les eaux pour l'agriculture et sans doute aussi pour l'amélioration du climat.

Aussi bien, de même que Tombouctou dans le Soudan, le Tchad pour l'Afrique centrale peut devenir entre nos mains comme un foyer d'où se répandra dans toutes les directions l'influence française. Nous savons déjà qu'à la suite de diverses conventions avec l'Angleterre et l'Allemagne ont été reconnus les droits de la France sur certains États indigènes au nord et à l'est du Tchad, le Borkou, le Ouadaï, le Tibesti, etc. Si nous voulions et consolider nos conquêtes, et assurer la paix de ces immenses régions, il importait de les réduire. De là toute une série d'expéditions, dont le retentissement ne fut pas considérable, mais dont les résultats furent immédiats. Il est difficile de les suivre dans leur développement régulier : qu'il nous soit au moins permis d'en résumer les principaux épisodes. C'est surtout au Ouadaï que se frappèrent les grands coups. A la fin de janvier 1905 près de 2.000 Ouadaïens attaquaient le poste de Yao dans le Fitri. Ils furent repoussés par le lieutenant Repoux qui n'avait pourtant que 38 tirailleurs sous ses ordres. Des renforts lui furent envoyés et on s'apprêtait à marcher contre Abecher, la capitale du pays, dont la prise paraissait facile, mais un contre-ordre arriva. En haut lieu on préférait le protectorat à la conquête. C'était une mauvaise politique. Les Ouadaïens ne crurent pas à notre puissance et recommencèrent leurs incursions. En 1906 quelques-uns d'entre eux, des pillards, s'avancèrent jusqu'à Fort-Archambault. Le colonel Largeau nommé chef du territoire militaire du Tchad, dirigea contre eux quelques troupes et les repoussa jusqu'à 70 kilomètres d'Abecher. Cette fois encore ce ne fut que partie remise. En mars 1908, les Ouadaïens rentraient en campagne, conduits au feu par leur sultan, Doudmourah. Ils étaient vaincus à Dokadji par le capitaine Jérusalémy, et le 16 juin à Djoua par le capitaine Julien, et la plupart des chefs de tribu opéraient leur soumission, mais Doudmourah tenait toujours dans Abecher, et il devenait nécessaire de le réduire. En juin 1909, le capitaine Fiegenschah remportait sous les murs d'Abecher une grande victoire contre Doudmourah, mais il était dangereusement blessé, et son remplaçant, le lieutenant Bourreau, entrait dès le lendemain (20 juin) dans Abecher, et y installait un sultan ami de la France, Acyl. L'abolition de l'esclavage était aussitôt prononcée, et de nombreuses soumissions confirmaient et étendaient notre succès.

Rien encore n'était définitif. Le 4 janvier 1910 le capitaine Fiegenschach tombait avec deux lieutenants et une compagnie de tirailleurs dans une embuscade tendue par le sultan de Massaert, à Bir-Taouil, à trois journées au sud-est d'Abecher. L'ex-sultan Doudmourah envahissait aussitôt le Darfour et le Massalit, et, bien que battu (7 avril) à Guéréda dans le Dar Tama, n'hésitait pas à marcher contre le colonel Moll qui arrivait avec des renforts.

Le colonel Moll s'était déjà signalé en Afrique par sa bravoure et son intelligence. A partir de 1898 sa carrière avait été tout africaine. En juillet 1900, avec une poignée d'hommes, il avait relevé à Zinder le capitaine Joalland, et, premier résident de ce poste important, il avait pacifié le pays, et rédigé sur la situation politique et économique de la région des rapports qui restent des modèles. De février 1903 à janvier 1904, il rectifiait la frontière franco-anglaise du Niger au Tchad, restituait à la France des territoires qui lui avaient été indûment enlevés, et rendait viable notre récente acquisition de Zinder. De novembre 1905 à janvier 1907, il établissait avec un égal succès la frontière Congo-Cameroun, et, représentant de la France à Berlin dans le congrès qui consacrait les résultats de cette mission, conquérait les sympathies de ses collègues étrangers. En juin 1909 investi du lourd commandement du Tchad, isolé, sans renforts, entouré d'ennemis remuants, non seulement il défend le pays confié à sa garde, mais encore comprenant que, pour empêcher la concentration de nos adversaires, il doit prendre l'offensive, il n'hésite pas à marcher contre eux avec seulement trois cents tirailleurs contre plusieurs milliers d'hommes. Le 9 novembre à Dorothé, il remportait une brillante victoire, mais tombait enseveli dans son triomphe. Il n'avait que trente-neuf ans. S'il avait survécu, quels services n'aurait-il pas rendus !

Moll avait été tué avec sept officiers, vingt-huit tirailleurs et le sultan du Massalit Tadjadine, mais le champ de bataille nous était resté. Le commandant Chauvelot, bientôt rejoint à Bir-Taouil par le capitaine Arnaud, poursuivit les assaillants avec succès, et laissa le commandement d'abord au commandant Maillard, puis au colonel Largeau. Ce dernier acheva l'occupation du Ouadaï. Les dissidents furent partout refoulés, le commandant Hilaire occupa même la région au nord du Ouadaï jusqu'à l'Ennedi, et l'ex-sultan Doudmourah, ayant subi de nouvelles défaites sur les confins du Darfour, fit sa soumission (octobre 1911), et fut exilé à Fort-Lamy.

La conquête du Ouadaï nous permettait de consolider nos précédentes acquisitions, celle du Dar-el-Kouti dont la capitale N'delé était occupée une première fois par le capitaine Mangin (1909) ; et à titre définitif, après une prise d'assaut, par le capitaine Modat (janvier 1912) ; celle de Fouka à l'entrée du Borkou par le capitaine Cauvin (février 1912) ; celle du Baghirmi dont le sultan Gaourang, pour mieux affirmer son dévouement, envoyait un de ses fils en France ; celle du pays entre le Kanem et le Borkou par le capitaine Mangin qui s'avançait jusqu'à l'oasis de Voun, à 600 kilomètres du Tchad ; celle enfin du Borkou où le capitaine Bordeaux (1907) s'emparait des oasis d'Ouata, de Faya, d'Aïn-Galaka, et le capitaine Cellier, qui poursuivait les fuyards, entrait pour la seconde fois à Aïn-Galaka (29 septembre 1909).

Ces succès répétés nous conduisaient au lointain Tibesti. Dès 1904 le capitaine Mangin avait poussé dans cette région encore mystérieuse une hardie reconnaissance. En 1910 les capitaines Cauvin et Arnaud créaient deux nouveaux postes, l'un à Zigueï en avant de Bir-Alali contre le Tibesti, et l'autre à Arada, à 150 kilomètres d'Abecher, contre les Ouadaïens. En 1913 deux autres postes étaient installés à Gouro et à Ouanyango. C'étaient en quelque sorte les pierres d'attente de notre future domination dans la contrée. Il est vrai que la prise de possession n'est pas complète, et que nous nous sommes heurtés, surtout dans les oasis de Bilma et de Djanet, contre les fanatiques Senoussis, directement protégés par les Turcs, et contre les Turcs eux-mêmes, qui se prétendaient les maîtres légitimes du pays. Nous avons même été forcés, à diverses reprises, d'assurer cette frontière contre des prétentions injustifiées et des intrigues inavouables. A l'heure actuelle, depuis la conquête de la Tripolitaine par les Italiens, ce sont d'autres adversaires ou tout au moins d'autres rivaux que nous avons rencontrés en face de nous, mais, sans nul doute, nos diplomates et nos explorateurs trouveront le moyen de s'entendre avec nos nouveaux voisins, et un traité régulier de délimitation déterminera quelque jour les frontières définitives.

La France a néanmoins réussi à faire accepter ses lois par toutes ces remuantes populations qui, tout autour du lac Tchad, gardaient jalousement leur indépendance. Là encore s'est établi un ordre relatif. L'esclavage a disparu sinon en fait du moins en droit. Des progrès indéniables se sont donc accomplis. La meilleure preuve des résultats obtenus si rapidement nous a été donnée par nos ennemis. De leur territoire du Cameroun les Allemands suivaient d'un œil jaloux notre marche en avant. Comme ils avaient depuis longtemps répudié la doctrine de Bismarck que la meilleure des colonies ne valait pas les os d'un grenadier poméranien, et qu'ils ne cherchaient au contraire qu'à étendre leurs possessions d'outre-mer pour augmenter le nombre de leurs clients africains et surtout pour ouvrir de nouveaux débouchés à leurs industriels et à leurs négociants, ils nous suscitèrent à propos de nos frontières communes de mauvaises querelles et peut être même excitèrent sous main les tribus qu'il nous fallait réduire par la force. Lorsque nous commençâmes à nous établir au Maroc, leur dépit se convertit en fureur. Ils prétendirent avoir des droits à ce qu'ils appelaient des compensations et réclamèrent tout ou partie de notre Congo. Ils voulaient en effet non seulement augmenter leur Cameroun à nos dépens, mais encore empiéter sur le Congo Belge, et créer ainsi dans l'Afrique centrale un véritable empire. Nous avions pour nous les droits, non seulement celui de première occupation, mais aussi celui de la conquête, et les puissances européennes, l'Angleterre en première ligne, effarouchées par ces prétentions injustifiées, étaient disposées à nous soutenir en cas de conflit : par malheur il y avait toujours en France des pacifistes à outrance qui ne voulaient à aucun prix d'une guerre coloniale, et qui étaient disposés à toutes les concessions pour ne pas sortir de leur torpeur, et il se rencontra un ministre qui, dans sa coupable imprévoyance, négocia une déplorable convention (4 novembre 1911), en vertu de laquelle nous achetions le droit d'intervention au Maroc par la cession à l'Allemagne d'une bonne partie de notre Congo, donnant ainsi toute facilité à des ennemis sans scrupules de nous supplanter dans un pays encore presque vierge et de jeter les fondements d'un vaste empire africain.

Les territoires cédés à l'Allemagne appartenaient à trois régions naturelles distinctes, de la côte à la Lobaye, au nord de la Lobaye et jusqu'au Congo. Sans doute, pour obtenir le protectorat du Maroc qui était devenu indispensable, nous avions fait des concessions à l'Angleterre, à l'Espagne, à l'Italie, mais ce n'était pas aux dépens de terres françaises, et d'un morceau de la patrie nous faisions un élément d'échange. De plus nous renoncions à l'espoir de constituer d'Alger à Brazzaville une terre française ininterrompue, puisque l'ennemi coupait en deux nos possessions. Les territoires cédés occupaient une superficie de 270.000 kilomètres carrés, dont la population s'élevait au chiffre de 1.118.000. C'était le sixième de la population totale. Le sacrifice était dur. Aussi tous ceux de nos compatriotes que n'aveuglaient pas ou de louches compromissions ou une fâcheuse indifférence accueillirent avec stupeur la nouvelle de ce renoncement, mais il fallut s'incliner devant le fait accompli. On sait que les Allemands, enivrés par ce succès inespéré, cherchèrent dès lors toutes les occasions d'humilier la France et de la réduire à un honteux vasselage. Ils n'ont pas réussi dans cette œuvre néfaste. A l'heure actuelle non seulement nous avons recouvré nos provinces congolaises maladroitement abandonnées, mais encore nous avons conquis les terres allemandes du Togoland et du Cameroun, et tout permet d'espérer qu'à la paix prochaine nos ennemis non seulement ne verront pas se réaliser leurs rêves coloniaux, mais encore qu'ils auront travaillé pour le pays qu'ils auraient bien voulu déposséder. Ce sera la juste punition de leurs méfaits (1918).

IX. — Explorations dans la vallée du Nil

Le Gabon avait conduit à l'Ogooué, puis au Congo ; le Congo à la Sangha et à l'Oubanghi ; l'Oubanghi au Chari et au Tchad. Une autre région attirait aussi nos explorateurs et exerçait même sur leur esprit une véritable fascination. Ils voulaient arriver au Nil et étendre l'action de la France dans le bassin supérieur de ce grand fleuve. Ils le voulaient d'autant plus que nous avions presque des droits de premier occupant. En effet, depuis l'expédition de Bonaparte en 1798, on s'était habitué en France à considérer l'Égypte et ses dépendances, même lointaines, comme terres soumises à notre influence. Encouragés par Méhémet-Ali et par ses successeurs, nombre de nos compatriotes avaient visité la vallée du Nil. Nous n'avons pas à raconter ici les voyages qui rendirent célèbres les noms de Caillaud, de Mariette, de Peney, de Cuny, etc. Il nous suffira de rappeler, à partir de l'année 1870, les excursions des frères Jules et Ambroise Poncet dans le Soudan équatorial. Ces deux intrépides négociants furent les premiers à s'aventurer dans le pays des Manbouttous, des Chillioucks, des Dinkas et des Niams-Niams. Ils fondèrent jusqu'à neuf zéribas ou comptoirs, échelonnés sur une surface plus grande que la France et se soutenant les uns les autres. Opposés au commerce des esclaves, ennemis des pourvoyeurs de harems qui, affranchis par l'éloignement du contrôle des consuls, masquaient sous les apparences d'un commerce licite de honteuses spéculations, ils ne voulurent être que chasseurs d'éléphants. Sans crainte ils s'engagèrent dans des forêts inextricables et de mouvants marécages. L'ivoire s'accumula dans leurs magasins. Leurs relations s'étendirent. Ils devinrent les arbitres de ces populations primitives que ralliaient à eux la noblesse de leur caractère et la droiture de leur conduite. Ils auraient voulu étendre à ces sauvages la protection de la France, mais le temps leur manqua pour achever leur œuvre. Ambroise n'avait que trente-trois ans quand il mourut épuisé de fatigue, bientôt suivi dans la tombe par son frère Jules, qui n'avait que trente-deux ans (août 1873). Honneur à ces vaillants ! Ce furent des précurseurs, et ils occupent une place distinguée dans le martyrologe de nos explorateurs africains.

Les deux frères Linant de Bellefonds furent également des victimes de l'Afrique. L'un et l'autre périrent misérablement à quelques jours d'intervalle ; le premier victime du climat et le second assassiné (1875). Il avait reçu la mission de se rendre à la cour d'un despote africain, le roi de l'Ouganda, M'tésa, afin d'obtenir la permission d'explorer les deux lacs Albert et Victoria. Il fut bien reçu par le souverain indigène, auprès duquel il rencontra le célèbre Stanley, mais ce furent les derniers beaux jours de l'infortuné. Dans une excursion sans importance, aux environs de Lado, sa troupe était attaquée par la tribu féroce des Moorzis et massacrée sans qu'il en restât un seul homme.

Ces splendides régions furent d'ailleurs brutalement occupées par la barbarie. Pendant de longues années Mahdistes, Égyptiens, Anglais et Indigènes s'y entr'égorgèrent. La France, volontairement ou non, fut obligée de se tenir à l'écart, mais le souvenir de ses explorateurs ne se perdit jamais, et, quand recommencèrent les expéditions sérieuses, nous étions précédés dans toute la vallée du Nil par une réputation de bienveillance et de loyauté, qui devait nous être bien utile.

Jusqu'alors nous avions exploré la région en remontant le fleuve, c'est-à-dire du nord au sud. Les circonstances nous conduisirent dans une autre direction, et cette fois ce fut par le sud-ouest que nous commençâmes nos investigations. De nouveaux venus, les Belges, allaient être nos adversaires ou plutôt nos rivaux. Fondateurs et possesseurs du nouvel État libre du Congo, les Belges auraient voulu s'emparer de tout le bassin supérieur de l'Oubanghi, et, de là, s'avancer vers le Nil. Ils avaient d'abord soutenu que l'Ouellé était la tête de l'Oubanghi, puis ils avaient attribué cette qualité au M'bomòu, et réclamaient les pays arrosés par ces deux rivières. Dès 1890 l'un d'eux, Van Géle, avait fondé le poste de Yakona au confluent de l'Ouellé et du M'bomou, et ceux de Bangasso, Rafaï et Zemio sur la rive droite du cours d'eau contesté, ce qui nous coupait la route vers le Nil au nord et à l'est. A ces empiètements Savorgnan de Brazza avait répondu en envoyant fonder par Gaillard les postes de Mobaye et des Abiras sur l'Oubanghi ; mais la situation ne tarda pas à se compliquer, et les indigènes, sourdement travaillés par les Belges, prirent une attitude hostile. Une de leurs tribus, les Boubous, se révolta et massacra un de nos résidents, de Poumeyrac. Liotard, pharmacien des colonies, avait remplacé Gaillard. Malgré sa fermeté il se sentait débordé, lorsque lui arriva un secours inattendu. Le duc d'Uzès, qui consacrait les ardeurs de sa jeunesse et sa grande fortune à l'œuvre patriotique de l'expansion française en Afrique, arriva aux Abiras en septembre 1892 avec le lieutenant Julien et quarante tirailleurs sénégalais. Liotard se trouva dès lors en état de punir les assassins de Poumeyrac et de rétablir l'ordre, mais le duc d'Uzès mourut en juin 1893, Julien, malade, fut obligé de retourner à la côte, et Liotard se trouva de nouveau bien isolé et peu en état de combattre les prétentions belges.

Les Belges au contraire, encouragés par le succès, non seulement se maintenaient sur leurs positions, mais encore débordaient au delà du M'bomou. Avec une activité et une continuité dans leurs projets qui est tout à leur honneur, ils lançaient à la fois quatre missions dans quatre directions différentes. Homolet descendait le Chari jusqu'à M'bété afin de nous couper la route du Tchad. La Kétulle s'engageait dans le Dar-Fertit et fondait un poste à Hofrag, Fiévez pénétrait dans le bassin du Bahr-el-Ghazal et Van Kerkoven atteignait le Nil à Wadelaï. Le plus grave était que le souverain du Congo, Léopold II, se rapprochait de l'Angleterre et signait avec elle le traité du 14 mai 1894, par lequel il s'attribuait la plus grande partie du Bahr-el-Ghazal, mais à la condition expresse de céder à son nouvel allié, entre les lacs Tanganyka et Albert-Edouard, une bande de terrain de vingt-cinq kilomètres de largeur, qui permettait d'unir à l'Égypte les colonies anglaises de l'Afrique centrale. Or le souverain du Congo avait signé ce traité sans se préoccuper du droit de préemption de la France, reconnu et affirmé par des conventions authentiques. En outre tous les territoires allemands en Afrique étaient désormais enclavés en territoire anglais, et tout rapprochement, toute jonction leur étaient interdits. La France et l'Allemagne unirent aussitôt leurs protestations. Le roi Léopold, qui ne se sentait que mollement soutenu par l'Angleterre, n'osa pas soutenir la guerre contre ses puissants voisins. Non seulement il renonça à la plus grande partie des contrées qu'il s'était indûment adjugées, mais encore retira la cession à l'Angleterre de la fameuse bande de vingt-cinq kilomètres. Deux traités signés avec l'Allemagne et avec la France consacrèrent ce modus vivendi, et la convention du 4 août 1894 régla la frontière définitive entre la France et le Congo Belge. Elle était constituée par le thalweg de l'Oubanghi jusqu'au confluent de l'Ouellé et du M'bomou, par le thalweg du M'bomou jusqu'à sa source, et par une ligne droite rejoignant la crête du partage des eaux entre les bassins du Congo et du Nil jusqu'à son intersection par le méridien 27°40'Est de Paris.

X. — Mission Marchand

Un an auparavant, un décret du 13 juillet 1893 avait déjà détaché du Congo Français les territoires du Haut Oubanghi, et les avait constitués en colonie autonome avec le colonel Monteil comme gouverneur. C'était le moment où l'on avait à redouter un conflit avec les Belges, et Monteil avait été choisi parce qu'on connaissait sa fermeté et son esprit d'initiative. On avait même organisé une petite armée d'environ cinq cents soldats, commandés par huit officiers, dont le capitaine Decazes, et, dès la fin de 1893, le gros des troupes s'était déjà mis en route. Sur ces entrefaites fut signée la convention d'avril 1894. Il n'était plus question de trancher le différend par les armes. Le départ de Monteil fut aussitôt retardé et contremandé, et le capitaine Decazes, qui se trouvait déjà sur les lieux, fut désigné pour prendre l'intérim. Il s'installa aussitôt aux Abiras, c'est-à-dire au confluent de l'Ouellé et du M'bomou, et procéda à l'occupation des territoires laissés en arrière, entre le M'bomou et le Kato, autre affluent de l'Oubanghi. Toutes les tribus riveraines firent alors leur soumission et le protectorat français était partout reconnu lorsque, en mars 1895, revint Liotard, nommé gouverneur à titre définitif à la place de Monteil.

Liotard prit alors possession des postes rétrocédés par les Belges. Nos officiers entrèrent à Bangosso, à Rafaï, à Zemio (été 1894), et signèrent avec les chefs Azandés ou Niams-Niams des traités de protectorat. Liotard obtint un succès plus éclatant encore. Accompagné par le capitaine Hossinger, il arrivait, en février 1896, dans le bassin du Haut Nil, à Tambourah sur la Soueh, affluent du Bahr-el-Ghazal, et entraînait le Sultan dans notre alliance. Un an plus tard, en juin 1897, il occupait Dem-Ziber, avant-poste égyptien, et s'y établissait solidement. Il créait même des plantations pour assurer l'existence de son escorte, car les indigènes, pillés et massacrés par les Mahdistes, alors maîtres de Kartoum, avaient fait partout le vide autour d'eux. Il est vrai que dans ces postes nouveaux nous étions bien exposés, non seulement parce que nous étions sous la menace d'une attaque des Mahdistes et peut-être de quelque retour offensif des Anglais ou des Belges, mais parce que nos forces étaient insuffisantes et que nous étions éloignés de nos communications. C'est ce que comprit le gouvernement lorsqu'il se décida à envoyer au secours de Liotard des renforts, dont il confia le commandement à un officier déjà signalé par son intrépidité et par les nombreux services qu'il avait rendus à la cause africaine, le capitaine Marchand.

La mission Marchand a réussi. Du jour au lendemain son chef est arrivé à la renommée. D'imprudents amis ont même voulu lui faire jouer un rôle politique, mais il a vite compris, dans les loisirs d'une retraite prématurée, que le service de la patrie passait avant toute autre considération, et, redevenu soldat et entraîneur d hommes, il a de nouveau conduit au combat ses anciens compagnons d'armes. Les qualités dont il fit preuve dans sa mission n'en sont pas moins incontestables, et ce serait la pire des injustices que de ne pas essayer de les mettre en lumière.

Parti de Marseille le 25 juin 1896, Marchand débarquait à Loango le 23 juillet. On lui avait donné comme compagnons les capitaines Baratier, Germain et Mangin, le lieutenant Largeau, le lieutenant de vaisseau Morin, l'enseigne Dyé, l'interprète Landeroin, le Dr Emily, douze sous-officiers français et cent cinquante tirailleurs sénégalais. Il disposait de deux petits vapeurs, *Faidherbe* et *Duc d'Uzès*, et de trois chalands en aluminium, *Pleigneur, Crampel, Lauzière*. Retenu plusieurs mois dans le Bas Congo, il n'arrivait à Banghi qu'en mars 1897, et entrait tout de suite en pays presque inconnu.

Il s'agissait en premier lieu de déterminer l'extrémité navigable des eaux congolaises. Or, le M'bomou n'avait pas encore été exploré dans tout son cours. On savait seulement qu'il était entrecoupé de chutes et de rapides. Une première reconnaissance conduisit en amont des passes de Baguessé. Le voyage fut pénible. Tantôt on lançait sur la rivière bateaux et chalands, tantôt on prenait la route de terre en traînant sur des rouleaux les embarcations auxquelles s'attelaient plusieurs centaines de porteurs. On renouvelait ainsi les vieilles méthodes égyptiennes dont les bas-reliefs ont conservé le souvenir. De Baguassé à la source de la rivière et des hauts affluents aucun Français n'avait encore pénétré dans la région. Pendant que les uns opéraient par la route de terre le transport de deux mille charges de convoi, les autres découvraient un bief qui permettait de remonter le M'bomou et son tributaire le Boko jusqu'à 70 kilomètres de Tambourah : ce bief se trouve au confluent de la Boko et de la Méré, à 3.360 kilomètres de Brazzaville. Le 10 septembre, toute la flottille se trouvait réunie à ce point extrême. La première difficulté était donc vaincue. Il ne restait plus qu'à passer dans le bassin du Nil.

Le capitaine Marchand avait déjà éxécuté une reconnaissance préliminaire dans le territoire du Bongos et des Mjttons. Il avait même occupé le poste égyptien de Rombeck, et s'était avancé jusqu'à 80 kilomètres de Lado pour s'assurer qu'il n'avait été précédé ni par les Anglais, ni par les Belges. Le champ était libre. Aucun Européen n'avait encore été signalé. Désireux de déterminer le point de départ des eaux nilotiques, Marchand descendit alors la Soueh sur une pirogue grossièrement taillée dans un tronc d'arbre, avec pour équipage quatre noirs de l'Oubanghi. Après trois jours d'une course émouvante à travers les rapides, descendant le flot avec une rapidité de cinq kilomètres par heure, il reconnut que la Soueh devenait navigable à Kodjaleh, et il la descendit jusqu'à son confluent avec l'Ouaou. Le voyage de retour fut pénible, car il fallait se frayer une voie dans un pays malsain et à travers des tribus hostiles. C'est seulement à la fin de septembre, et sur les hauts plateaux, que le capitaine rejoignit la mission qui venait enfin de recevoir son matériel.

Ce matériel il fallait le transporter du bassin du Congo dans celui du Nil, unir par conséquent le poste de la Méré à Kodjaleh. Alors commence un travail extraordinaire. A travers la brousse, à coups de pioche, de hache ou de mélinite on s'ouvre une route ou plutôt un sentier de 160 kilomètres de longueur. En un mois deux cents Sénégalais et un millier d'indigènes effectuent cette tâche gigantesque. Puis, par cette route improvisée, on transporte, pièce par pièce, toute la flottille, d'abord à Kodjaleh, puis jusqu'au confluent de l'Ouaou, et, pour assurer la sécurité des communications, on crée, d'abord, entre ces deux points, le poste des Rapides, puis à sept kilomètres en aval du canal de la Soueh et de l'Ouaou, à Koutchouck-Ali, le fort Desaix, où Marchand établit son quartier-général (janvier 1898).

Ce n'était là qu'une base d'opérations. Il fallait maintenant attirer à soi les indigènes, Dinkas et Dions, noirs belliqueux et relativement civilisés, qui acceptèrent nos avances et semblèrent disposés à accepter notre protectorat. Du fort Desaix on rayonne dans toutes les directions. Le capitaine Germain part du poste des Rapides pour le pays de Tendj. Mangin conduit un détachement en observation à Dhour-Gattas. Largeau reconnaît le Bahr-el-Homs, affluent du Bahr-el-Ghazal. Baratier et Landeroin, avec vingt tirailleurs et huit pagayeurs, descendent la Soueh et arrivent au Bahr-el-Ghazal. Arrêtés par les bancs d'herbes flottantes et les roseaux gigantesques déjà signalés par les anciens géographes, ils s'égarent dans d'immenses marécages, où ils se frayent à grand'peine un passage. Ils arrivèrent pourtant après avoir démontré la navigabilité de la Soueh jusqu'au Bahr-el-Ghazal et descendent ce grand cours d'eau jusqu'à son confluent avec le Nil (24 février). Le problème de la jonction de nos établissements du Congo avec le Nil était donc théoriquement résolu, et il ne restait plus qu'à assurer à notre nouvelle colonie cet important débouché. Aussi Marchand n'hésita-t-il pas à s'engager dans la voie si péniblement mais si glorieusement ouverte. A son tour il se mit en route, et par un itinéraire désormais bien connu. Le 10 juillet 1898 il arrivait à Fachoda, non loin du confluent du Bahr-el-Ghazal et du Sobat. C'était un avant-poste égyptien abandonné depuis de longues années. Il en prit aussitôt possession au nom de la France, et, pour mieux marquer sa résolution non d'y camper, mais de s'y établir, il fit défricher une certaine étendue de terrain, où il planta des légumes d'Europe. Il avait malheureusement compté sans les jalousies anglaises.

Depuis longtemps en effet l'Angleterre avait formé le projet de ranger sous sa domination tout le bassin du Nil. Notre arrivée imprévue à Fachoda la déconcertait, mais elle s'était déclarée la protectrice de l'Égypte et Fachoda avait jadis appartenu à l'Égypte. Or, dès le mois de mars 1896, une armée anglaise, commandée par le général Kitchener, était entrée en campagne pour essayer de reprendre les provinces soudaniennes, dont le Mahdi s'était emparé depuis 1885. Kitchener avait réussi à occuper le Dongola (septembre 1896) et était entré à Kartoum (2 septembre 1898), lorsqu'il apprit à son grand désappointement que les Français l'avaient devancé à Fachoda. Il remonta aussitôt le Nil, bien déterminé à revendiquer, et, au besoin, à soutenir par la force les droits de l'Égypte et de l'Angleterre. Le 19 septembre il arrivait à Fachoda, où Marchand l'accueillit avec courtoisie et se donna même la satisfaction de lui envoyer des légumes frais cueillis dans son jardin, mais en déclarant que jusqu'à nouvel ordre, il maintiendrait sa position. Kitchener de son côté fit planter le drapeau anglo-égyptien en face du camp français et le fit garder par deux bataillons soudanais. Les deux armées étaient donc en présence. D'un instant à l'autre la guerre pouvait être déclarée.

L'émotion fut immense en Angleterre quand on apprit l'arrivée des Français sur le Nil. Les Anglais non seulement se trouvaient atteints dans leur amour-propre national, mais encore se croyaient lésés dans leurs intérêts par la concurrence française. L'opinion publique se déchaîna. Soutenue par une presse patriotique jusqu'à l'exagération, nos voisins d'Outre-Manche se préparèrent résolument et ouvertement à la guerre. Le gouvernement français commit alors la lourde faute de ne pas montrer assez d'énergie. Il est certain que Marchand avait agi sans instructions bien précises, mais n'opérait il pas en pays abandonné et qu'il pouvait considérer comme *res nullius?* D'ailleurs il avait pour lui la consécration du succès. Attaqué le 25 août par une flottille Mahdiste, il l'avait repoussée. Il venait de signer un traité avec les belliqueux Chillouks qui se montraient tout disposés à le soutenir. Ménélick, l'énigmatique souverain d'Abyssinie, devenait notre voisin et pouvait devenir notre allié. Donc, à Fachoda même, soutenir la lutte contre l'Angleterre n'était pas impossible; mais, si la guerre éclatait entre les deux pays, elle s'étendrait au monde entier, et nos forces étaient alors bien disséminées. Nos colonies et même nos côtes étaient bien mal défendues, et nos arsenaux si mal garnis qu'il eût été imprudent de risquer une aussi grosse partie pour un aussi mince enjeu. Néanmoins, puisque nous possédions un gage, il aurait été peut-être habile de ne céder que contre compensation, d'autant mieux que le gouvernement avait alors en main tous les renseignements. Dès le 26 octobre le capitaine Baratier était arrivé à Paris avec un rapport du chef de la mission. Marchand lui-même était descendu jusqu'au Caire après avoir confié le commandement de Fachoda au capitaine Germain et avait complété son premier rapport. On préféra céder aux circonstances. Était-ce pusillanimité? Était-ce excès de prudence ou sacrifice imposé par notre faiblesse? S'il est vrai que les vaisseaux anglais n'attendaient qu'un signal pour se ruer sur nos colonies et pour bombarder nos ports, on a été bien inspiré en renonçant à Fachoda. D'autres ont affirmé que ce fut une reculade déplorable, et que l'Angleterre, passée maîtresse dans l'art d'en imposer par des manifestations trompeuses, réussit, cette fois encore, à nous courber devant ses volontés. Où est la vérité? On ne la connaîtra que plus tard, et peut-être jamais.

Le 4 novembre 1898 le gouvernement français fit connaître sa résolution de ne pas maintenir à Fachoda la mission Marchand. Il annonçait en même temps que des négociations étaient ouvertes avec l'Angleterre pour déterminer la sphère d'influence et les frontières des deux pays dans les bassins du Congo et du Nil. Marchand n'avait plus qu'à obéir. Fachoda fut évacué le 11 décembre 1898. La mission remonta le Nil sur le *Faidherbe*, puis le Sobat, et traversant l'Abyssinie, atteignit Djibouti le 17 mai 1899 : Marchand et ses compagnons furent reçus en France avec un enthousiasme extraordinaire, mais que valaient ces protestations? Seuls les Anglais avaient obtenu un vrai succès, mais les Français avaient piteusement reculé. Au moins eurent-ils le bon goût d'exécuter strictement les termes de la convention. Le capitaine Roulet avait été chargé, dès la fin de 1896, d'amener des renforts à Marchand. Parvenu à Tambourah, puis à Fort-Desaix, où il accumula vivres et munitions, il courait à marches forcées vers Fachoda, quand il apprit la fin de la mission Marchand. Comme il ne connaissait pas les détails de la convention, il voulut au moins s'établir fortement dans la région du Bahr-el-Ghazal. Il réussit en effet à fonder des postes à M'bia sur le Méridji (1er janvier 1891), à Ayak sur le Roht et à Gamba-Schemba sur le Nil, à 600 kilomètres de Tambourah (20 mars 1899). Ce fut son dernier succès. Un traité définitif venait d'être signé et la France abandonnait ses récentes conquêtes. Roulet eut le crève-cœur de procéder lui-même à l'évacuation des postes qu'il avait créés. Il amenait le pavillon tricolore à Gamba-Schemba, et abandonnait successivement Ayak (octobre 1899), M'bia, Fort-Desaix (18 novembre) et Tambourah (18 février 1900). Il ne laissait rien en arrière, pas même les morts, car il ramenait avec lui les cadavres incinérés du capitaine Hossinger et du lieutenant Garly. Certes l'honneur était sauf. Une fois de plus nous avions démontré l'énergie dont était capable une poignée de Français perdus dans une région presque inaccessible, mais nous n'en étions pas moins rejetés de la vallée du Nil et il nous fallait renoncer à tout espoir de nous étendre à l'est au delà du Congo et du Chari..

Le traité du 21 mars 1899 établissait d'ailleurs avec netteté la situation. La frontière était reportée à la chaîne de partage des eaux du Congo et du Tchad d'un côté, du Nil de l'autre. En outre le Sahara oriental était coupé par une ligne conventionnelle partant du 13° 40′ E, pour aboutir au 21° 40′ E de Paris. Nous renoncions par conséquent à toute prétention sur la vallée du Nil, mais nous conservions le droit d'y commercer. De plus nos établissements se trouvaient consolidés, car ce n'était plus une bande de terrain sur les bords du Tchad qui était concédée à la France, mais près des deux tiers du littoral avec un hinterland de 800 kilomètres de profondeur, comprenant des pays riches, tels que le Baghirmi, le Kanem et le Ouadaï. Enfin, au nord du Tchad, les vastes espaces, encore à peu près inconnus, que l'on désigne sous le nom un peu vague de Sahara, devenaient partie intégrante de notre domaine colonial. A l'heure actuelle, et grâce à ce traité, non seulement d'Alger à Brazzaville, mais de Tombouctou et de Zinder au Tchad et au Ouadaï, demain sans doute au Tibesti, nous sommes en terre française, et ces terres forment un tout homogène et bien équilibré. C'est bien réellement une France nouvelle que nous avons fondée, et une France dont il est difficile de nier les ressources et de méconnaître l'avenir.

Sans doute il est impossible d'organiser du jour au lendemain et d'administrer régulièrement d'aussi énormes espaces : il faut d'abord les reconnaître. Ce n'est pas une œuvre facile que de fondre dans une majestueuse unité les indigènes du Dar Fertit, du Dar Rounga, du Ouadaï, du Kanem, du Baghirmi, sans parler des riverains de l'Oubanghi et du Chari, qui n'ont pas encore franchi toutes les étapes de la civilisation et dont plusieurs sont restés anthropophages ; que de forcer à l'obéissance les traitants arabes et les demi-civilisés du Soudan ; et de leur inspirer à tous le respect et même l'amour du pays qui assume la lourde responsabilité de les diriger. Des hésitations, des tâtonnements, des contradictions même sont inévitables, mais il faut les négliger pour ne songer qu'aux résultats d'ensemble. Puisque les fondements de l'édifice sont bâtis, il faut laisser aux architectes le temps d'achever leur travail. Aussi nous permettra-t-on de ne pas énumérer les changements d'un ordre purement administratif qui déjà ont été opérés. Ce ne seront vraisemblablement pas les derniers. Le tassement ne s'est pas encore opéré. Ce qu'il importe d'établir c'est que le mouvement de la prise de possession ne s'est pas encore arrêté. De nombreuses missions ont été organisées qui procèdent à la confection du cadastre et à la délimitation des concessions. Les lieutenants Rouyer, Avelot et Grilly ont reconnu le pays entre l'Ogooué et son affluent le N'gounié (1900). Les lieutenants Jobit, Demars et Löfler ont étudié la route de terre entre Libreville et N'djolé et déterminé les sources du N'gounié, du Lolo, de la Louonga et de la Louété (1900). Les administrateurs Fourneau et Fondère, avec le lieutenant d'artillerie Fourneau et le Dr Spire ont cherché la communication entre l'estuaire du Gabon et le bassin de la Sangha. Ils ont levé plus de 2.000 kilomètres en pays totalement inconnu jusqu'à ce jour. Nous aurions mauvaise grâce à passer sous silence la mission Jacquier, organisée en 1910 par le gouverneur de l'Oubanghi, Fourneau, à l'effet d'explorer la région limitrophe du Soudan Anglo-Égyptien. Nos explorateurs réussirent à entraver le honteux commerce de chair humaine qu'alimentaient les traitants arabes du Darfour et du Ouadaï. Ils reconnurent tout le bassin du Haut-M'bomou, et constatèrent les terribles ravages exercés par la maladie du sommeil. C'est au cours de ce voyage qu'un des collaborateurs de Jacquier, le capitaine M. Martin, déjà signalé par l'héroïque résistance qu'il avait opposée, en 1908, avec six tirailleurs à plusieurs centaines de révoltés, s'égara dans une contrée déserte où des indigènes le retrouvèrent au bout de onze jours, le corps couvert de plaies, mais il avait récolté des renseignements politiques, ethnographiques et topographiques du plus grand intérêt.

Sans doute, dans cette direction du Nil, des territoires étendus sont encore marqués de la fatale légende terra incognita, mais toute une légion a surgi d'intrépides découvreurs qui ne cherchent qu'à étendre le champ de nos connaissances, tout en augmentant notre domaine colonial. Le germe est donc semé, et, comme le sol est fertile, la moisson grandira.

CHAPITRE IX

MADAGASCAR ET SES DÉPENDANCES

I. — Le protectorat français

Les droits de la France sur Madagascar sont anciens. On les a contestés, mais ils n'ont jamais été détruits, et, depuis trois siècles, nos divers gouvernements ont essayé, à diverses reprises, de les faire revivre. En 1870, notre situation dans la grande île était pourtant bien compromise. Secondée par les Anglais, et bien gouvernée par des chefs entreprenants, une des tribus de l'île, les Howas, avait cherché à assujettir à ses lois les autres insulaires, et surtout à expulser les Français. Ils y avaient en partie réussi. Nous n'étions plus que tolérés à Madagascar, et, comme nous avions eu le tort de couvrir par notre indifférence de véritables actes d'usurpation, d'autres influences avaient prévalu à la cour de Tananarive. Des froissements on passa bientôt à l'hostilité directe. Ainsi les Français n'eurent plus le droit d'acquérir des immeubles, et le gouvernement Howa défendit à tout Malgache de vendre ses terres aux étrangers. En même temps étaient ravagés les cantons de l'île placés sous notre protectorat direct. On en massacrait les habitants. Les fortifications ébauchées étaient détruites. Ce n'était pas encore la guerre, mais tout la préparait et l'annonçait.

Un Français pourtant s'était rencontré, Alfred Grandidier, qui, malgré ces obstacles accumulés, n'avait pas hésité à s'enfoncer à ses risques et périls dans la grande île, et à l'étudier dans tous ses détails. En trois voyages successifs (1865, 1866, 1870), il détermina de nombreuses positions et fit plus de

1.500 relevés au théodolite. A diverses reprises il traversa l'île de part en part et explora des cantons à peu près inconnus. A l'aide de ces données précises il construisit une carte de Madagascar, à laquelle il donna modestement le nom d'esquisse. Il commença en outre à publier l'histoire physique, naturelle et politique de Madagascar. Il opérait ainsi la conquête pacifique de l'île. C'était une prise de possession scientifique qui précédait la prise de possession effective. De graves événements allaient en effet bientôt surgir, qui rendirent notre intervention nécessaire, et nous amenèrent à substituer la domination française, calme et régulière, au despotisme compromettant des Howas. Nous reprîmes avec notre liberté d'action la plénitude de nos droits. En vertu des nombreux postes par nous construits et longtemps occupés, en vertu de traités solennels contractés à diverses reprises avec les indigènes, en vertu des sympathies de la plupart des Malgaches pour la France, et surtout en vertu de la jouissance des droits que nous assurent, depuis bientôt trois siècles, nos entreprises, nos négociations et le consentement des puissances européennes, Madagascar devait être à nous et rester à nous.

Après la mort de notre compatriote Laborde (décembre 1878) qui avait été longtemps le principal et presque l'unique propagateur de l'influence française à Madagascar, le gouvernement Howa souleva de telles difficultés à propos de sa succession qu'en mai 1882, et malgré les démarches réitérées de nos agents, ses héritiers n'étaient pas encore entrés en possession. En outre, différents points de la côte qui nous avaient été concédés expressément par des traités nous étaient enlevés, sous prétexte que les concessions étaient viagères et que le sol de l'île tout entier appartenait au souverain régnant à Tananarive. Quant à nos alliés, Sakalaves et autres, on allait jusqu'à nier la légalité des conventions que nous avions signées avec eux. Notre représentant, Baudais, fut bientôt obligé de chercher un refuge à Tamatave et de se mettre sous la protection du capitaine Le Timbre, commandant la station navale de la mer des Indes. Ce dernier, poussé à bout par les insolences et les menaces du premier ministre Rainilaiarivony, tout-puissant sur l'esprit de la reine Ranavalo II, se décida à recourir à la force. Il s'empara d'Ampassimiena dans la baie de Passandava, et força les Howas à envoyer une ambassade à Paris (juillet 1882).

Comme les Howas se sentaient soutenus par les Anglais, qui étaient allés jusqu'à leur proposer une médiation, déguisée sous le nom de bons offices, leurs prétentions étaient grandes. N'affirmaient-ils pas que, depuis 1810, l'île tout entière était passée sous leur domination, et que les Français n'avaient le droit de contracter que des baux renouvelables, mais nullement celui d'acheter des propriétés! N'offraient-ils pas aux héritiers de Laborde une indemnité dérisoire de 25.000 francs! Il n'était que temps de faire respecter le pavillon national. L'amiral Pierre fut envoyé dans les eaux malgaches. Il bombarda et occupa Majunga (16 mai 1883), s'empara de Tamatave (10 juin), d'Ivondrona, de Fénérife, de Mahambo et de Foulepointe. Son successeur, l'amiral Galiber, prit possession de Fort-Dauphin, de Vohémar et de Mourondava. Ce fut alors qu'intervinrent les Anglais, effrayés de nos succès, et que le gouvernement français qui croyait devoir les ménager, entama avec les Howas d'interminables négociations qui aboutirent au traité du 17 décembre 1885, par lequel la France acquérait en toute propriété la baie de Diego-Suarez, acceptait une indemnité de guerre de 10 millions, et imposait à Tananarive la présence d'un résident, « qui devait présider aux relations extérieures de Madagascar, sans s'immiscer dans l'administration intérieure des États de Sa Majesté la Reine ».

Le protectorat français était donc officiellement reconnu, mais ce traité né fut jamais qu'une lettre morte, car le premier ministre Rainilaiarivony était bien décidé à ne pas en exécuter les clauses, et, malgré leur tact et leur énergie, aucun de nos résidents généraux, ni Lemyre de Vilers, ni Bompard, ni Lacoste, ni Larrouy ne réussirent à le faire respecter. Les Howas opposaient à nos nationaux mille difficultés, et continuaient à faire peser sur nos protégés indigènes une insupportable tyrannie. « Les Français aboient, disaient-ils, mais ils ne mordent pas. » Persuadés que, si une action militaire s'engageait, les Anglais les soutiendraient, ils poussèrent si loin leurs outrecuidantes prétentions qu'il fallut leur adresser un ultimatum en règle (octobre 1894). Nous ne reçûmes qu'une réponse ironique. Les Chambres votèrent alors un crédit de 65 millions, et on organisa une expédition, cette fois décisive, qui devait pénétrer jusqu'à la capitale, Tananarive, et imposer les volontés de la France.

II. — Expédition de Madagascar

Cette expédition fut mal préparée. On fit dans le choix des troupes une part trop large à l'élément métropolitain. On ne prit aucune précaution contre les deux maladies dominantes, dysenterie et fièvre paludéenne. On ne constitua pas une base d'opération sérieuse soit à Diego-Suarez, soit à la Réunion ; on négligea même de s'assurer le concours des indigènes pour les travaux de terrassement et pour le ravitaillement. A vrai dire, on s'engageait bien à la légère dans une entreprise difficile, et, sans l'endurance de nos soldats et la valeur de leurs chefs, nous n'aurions jamais pénétré jusqu'à Tananarive, par ce pays sans routes et sans ressources locales.

Deux chemins s'ouvraient devant nos soldats : celui de Tamatave n'avait que 300 kilomètres de longueur, mais il était à peine tracé, celui de Majunga était plus long, 480 kilomètres, mais il remontait les vallées de la Betsiboka, puis de l'Ikopa. Il obtint la préférence. Le corps expéditionnaire, commandé par le général Duchesne, comprenait un effectif de 18.340 combattants et de 7.715 auxiliaires. Il s'arrêta d'abord à Majunga, car il était nécessaire de tracer des routes, et nos soldats, occupés aux terrassements, payèrent un premier tribut à la maladie. On avait espéré que les canonnières remonteraient la Betsiboka, mais elles étaient trop massives et on ne put utiliser la voie fluviale. Le 25 mars 1895, les Français se mirent enfin en marche sur les deux rives de la Betsiboka. Commandés par le général Metzinger, ils refoulèrent les ennemis aux combats de Mahabo (23 mars), Miadana, Maroway, Androta (4 avril, 17 mars), Marololo (6 juin), Maevatanana (9 juin), et s'arrêtèrent pour attendre des renforts à Suberbieville (15 juin).

Ce temps d'arrêt, imposé par la nécessité du ravitaillement, fut pernicieux pour nos soldats. Les hôpitaux s'encombrèrent, et, comme les médicaments faisaient défaut, la mortalité fut excessive, mais il était indispensable de tracer des routes avant de s'engager dans la région stérile des hauts plateaux.

Les Howas ayant commis l'imprudence d'essayer un retour offensif, furent repoussés au mont Beritsoka (29 juin) et à Andriba (21 août), mais un nouvel arrêt s'imposait, et il eut pour conséquence une recrudescence dans l'épidémie paludéenne qui décimait nos troupes. On finit par comprendre qu'il était dangereux de procéder par étapes successives, et que mieux valait se porter résolument et d'un seul bond sur la capitale. Le général organisa donc, avec les hommes les plus valides, une colonne légère, et la lança sur la route unique, piste mal tracée, qui séparait encore l'armée de Tananarive (15 septembre).

Les Howas s'étaient préparés à la résistance. Ils avaient hérissé de retranchements les passages difficiles, et, derrière les murs et les rochers qu'il fallait escalader, entretenaient contre nos soldats un feu meurtrier. Victorieux à Tsinainoudy (15 septembre), à Kiangaro (17 septembre), aux monts Ambohimena (19 septembre), la colonne volante déboucha enfin sur le plateau d'Emyrne, et arriva au piton Bobay, en vue de la capitale (25 septembre). Les Howas essayèrent encore une fois la fortune des armes, mais nos généraux les refoulèrent jusque dans les faubourgs de la ville, et, après l'avoir cernée, commencèrent à la bombarder (30 septembre). Deux obus ayant éclaté sur la terrasse du palais royal, Ranavalo épouvantée fit arborer le drapeau blanc et demanda à capituler. Le soir même nos troupes occupèrent la capitale, dont Metzinger était nommé gouverneur, Rainilaiarivony était déporté à Alger et la reine acceptait notre protectorat. Certes, la victoire était brillante, mais chèrement achetée par une dépense de 100 millions et la mort de 5.756 de nos soldats, presque tous enlevés par la maladie.

Conformément à ses instructions, le général Duchesne avait imposé à la reine un traité, par lequel elle acceptait le protectorat de la France avec toutes ses conséquences. Nous étions de la sorte liés par un véritable contrat à un gouvernement qui ne nous avait épargné ni les insultes, ni les trahisons. Aussi cette convention provoqua-t-elle des discussions passionnées. On aurait désiré un acte comportant la soumission pure et simple des Howas à notre protectorat. Ce furent les partisans de cette théorie qui l'emportèrent. Le 18 janvier 1896 Ranavalo signait un second traité qui ne contenait aucune disposition impliquant la reconnaissance officielle de sa royauté, et affirmait, par conséquent, vis-à-vis des nations étrangères, la souveraineté de la France.

Cette solution n'était pas définitive, car, pour qu'un protectorat soit effectif, il doit être accepté par le protégé, et tel n'était pas le cas à Madagascar. Ranavalo ne tint nul compte de ses engagements et ses ministres travaillèrent ouvertement contre nous. Les soldats malgaches qui avaient promis de rendre leurs armes donnèrent de vieux fusils, mais gardèrent leurs armes à tir rapide, et bientôt tout autour de la capitale, de hardis partisans tinrent la campagne, qui massacraient nos traînards et interceptaient les communications. Ils s'étaient même établis en nombre à Farafate, et avaient commencé le blocus de Tamatave. Les denrées devenaient rares, les porteurs nous échappaient, et le vide se faisait autour de la résidence. Les tribus, sur le concours desquelles nous avions compté, nous échappaient, car le gouvernement, convaincu qu'il était impossible d'administrer Madagascar sans l'aide des Howas, avait interdit à nos généraux de proclamer l'indépendance des Sakalaves et des autres Malgaches, ennemis héréditaires des Howas. Aussi, déçus dans leurs espérances, nous tournèrent-ils le dos, en sorte que tous les insulaires se trouvèrent bientôt réunis dans un même sentiment de haine contre la France.

III. — Annexion de Madagascar

Des révoltes locales ne tardèrent pas à éclater. Le commandant Ganeval réussit à comprimer l'insurrection d'Arivonimano, gros village à quarante kilomètres de Tananarive, et le colonel Gonard dégagea la route de Tamatave à la capitale, mais, lorsque arriva le nouveau résident général, Laroche, les rebelles, enhardis par sa longanimité, rentrèrent en campagne. Laroche avait eu le tort de prendre trop au sérieux la royauté de Ranavalo. Il n'en fallait pas tant pour encourager nos ennemis. L'insurrection se propagea jusqu'aux portes de la capitale, et nos soldats isolés furent impitoyablement massacrés. Sur la route de Majunga une escorte chargée de protéger un convoi ne se fraya un passage qu'après avoir brûlé 10.000 cartouches. A Ambatoudrasaka, à Manaraintsoa, à Antsirabé nos postes étaient déjà menacés. Les colons effrayés se repliaient sur Tananarive, mais leurs propriétés étaient saccagées, et nos soldats surmenés avaient grand'peine à résister dans ce climat malsain, et au milieu de difficultés sans cesse renaissantes.

Au 6 septembre 1896 débarquait à Tamatave le général Gallieni que le gouvernement, bien inspiré, venait de nommer gouverneur de l'île, en concentrant entre ses mains les pouvoirs civils et militaires. A peine avait-il franchi les ouvrages établis pour la protection de Tamatave que son escorte était attaquée. A vrai dire l'insurrection était générale. Sans parler des partis isolés, maraudeurs plutôt que combattants, sept bandes considérables tenaient la campagne. D'ardentes paroles circulaient dans les villages, et les sorciers, encore très écoutés, commençaient à prêcher le retour aux rites antiques. Des fusils avaient été distribués, ainsi que des haches et des sagaies. Au milieu de leurs forêts les insurgés, qui en connaissaient les retraites, harcelaient nos troupes et les épuisaient par de continuelles attaques. A peine nos colonnes avaient-elles passé que les bandes se reformaient et se jetaient sur nos convois. Une telle lutte, en se prolongeant, aurait triomphé de l'énergie de nos soldats, déjà éprouvés par l'insalubrité du climat. Les Howas se croyaient à la veille de nous jeter à la mer. « Les Français, disaient-ils, n'ont-ils pas conscience de leur isolement au milieu d'ennemis implacables. Telles des souris dans une marmite! Est-ce donc qu'avant de mourir ils veulent faire du bruit? »

Il était temps de réagir. Il était même bien tard, car le nouveau gouverneur fut obligé de recourir à des mesures rigoureuses qu'il n'aurait pas été obligé d'employer si, dès l'origine, l'inanité de leur résistance eût été démontrée aux Howas. Gallieni commença par exiler à la Réunion deux ministres et deux princesses. Quatre autres chefs Malgaches, et parmi eux l'oncle de la reine, Ratsimanmemga, et son ministre de l'intérieur, Raïnandriapamondy, payèrent de leur tête la participation à la révolte. Ranavalo ne comprit pas la leçon, et son palais continua à être le foyer d'intrigues dangereuses. Son directeur de conscience, le pasteur Andrianomvoravelona, entretint même, avec son assentiment, des intelligences avec les bandes armées. Gallieni se décida à frapper un grand coup. Il prononça la déchéance de la Reine et l'annexion pure et simple de Madagascar à la France (28 février 1897). C'était un acte de politique brutal, mais imposé par les circonstances et qui évitait bien des complications. Les indigènes, d'abord stupéfiés, comprirent bien vite qu'ils devaient s'incliner devant ceux qui, si facilement, avaient brisé la royauté. Le coup était rude, mais l'effet produit fut considérable. Aussi bien, depuis l'effondrement de la reine, personne dans l'île n'a pris les armes en sa faveur, et, quand elle fut transportée de la Réunion à Alger, aucun de ses sujets ne protesta. Madagascar était bien terre française.

Restait il est vrai à consolider notre domination, non seulement en brisant la dernière résistance, mais encore en prouvant aux populations annexées que le changement de régime leur était favorable. Ce fut à cette grande œuvre que se consacra Gallieni.

L'Emyrne, c'est-à-dire le plateau central de l'île, était en pleine insurrection. Le ravitaillement des troupes et des colons de Tananarive devenait de plus en plus difficile. Il y avait à peine un mois de vivre dans les magasins, et le recrutement des porteurs était à peu près impossible. Le premier but à atteindre était donc d'occuper l'Emyrne et d'y écraser les insurgés. Hors de l'Emyrne c'était l'anarchie, car non seulement les Howas excitaient contre nous les tribus qui jadis avaient accepté leur suzeraineté, Betsiléos, Betsimisarakas, etc., mais les autres peuplades restées indépendantes, Sakalaves, Baras, Tanalas ne cachaient pas leur haine de l'étranger. Il importait donc, après avoir réduit les Howas, de soumettre les autres insulaires. Le grand mérite de Gallieni fut de procéder avec méthode, de s'appuyer sur la conquête de la veille pour préparer celle du lendemain. Afin d'en finir rapidement avec les révoltés, il concentra ses forces autour de Tananarive et sur la route d'étapes de Tamatave. L'Emyrne fut divisé en quatre cercles militaires rayonnant autour de la capitale : Ambatomanga, Arivonimano, Ambohidratimo, Ambohidrating. Le pays entre Tananarive et Tamatave constitua un cinquième cercle, celui de Moramanga. Chaque commandant de cercle concentra entre ses mains tous les pouvoirs, et reçut l'ordre de marcher de l'avant, mais en conservant toujours le contact avec les cercles voisins. C'est ainsi que le terrain fut peu à peu conquis sur la rébellion, malgré la résistance de certains chefs, surtout de Robezavana et de Rabozaka, qui nous livrèrent de véritables batailles à Mampidougy, à Vohilena, et à Antsatrana, mais ils furent partout battus, et leurs bandes disloquées furent réduites ou à poser les armes ou à mener dans les forêts la vie de brigandage. Bientôt un réseau serré de blockaus et de village armés surveilla le pays, et la réorganisation suivit aussitôt la pacification. Sans doute l'insurrection avait laissé de trop nombreuses traces : beaucoup de rizières étaient restées en friche, les troupeaux avaient diminué, et de nombreuses familles avaient été obligées de passer en pleine forêt l'hiver de 1897, mais le programme tracé à nos officiers ayant été de détruire les bandes rebelles et de réorganiser le pays, ce programme fut exécuté. Chaque bond en avant de nos soldats fut toujours suivi de l'administration du pays laissé en arrière, et c'est ainsi que, dès le mois d'août 1897, à l'exception de quelques irréductibles qui tenaient encore la campagne par amour-propre plutôt que par patriotisme, l'ordre fut rétabli dans l'Emyrne.

Gallieni put alors s'occuper des provinces côtières où jusqu'alors nos résidents, à peine protégés par quelques compagnies, s'étaient contentés de recueillir des renseignements sur les populations de l'hinterland. Au nord-ouest bataillaient encore quelques agitateurs howas ; mais des postes furent installés sur la Betsiboka, sur la Mabajumba et dans le pays des Anta Karas en face de Nossi-bé. Ce fut la première phase de pénétration dans les pays insoumis. A l'ouest les Sakalaves et au sud les Baras et les Tanalas étaient beaucoup plus libres. Les Sakalaves du Ménabi passaient même pour très braves et on croyait que leur pays renfermait d'importantes richesses minérales et végétales. En juillet 1897 on les attaqua de quatre côtés à la fois, par mer à Maintirano et à Morondava, par terre à Ankamandra et à Miandrivazo. Les Sakalaves ne tinrent nulle part et beaucoup de soumissions furent recueillies. Au même moment, dans le sud, nous ouvrions des routes de Fort-Dauphin et de Tuléar à Fianarantsoa, de Faranfagana à Ivohibé. En octobre le rocher d'Ikongo était brillamment enlevé aux Tanalas, et des postes étaient aussitôt construits qui pouvaient servir de points de départ à de nouveaux mouvements de progression.

Des calomnies habilement semées et la crédulité des indigènes provoquèrent un mouvement de révolte en 1898. Il fallut recommencer les opérations. Bien que battus, les Sakalaves du Ménabé refusèrent de se soumettre en masse, mais des postes solides jalonnèrent le cours de leurs rivières, le Tsiribihina et le Manambolo, ainsi que le littoral, en sorte que les insurgés, ne pouvant renouveler leurs munitions par la contrebande, furent réduits à l'impuissance. Dans le sud on se contenta de maintenir libre les voies nouvelles, mais, dans le massif du Vohinghezo où s'étaient réfugiés d'assez nombreux rebelles, Baras et Tanalas, comme nos effectifs étaient par trop réduits, nos officiers furent obligés de se tenir sur la défensive. Au nord-ouest, dans la province de Majunga, que pourtant on croyait bien soumise, les indigènes s'étaient aussi soulevés, mais le pays fut replacé sous le régime militaire, et, en moins de deux mois, le calme était revenu.

En l'année 1899 la conquête de l'île semblait achevée. Il ne restait plus que quelques cantons insoumis dans les forêts du Vohinghezo, chez les Sakalaves du Ménabé, dans l'Ivondro et le pays des Mahafally, mais ils étaient contenus par de nombreux postes, et ils se résignèrent les uns après les autres. Quelques Fahavalos, brigands plutôt que patriotes, erraient encore dans les forêts de l'intérieur, mais ils furent bientôt dispersés. En 1905 un dernier soulèvement était comprimé, celui des Antrisaka, de la province de Farafangunar. On peut donc considérer comme achevée la prise de possession de l'île tout entière, grâce à l'application de la sage méthode qu'on pourrait appeler la tache d'huile, celle qui consiste à ne marcher que graduellement, en établissant à chaque pas en avant une nouvelle base d'opérations, et qui permet de faire marcher ensemble la pacification et la réorganisation. L'insurrection est donc terminée. Les signaux de feu s'éteignent sur les montagnes. Les Howas rentrent dans leurs villages et reconstruisent les cases qu'ils avaient brûlées. Des routes, même des chemins de fer, se construisent, des ponts s'élèvent, et nos officiers, admirables auxiliaires de leurs chefs, se transforment en instituteurs, en agriculteurs, en maçons, en charpentiers. Ils renouvellent la fameuse devise *ense et aratro*. Grâce à ce concours de bonnes volontés une nouvelle France se lève à l'horizon.

En même temps que nos soldats de hardis explorateurs continuaient la conquête de Madagascar. Un missionnaire, le Père Rollet, aidé par le Père Collin, directeur de l'Observatoire de Tananarive, opérait la triangulation au plateau d'Emyrne jusqu'aux confins du pays Betsiléo. En 1886 l'ingénieur Grégoire avait déjà triangulé notre possession de Diego-Suarez. En 1887 Louis Favet et Cauvet avaient effectué leurs études hydrographiques entre le cap d'Ambre et Nossi-Faly, et en 1888 Mion et Fichot entre Morondava et la baie de Saint-Augustin. En 1890 et 1891 d'Anthouard entreprenait au centre de l'île d'importants voyages. En 1891 Henri Douliot explorait les cours d'eau du versant occidental. En 1892 Henri Gautier étudiait, malgré les Fahavalos, quelques-uns des cantons les moins connus de l'île, et Alluard, naturaliste attaché au Muséum, concentrait son activité sur Diego-Suarez.

Les véritables continuateurs de Grandidier furent Louis Catat, Casimir Maistre et Georges Foucart. Arrivés en mars 1899 à Tamatave, ils se rendirent d'abord à Tananarive, dont ils firent un centre d'excursions. Ils gravirent les monts Ankaratra, où ils reconnurent comme point culminant, à 2.640 mètres d'altitude, le Tsiafajavona. Ils visitèrent le pays des Sakalaves, et reconnurent à travers la forêt de l'Ivondrona la route dite de Radama, mais ils la suivirent avec peine, car elle était comme obstruée par des légions de sangsues terrestres. Obligés de se séparer de Foucart, que sa santé rappelait en France, ils traversèrent le pays Betsimisaraka et arrivèrent à Majunga par une immense brousse, où ils eurent à souffrir de la soif; puis, revenus à Tananarive, ils s'engagèrent au sud dans les territoires des Betsiléos, des Baras, des Antanossy, et aboutirent à Fort-Dauphin. Ils avaient parcouru l'île à peu près dans tous les sens, et sur leur passage recueilli de précieuses observations.

Nous aurions mauvaise grâce à ne pas citer un explorateur qui, sachant que noblesse oblige, a voulu continuer l'œuvre paternelle. De 1898 à 1902 Guillaume Grandidier a parcouru les parties méridionale et occidentale de l'île. Nommons encore Bastard qui explora le pays Sakalave en 1897, alors qu'il était en pleine insurrection, et, de mai à septembre 1899, le pays Mahafaly, habité par des indigènes hostiles aux étrangers et jusqu'alors indépendants. Nous ne parlerons que pour mémoire des officiers du service géographique de l'armée et des administrateurs qui entreprirent l'étude topographique de notre nouvelle possession : De Thuy, Lefort, Lemaire, Muon, Boussaud, Ducarré, etc. Grâce à eux on possède des cartes complètes et à diverses échelles de la grande île. Quand on songe aux résultats obtenus en si peu de temps, on ne peut que rendre hommage au zèle et à la valenr scientifique de tous ces vaillants.

Grâce à l'impulsion de Gallieni, et de ses successeurs, Picquié, Garbit, de merveilleux progrès ont été accomplis depuis peu. Madagasçar peut déjà être considérée comme un centre de production agricole fournissant toutes les matières dont nous avons besoin. La production minérale est remarquable par sa variété, et la production industrielle permet de concevoir de larges espérances. Quant au commerce, à cause de la pénurie des voies de communication, il resta longtemps à l'état embryonnaire, mais de bonnes routes et même des chemins de fer commencent à sillonner l'île. Une ère nouvelle s'ouvre donc pour Madagascar, et la France orientale, ainsi que l'avaient si bien dénommée nos aïeux, nous réserve sans doute à nous et à nos descendants plus d'une heureuse surprise.

IV. — Dépendances de Madagascar. La Réunion

De Madagascar dépendent quelques îles que l'on peut considérer comme ses satellites. Elles sont dispersées sur la côte orientale, au nord-ouest et dans le canal de Mozambique. Fertiles, bien situées et peuplées, elles servirent longtemps de foyer à la traite des esclaves, mais, de nos jours, de nouvelles destinées s'ouvrent à l'activité de leurs habitants.

La plus ancienne de ces possessions est Sainte-Marie ou Nossi-Ibrahim occupée en 1750 et à titre définitif en 1818. Mayotte ou Mahori nous appartient depuis 1843, et Nossi-bé avec les îlots de Nossi-Cumba, Nossi-Mitsiou et Nossi-Sakatia depuis 1840. Nous prîmes possession des trois Glorieuses, la Glorieuse, le Lys et les Roches-Vertes, le 23 août 1892. Cet archipel n'a d'importance que parce qu'on y trouve, en creusant des puits, une eau excellente. Les Comores (Anjouan, la Grande Comore et Mohéli) étaient convoitées par l'Allemagne, mais en 1892, le sultan d'Anjouan reconnut notre protectorat; en 1887 les insulaires de Mohéli acceptèrent notre domination ; et en 1889, malgré les intrigues allemandes, et grâce à l'habileté d'un de nos compatriotes, le naturaliste Léon Humblot, le sultan de la Grande Comore, Saïd-Ali, se couvrit de notre pavillon. Les partisans de l'Allemagne fomentèrent aussitôt une révolte, mais elle fut réprimée par le capitaine Gatier. En 1891, une nouvelle insurrection nécessita une seconde intervention française qui rendit notre action plus effective, car, depuis le 5 janvier 1892 notre résident nomme seul tous les chefs indigènes, et les sultanats particuliers ont tous été détruits. Depuis ce moment l'ordre n'a plus été troublé.

En 1897 nous nous sommes établis, à l'entrée du canal de Mozambique, sur les deux îlots de Joao de Nova ou Saint-Christophe et d'Europa, mais ils ne sont habités que par des pêcheurs et l'absence d'eau potable n'y permet qu'un séjour temporaire.

Tels sont les satellites de Madagascar. Nul encore ne peut prévoir l'avenir qui leur est réservé. Au moins aurons-nous eu le mérite en nous y établissant de détruire un des foyers les plus ardents de la traite des nègres et de rester ainsi fidèles à nos traditions humanitaires. Après avoir initié l'Europe à la liberté politique, nous donnerons ainsi la liberté sociale à l'Afrique.

Non loin de Madagascar, mais conservant son autonomie, bien qu'on ait parlé de la rattacher à la grande île, se dresse une terre volcanique mais bien française, et qui a joué un rôle important dans notre histoire nationale. La Réunion, jadis Bourbon, a été peuplée et défrichée par des Français. On dirait un prolongement de la métropole, si bien qu'un simple décret suffirait pour la convertir du jour au lendemain en département français, comme la Corse. Aucun événement saillant n'a marqué à la Réunion ces dernières années. La culture de la canne à sucre y a donné quelques mécomptes, mais les insulaires ne se sont pas découragés. Grâce à la construction d'un chemin de fer qui fait le tour de l'île et dessert les postes du littoral, grâce à l'établissement d'un port à la Pointe-aux-Galets, ils ont maintenu leur île au premier rang des anciennes colonies françaises.

Ce qui assurerait leur prospérité serait leur rattachement à une ancienne possession aujourd'hui anglaise, l'île Maurice, jadis île de France. Dans le remaniement général qui sera la conséquence fatale de la guerre de 1914, n'est-il point permis d'espérer qu'un acte de haute courtoisie internationale opérera ce rattachement presque imposé par la nature, par l'histoire et par l'économie politique ?

Comme dépendances lointaines de la Réunion, nous avons encore le droit de compter quelques îles de l'Océan Indien, Saint-Paul, Amsterdam, Kerguelen, mais dont l'importance est médiocre. Saint-Paul et Amsterdam ont été occupées en 1842 par un Polonais naturalisé Français, Microslawsky, et en 1892 par quelques matelots, mais ce ne furent que des prises de possession temporaires. Seuls, pendant l'été, s'y rendent encore quelques pêcheurs de la Réunion.

La terre de Kerguelen est plus importante. Découverte en 1772 par l'amiral qui lui donna son nom, explorée un an plus tard par le capitaine de Rostaing, elle est constituée, ainsi que les cent trente îles de diverses dimensions (Cloudy, Swain, Dayman, Ouest, Cornick), et les cent soixante rochers qui en dépendent, par un ancien continent englouti par les flots. Le climat y est froid, mais supportable. Le sol est humide, mais présente des garanties pour la culture des légumes et l'élevage du bétail. En janvier 1892 le capitaine de l'*Eure*, Liotard, en prit de nouveau possession. En juillet 1893 la maison Boissière, du Havre, obtint l'autorisation d'exploiter ses richesses problématiques, mais les colons qui y furent conduits en 1900 par de Gerlache ne firent qu'y passer. En 1907, un ancien membre de la première expédition Charcot dans l'Antarctique, Rallier du Paty, avec six hommes seulement, tenta une nouvelle exploration de l'archipel. Il y constata la présence de pyrites de fer, de nickel et de houille; mais, après quinze jours de séjour, nos explorateurs, qui, malgré des tempêtes constantes et un froid excessif, avaient chassé le phoque et reconnu l'intérieur, se décidèrent à rentrer. Kerguelen n'est décidément pas une terre promise. On a bien parlé, en 1908, d'affecter cette île à la transportation des condamnés. Mais des âmes, vraiment trop sensibles, se sont émues, et le projet a été abandonné. Si pourtant on avait écouté les promoteurs de l'entreprise, n'aurions-nous pas une colonie de plus ?

CHAPITRE X

OBOCK, DJIBOUTI, CHEICK-SAÏD

1. — Obock

En Afrique orientale, le long de la mer Rouge, se dresse un massif de hautes montagnes, l'Abyssinie, où vit un peuple indomptable, qui à diverses reprises, a joué un rôle important dans l'histoire du continent noir. De tout temps des relations ont existé entre les Abyssiniens et les Français. Sans remonter aux époques presque légendaires où nos missionnaires cherchaient le pays du « prebstre Iehan »; sans rappeler les vagues ambassades du XVIIe siècle, ni même les voyages plus récents de Combes et Tamisier (1835-37), de Rochet d'Héricourt (1839), de Lefebvre (1839-1843), de Ferret et Galinier, des deux frères Antoine et Arnaud d'Abbadie, de Lejean, etc., il nous faudra constater que, si nous avions récolté des sympathies en Abyssinie, nous n'y avions fondé aucun établissement sérieux.

Tout changea en 1859, lorsqu'il fut question de percer l'isthme de Suez, et que les Anglais, en occupant l'île de Périm, semblèrent vouloir fermer par ce nouveau Gibraltar l'entrée de la mer Rouge. On se souvint alors, que par un traité en règle, des droits nous avaient été concédés sur la baie d'Amphibalo et que notre agent consulaire à Aden, Henri Lambert, venait d'acheter dans la baie de Tadjourah le territoire d'Obock; mais ce fut seulement en 1863 que Goldtammer et Capitaine y déployèrent le drapeau français. L'hydrographie du port fut alors exécutée et la côte voisine relevée avec soin. Il semblait que la France allait enfin fonder dans ces parages un grand établissement.

De cruels mécomptes et de graves préoccupations détournèrent encore notre attention, et ce ne fut que plus tard que quelques négociants bien avisés essayèrent de tirer parti de cette possession trop oubliée.

En 1872 Pierre Arnoux, qui voulait nouer des relations avec le Choa et l'Abyssinie, fondait, sous le nom de compagnie d'Obock, une société de négociants et de capitalistes français pour occuper le pays. Il signait même avec le Négus d'Abyssinie Ménélick un traité en vertu duquel une route partirait d'Obock pour aboutir dans ses États. Paul Sollçillet, dont nous avons signalé sur d'autres parties du continent noir l'activité et l'esprit d'initiative, devint un des agents de la Compagnie et ses efforts furent heureux, car en juillet 1882, le sultan Danakil, Houmed Laïta lui concédait la rade de Sagallo dans la baie de Tadjoura, mais une mort prématurée coupa court à ses projets. Quelques-uns de nos compatriotes cherchèrent alors à prendre connaissance des pays voisins d'Obock. En 1873 l'un d'eux, Raffray, parcourut toute l'Abyssinie. Il visita Adoua capitale du Tigré, Sokota point de rencontre de nombreuses caravanes indigènes, Gandar la vieille capitale de l'Ethiopie et Axoum célèbre par ses ruines. Il a raconté ses impressions de voyage dans un livre intéressant. Après lui Révoil explora le pays des Somalis Medjourtines, c'est-à-dire les environs du cap Guardafui, jadis promontoire des Aromates : région à peu près inconnue, sur laquelle on ne possédait que de vagues renseignements. Les Somalis sont cruels et défiants. Il existe chez eux deux races, l'une de conquérants, l'autre de vaincus, et elles n'ont pas encore opéré leur fusion. De là, des guerres incessantes, sans pitié, sans trêve ni merci. Révoil gagna pourtant leur confiance en soignant les blessés des récentes batailles. Il obtint même d'un de leurs chefs, le sultan d'Alloula, un permis de circulation à l'aide duquel il essaya, mais en vain, d'établir des relations commerciales. Un autre de nos compatriotes, Lucereau, paya de la vie sa tentative de pénétration dans le pays des Somalis. Il fut assassiné, le 7 octobre 1880, sur le territoire de la tribu des Ormas, sans doute à l'instigation de l'un de ces marchands d'esclaves, Arabes ou Égyptiens, qui s'imaginent que tout Européen pénétrant dans leurs chasses réservées est un abolitionniste déterminé ou peut-être un concurrent dangereux.

Pendant que nos compatriotes s'efforçaient ainsi de pénétrer dans l'Afrique orientale, et que de simples voyageurs, sans mission officielle ni vocation scientifique, mais actifs et courageux, tels que Pinchard, traçaient de nouvelles routes commerciales jusque dans la région des Gallas, le gouvernement français non seulement n'encourageait pas leurs efforts, mais encore semblait prendre à tâche de décourager les bonnes volontés. En décembre 1880 le *Moniteur Officiel* n'annonça-t-il pas qu'il déclinait toute responsabilité à l'égard des colons qui voudraient s'établir Obock, et qu'il ne leur accorderait, en cas de besoin, aucune indemnité? C'était condamner à l'impuissance la naissante colonie. Obock possédait pourtant deux richesses inappréciables, de l'eau et du charbon. Obock occupait en outre une position stratégique de premier ordre entre Toulon et Saïgon. C'était le débouché naturel de l'Abyssinie, du Choa, du Somali et de tous ces pays encore vierges, qui n'attendaient, pour être fécondés, que la présence des Européens. On reconnut il est vrai la faute commise et la Compagnie des Messageries Maritimes essaya de la réparer en créant sur ce point une de ses escales. En outre un énergique administrateur, Lagarde, réussit à y appeler de nombreux Arabes de l'Yémen, qui rendirent de grands services en qualité de jardiniers, mais Obock profita peu de cette renaissance, et c'est une ville voisine, Djibouti, qui devint en quelque sorte son héritière.

II. — Djibouti

En 1887 Lagarde avait remarqué, en face d'Obock, et toujours dans la baie de Tadjourah un promontoire de coraux et de sables, à l'abri duquel on pouvait construire un port. Il acheta ce promontoire, y joignit une lisière d'environ vingt-cinq kilomètres, et, sur l'emplacement de quelques huttes indigènes, fonda Djibouti. L'endroit était bien choisi, mais les débuts furent difficiles. Il fallait tout créer, sur un sol aride et au milieu de tribus sauvages et inhospitalières. L'insécurité à quelques kilomètres de la ville et la crainte d'un coup de main des Somalis arrêtèrent quelque temps les progrès. En février et mars 1896 on crut à une attaque imminente de leur part, et, sans le sang-froid du gouverneur intérimaire, de Leschaux, les colons auraient recouru à la protection de l'Angleterre.

Depuis tout s'est calmé. Peu à peu sortirent de terre les constructions officielles et une clientèle indigène vécut à l'ombre de l'établissement français. La vie se régularisa. Les barques arabes s'habituèrent à passer le golfe, les commerçants arrivèrent à leur tour, des navires de guerre rassurèrent la population, et on put vivre en paix. Là où, il y a quelques années, on ne trouvait que des broussailles et quelques palétuviers, ont surgi, comme par enchantement, des maisons bien bâties avec une population active, des marchés animés et bien fournis, surtout en légumes frais, tout un monde bruyant et grouillant. Depuis 1895 le gouvernement d'Obock s'y est transporté, ainsi que l'escale des Messageries Maritimes, pour les lignes d'Extrême-Orient et d'Australie. Djibouti est donc en voie de progrès. C'est la future capitale de l'Afrique orientale.

Ce qui assure la supériorité de Djibouti sur Obock, c'est non seulement son voisinage avec l'Abyssinie, mais aussi, c'est qu'elle est le vrai débouché du Thoa et du Harrar. On sait que l'Abyssinie a été comme renouvelée par le négus Ménélick. Ce prince, intelligent et ambitieux, avait longtemps attendu pour s'emparer du pouvoir suprême. Il avait d'abord, au détriment des États Gallas, agrandi son royaume du Choa, puis, à la mort de son rival Johannès, il se fit couronner empereur d'Abyssinie à Entoto. Les Italiens essayèrent de lui imposer un traité de neutralité, mais il repoussa leurs prétentions, et, en 1906, à Adaoua, remporta sur eux une grande victoire qui consolida son autorité. C'est au moment précis où il assurait ainsi l'indépendance nationale et occupait une position prépondérante dans le bassin du Nil que Lagarde, le gouverneur de Djibouti, fut envoyé en ambassade auprès de lui à Entoto. Il ne tarda pas à exercer sur lui un réel ascendant et en profita pour obtenir en faveur de la France de grands avantages. Non seulement la police du désert fut mieux faite, mais encore une route de caravanes fut tracée de Djibouti à Ankober par le Harrar. Du jour au lendemain Djibouti prit une grande importance. Des marchés ou plutôt des foires furent organisées, que les Danakils et les Somalis s'habituèrent à fréquenter. C'était une rivale d'Aden qui naissait à la prospérité commerciale.

Ces progrès excitèrent les défiances et la jalousie de deux puissances, qui essayaient au même moment de fonder un empire colonial aux dépens de l'Abyssinie. L'Italie, frappée au cœur par l'écrasement de son armée à Adaoua, nous accusa tout d'abord d'avoir vendu des armes à Ménélick, et même de lui avoir prêté des officiers d'artillerie. Ce n'étaient que des calomnies sans fondement. Elle le comprit et chercha un autre moyen de s'opposer à notre influence croissante. De concert avec l'Angleterre, elle voulut couper nos communications avec l'Abyssinie en s'immisçant dans la zone intermédiaire qui sépare nos établissements du Harrar. Elle se prétendit maîtresse du territoire partant de Massaouah et rejoignant Zeilah et Berbera, mais la ferme attitude de Lagarde et la froide résolution de Ménélick coupèrent court à cet accès de mégalomanie. Non seulement le territoire français nous resta définitivement acquis, mais nous pûmes nous étendre jusqu'au Harrar. En 1897 Ileg et Chefneux obtenaient la concession des chemins de fer abyssiniens et entreprenaient une grande ligne destinée à relier le Nil aux côtes du golfe de Tadjourah en passant par le Harrar et Addis-Abada. Ce chemin de fer, construit avec des capitaux français, est aujourd'hui presque achevé. Il nous assure la possession commerciale de la région abyssinienne. Déjà de nombreux explorateurs l'ont parcourue et en ont signalé les richesses, Hugues Le Roux, du Bourg de Borzas, Duchesne-Fournet. Ces deux derniers ont payé de la vie leur dévouement à la cause coloniale. Sans doute l'énigmatique souverain qui régnait à Entoto a disparu, mais ses successeurs, dont les intérêts s'accordent avec l'ambition, continueront à ménager et même à favoriser nos compatriotes. Quant à l'Italie et à l'Angleterre elles ont l'une et l'autre trop de grosses affaires à régler avant de reprendre leurs rêves de conquête contre l'Abyssinie. Il est probable qu'un long avenir de paix est assuré à cette partie de l'Afrique. Djibouti ne pourra qu'en profiter.

III. — Cheick-Saïd

Non loin de Djibouti et d'Obock, à cette porte méridionale de la mer Rouge, le Bal-el-Mandeb, dont les anciens avaient déjà reconnu l'importance, puisque Sésostris l'avait occupée, s'allonge le promontoire de Cheick-Saïd, que son excellent mouillage et sa position stratégique recommandaient à l'attention. Les rochers de Cheick-Saïd, hauts de 194 mètres, dominent l'île anglaise de Périm, qui n'a que 70 mètres d'altitude, et commandent les 1 500 mètres du petit détroit de Bab-el Mandeb, par lequel passent presque tous les navires de préférence au grand détroit de l'ouest. Cheick-Saïd, sur la grande voie maritime entre les trois continents, pouvait donc devenir entre nos mains la citadelle et la clef de la mer Rouge. Dès 1840, et pour répondre à l'occupation d'Aden par les Anglais, Thiers, alors ministre, songeait à y débarquer des troupes françaises. Ce projet fut repris en 1862 par Thouvenel, lorsque les Anglais essayèrent de s'établir à Mascate ; mais ce fut seulement en 1868, le 1er octobre, que quelques négociants Marseillais, bien inspirés, Rabaud et Bazin, achetèrent à un chef arabe, Ali Tabatt, chef des Akkémi Dourrein, pour la somme de 425.000 francs, payables par annuités, le territoire de Cheick-Saïd et y établirent un comptoir. Le territoire cédé s'étendait à 42 kilomètres à l'intérieur, et avait une superficie de 165.000 hectares. L'acquisition était aussi régulière que possible, et l'acte authentique, enregistré au consulat d'Aden, en témoignait. La prise de possession eut lieu, les premiers établissements furent construits et un fortin élevé, mais lorsque le moment arriva d'exploiter cette affaire pleine d'avenir, éclata la funeste guerre de 1870, et tout fut arrêté. D'ailleurs les Turcs, sans doute excités sous main par les Anglais, s'étaient avisés de revendiquer leurs droits, réels ou prétendus, de propriété. Dès 1869, et malgré les protestations de notre consul à Aden, le pacha de Moka avait fait occuper Cheick-Saïd par des soldats Turcs. En 1870 nouvelle tentative des Turcs. Cette fois c'est le pacha d'Hodeidah qui débarque sur la côte sud de la presqu'île. Il est vrai que la présence d'un de nos vaisseaux, le *Bruat*, commandant Alquier, les force de se retirer, mais ils n'avaient renoncé à aucune de leurs prétentions, et les tribus arabes du voisinage, Messalka et Soubeych, excitées par le gouverneur du Hedjaz, Mohammed Rechid, inquiétaient déjà les employés de la naissante factorerie. La Compagnie marseillaise ne pouvait lutter à la fois contre l'indifférence du gouvernement et contre l'hostilité turque. Elle se décida à évacuer ses comptoirs, mais en réservant ses droits (1871).

En 1887 un voyageur français, Pressecq-Rolland, visitait Cheick-Saïd ; el Mohammed Tabat, fils de celui qui avait cédé son territoire aux Français, lui déclara qu'il considérait toujours comme valable le traité de 1868 et attendait la protection de la France. Pressecq-Rolland en informa le gouvernement, mais sans succès, et les Turcs profitèrent de cette inertie pour compléter les fortifications (189•). Un député, Deloncle, protesta à la tribune, mais on lui répondit, sans mettre nos droits en doute, que le moment n'était pas encore venu. D'autres protestations se sont élevées depuis, au Parlement, dans les milieux coloniaux, et dans la presse, mais elles n'ont pas abouti. En 1909 Hugues Le Roux n'obtenait même pas la permission de débarquer à Cheick-Saïd, et en 1913 un autre publiciste, Albert Corbin, ne parvenait pas à s'y faire transporter, par suite des menaces des Turcs qui, d'ailleurs, ont constitué sur ce point de la cité un important trafic d'esclaves.

D'autres temps sont venus. On prétendait naguère qu'un accord secret avec l'Angleterre impliquait notre renonciation et que notre abstention provenait du désir peut-être excessif d'éviter des complications internationales, mais les Turcs nous ont déclaré la guerre, et les Anglais, nos intimes alliés d'aujourd'hui, ont enlevé Cheick-Saïd, sans doute d'accord avec notre gouvernement. Lors de la prochaine paix ne sera-t-il pas facile de s'entendre sur le sort de ce territoire, où nos droits conservent une valeur et une antériorité qui ne peut que servir les intérêts généraux de notre empire colonial ?

CONCLUSION

En moins d'un demi-siècle, grâce aux efforts persévérants de nos explorateurs, à la vaillance de nos soldats, à l'habileté de nos diplomates, nous avons donc retrouvé notre puissance coloniale, lamentablement compromise par les désastres de la guerre de Sept ans et par de fâcheux abandons. La superficie de nos possessions d'outre-mer atteint déjà vingt fois celle de la métropole, et sa population est presque égale à celle de la France. Et encore le dernier mot n'est pas dit sur la grandeur et la prospérité future de ce prolongement du territoire national. N'en déplaise aux aveugles volontaires qui nous dénient tout génie colonisateur, n'avons-nous donc pas le droit de proclamer bien haut que la France sait coloniser, qu'elle veut coloniser et qu'elle doit coloniser ?

TABLE DES MATIÈRES

Préface I

CHAPITRE PREMIER

ALGÉRIE ET SAHARA

I. Insurrections algériennes. — II. Sahara et Sahariens. — III. La période des explorations. — IV. La période des velléités. — V. La conquête des oasis. — VI. Mission Foureau-Lamy. — VII. Le Transsaharien 1-28

CHAPITRE II

LE PROTECTORAT FRANÇAIS EN TUNISIE

I. Premières relations avec la Tunisie. — II. Le congrès de Berlin. — III. Première expédition française. — IV. Seconde expédition française. — V. Le projet de mer intérieure. — VI. Le service des antiquités tunisiennes 29-47

CHAPITRE III

LE PROTECTORAT DU MAROC

I. Anciennes relations de la France et du Maroc. — II. Le traité de 1845. — III. La question de Figuig. — IV. La politique d'union. — V. L'intervention européenne. — VI. Le coup d'Agadir. — VII. Le Protectorat français 48-72

CHAPITRE IV

SÉNÉGAL ET MAURITANIE

I. Conquête du Cayor. — II. Campagnes dans le Fouta. — III. Insurrection de Mahmadou-Lamine. — IV. Premières relations avec la Mauritanie. — V. Conquête de la Mauritanie. 72-97

CHAPITRE V

LA CONQUÊTE DU SOUDAN

I. Travaux d'approche dans le bassin du Niger. — II. En marche vers le Niger. — III. La résistance d'Ahmadou. — IV. Conquête du Kaarta et du Macina. — V. Samory et l'Ouassoulou. — VI. Premières campagnes contre Samory. — VII. Le siège de Nafadié. — VIII. Négociations inutiles. — IX. Autour de Sikasso. 98-134

CHAPITRE VI

OCCUPATION DE TOMBOUCTOU ET DE LA BOUCLE DU NIGER

I. Premières reconnaissances. — II. En marche vers Tombouctou. — III. Le guet-apens de Tacoubao. — IV. Joffre à Tombouctou. — V. Conséquences de l'occupation de Tombouctou. — VI. Les missions Binger et Monteil. — VII. Annexion du Mossi et du Gouroumsi. — VIII. Missions Toutée et Hourst. — IX. Missions Cazemajou, Voulet, Chanoine. — X. Au nord de Tombouctou. 135-163

CHAPITRE VII

L'AFRIQUE FRANÇAISE OCCIDENTALE

I. Rivières du Sud. — II. Fouta-Djalon. — III. L'œuvre de Ballay. — IV. Occupation du littoral de la Côte d'Ivoire. — V. Lutte contre Samory. — VI. Prise de possession de la Côte d'Ivoire. — VII. Comptoirs du Benin. — VIII. Conquête du Dahomey 164-202

CHAPITRE VIII

L'AFRIQUE ÉQUATORIALE

I. Exploration de l'Ogooué. — II. Arrivée au Congo. — III. Explorations de Savorgnan de Brazza. — IV. Congrès de Berlin. — V. L'hinterland du Congo français. — VI. En marche vers le Tchad. — VII. Campagnes contre Rabah. — VIII. Autour du Tchad. — IX. Explorations dans la vallée du Nil. — X. Mission Marchand . . . 203-256

CHAPITRE IX

MADAGASCAR ET SES DÉPENDANCES

I. Le Protectorat français. — II. Expédition de Madagascar. — III. Annexion de l'île. — IV. Dépendances de Madagascar. La Réunion 257-272

CHAPITRE X

OBOCK, DJIBOUTI, CHEICK-SAID

I. Obock. — II. Djibouti. — III. Cheick-Saïd 273-280

CONCLUSION. 280

TABLE DES MATIÈRES 281-282

ÉVREUX, IMPRIMERIE CH. HÉRISSEY

LIBRAIRIE FÉLIX ALCAN

Afrique du Nord (L'), par MM. Bernard (Augustin), Ladreit de Lacharrière, Guy (Camille), Tardieu (André), Pinon (René). 1 vol. in-16, avec cartes. . . . . 3 fr. 50

BERNARD (Augustin), professeur à la Sorbonne. — **Le Maroc.** 5e édit. 1 vol. in-8 avec 5 cartes hors texte . . . . 5 fr.

BELLET (Daniel). — **L'alimentation française dans les colonies et à l'étranger.** 1 vol. in-16. . . . . 3 fr. 50

BOUSSENOT (Georges), député. — **La France d'outre-mer participe à la guerre.** 1 broch. in-8. . . . . 2 fr.

BUSSON (H.), FÈVRE (J.) et HAUSER (H.). — **Notre empire colonial.** 1 vol. in-8 avec 108 grav. et cartes dans le texte . . . . 5 fr.

CHALLAYÉ (F.). — **Le Congo français.** *La question internationale du Congo.* In-8 . . . . 5 fr.

DRIAULT (E.), agrégé d'histoire. — **La Question d'Extrême-Orient.** 1 vol. in-8 . . . . 7 fr.

GAFFAREL (P.). — **La politique coloniale en France (1789-1830).** 1 vol. in-8 . . . . 7 fr.

— **Les Colonies françaises.** 6e édition. 1 volume in-8 . . . . . 5 fr.

— **Notre expansion coloniale en Afrique de 1870 à nos jours.** 1 volume in-8. . . . . 5 fr.

GAISMAN (A.). — **L'Œuvre de la France au Tonkin.** Préface de J.-L. de Lanessan. 1 vol. in-16 avec 4 cartes en couleurs. . . 3 fr. 50

GENTIL (L.), professeur adjoint à la Sorbonne, directeur de l'Institut scientifique de Rabat. — **Le Maroc physique.** In-16 avec cartes. 3 fr. 50

HUBERT (L.), sénateur. — **L'Éveil d'un monde.** *L'œuvre de la France en Afrique Occidentale.* 1 vol. in-16 . . . . 3 fr. 50

— **Une politique coloniale,** *le salut par les colonies.* 1 vol. in-16. 3 fr. 50

LAPIE (P.), directeur au ministère de l'Instr. publique. — **Les Civilisations tunisiennes** (*Musulmans, Israélites, Européens*). 1 vol. in-16. (*Couronné par l'Académie française.*). . . . . 3 fr. 50

PERREAU-PRADIER, député, et BESSON. — **La guerre économique dans nos colonies.** Préface de M. Paul Deschanel, de l'Académie française. 1 vol. in-16. . . . . 3 fr. 50

— **L'Afrique du Nord et la guerre.** 1 vol. in-16. . . . . 3 fr. 50

PIOLET (J.-B.). — **La France hors de France,** *notre émigration, sa nécessité, ses conditions.* 1 vol. in-8. (*Couronné par l'Institut.*) . . . . 10 fr.

RONZE. — **La question d'Afrique.** Préface de M. Ed. Driault. 1 volume in-8. . . . . 7 fr.

SCHEFER (Ch.), professeur à l'École des Sciences politiques. — **La France moderne et le problème colonial (1815-1830).** 1 vol. in-8. 7 fr.

VIGNON (L.), professeur à l'École coloniale. — **La France dans l'Afrique du Nord.** 2e édition. 1 vol. in-8. (*Récompensé par l'Institut*) . . 7 fr.

— **L'Expansion de la France.** 1 vol. in-18. . . . . 3 fr. 50

107-18. — Coulommiers. Imp. Paul BRODARD. — 3-18.

www.ingramcontent.com/pod-product-compliance
Ingram Content Group UK Ltd.
Pitfield, Milton Keynes, MK11 3LW, UK
UKHW022050260726
13993UKWH00001B/29

9 782019 923242